YINGYONG

XIEZUO JIAOCHENG

应用写作教程

包锦阳 ◎主 编

赵仕法 谢 芳 赵雪莲 斯静亚 ◎副主编

ZHEJIANG UNIVERSITY PRESS
浙江大学出版社

图书在版编目（CIP）数据

应用写作教程 / 包锦阳主编. —杭州：浙江大学
出版社,2017.10
ISBN 978-7-308-17515-9

Ⅰ.①应… Ⅱ.①包… Ⅲ.①汉语－应用文－写作－
教材 Ⅳ.①H152.3

中国版本图书馆 CIP 数据核字（2017）第 255265 号

应用写作教程

主　编　包锦阳
副主编　赵仕法　谢　芳　赵雪莲　斯静亚

责任编辑　樊晓燕
责任校对　杨利军　李增基
封面设计　续设计
出版发行　浙江大学出版社
　　　　　（杭州市天目山路 148 号　邮政编码 310007）
　　　　　（网址:http://www.zjupress.com）
排　　版　杭州中大图文设计有限公司
印　　刷　杭州杭新印务有限公司
开　　本　787mm×1092mm　1/16
印　　张　20.75
字　　数　454 千
版 印 次　2017 年 10 月第 1 版　2017 年 10 月第 1 次印刷
书　　号　ISBN 978-7-308-17515-9
定　　价　46.00 元

版权所有　翻印必究　印装差错　负责调换

浙江大学出版社发行中心联系方式:0571-88925591;http://zjdxcbs.tmall.com

目　　录

第一章 绪 论

学习目标

- 基本了解写作和应用文写作的定义、特点、作用
- 重点掌握应用文的分类和写作基本规律
- 重点掌握主旨、材料、结构、语言、表达、文风的要求和主要技法

第一节 写作概述

一、写作的定义

何谓写作？这是一个既简单又复杂的概念。一说起写作，人们总与写文章这一行为联系起来。《现代汉语词典》对写作的解释是："写文章（有时专指文学创作）。"这样的解释仅告诉了人们一种现象，或者说是写作这一概念的外延。而对写作的实质或者内涵是什么却未能明确地定义。于是，从事写作学研究的学者、专家都想从本质上完整地揭示写作这一概念的内涵。下面是一些较有代表性的说法。

诗言志。

——《尚书·尧典》

写作是运用语言文字表达思想感情的一种创造性的脑力劳动。它是作者的智能、知识、意志以及思想等多种素质、条件的综合体现。

——王光祖、杨荫浒《写作》

写作的基本特点是个体性、综合性、实践性、创造性。

——路德庆《普通写作学教程》

写作是一种独创性的脑力活动，它的产品——文章，要能反映作者独特的生活经历、独到的感受、见解，每一篇都应力求有自己的个性。

——林可夫《基础写作概论》

所谓写作，就是人们运用语言符号制作文章的一种精神劳动。

——朱伯石《现代写作学》

类似上述诠释写作这一概念的学者、专家不在少数。总括其要旨，大致涉及思想感情、语言文字、实践行为，而其中个性与创造性无疑是写作这一概念最本质性的东西。因

1

此,我们不妨以透视本质的角度,对"写作"这一概念作如下定义:

所谓写作,就是人们运用语言符号制作成文章的一种创造性的精神劳动。这一劳动主体是人,劳动的工具是语言符号,劳动的对象是大千世界,劳动的结果就是文章。

二、写作的分类

自古以来,我国文人从不同的角度对写作进行了分类。刘勰在《文心雕龙》中将文体分为"文"(文学)和"笔"(一般文章)两大类;北宋真德秀在《文章正宗》中将文体分为"辞命""议论""叙事"和"诗赋"四大类;梁启超在《中学以上作文教学法》中对非文学的一般文章分为"记叙"和"论辩";叶圣陶在《作文论》中把文体分为"叙述文""议论文"和"抒情文"。

从写作涉及的文体功能来看,写作可分为以下三大类,如图 1-1 所示。

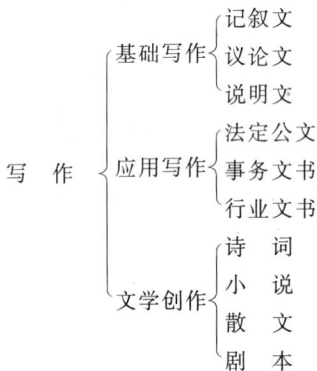

```
            ┌ 基础写作 ┬ 记叙文
            │         ├ 议论文
            │         └ 说明文
            │
            │         ┌ 法定公文
写  作 ─────┼ 应用写作 ┼ 事务文书
            │         └ 行业文书
            │
            │         ┌ 诗   词
            │         ├ 小   说
            └ 文学创作 ┼ 散   文
                      └ 剧   本
```

图 1-1　写作的分类

（一）基础写作

基础写作涉及的文体是记叙文、议论文和说明文。作为一种实践行为,基础写作以真实的社会生活和客观事物为写作对象,旨在培养写作基本能力。

（二）应用写作

应用写作即应用文写作、实用文写作。其涉及的文体是法定公文、事务文书、行业文书。作为一种实践行为,应用写作以基础写作为基础,旨在为实际工作与生活应用而写。

（三）文学创作

文学创作涉及的文体是诗词、小说、散文和剧本。作为一种实践行为,文学创作是以基础写作为基础,旨在将真实的社会生活和客观事物以艺术真实的手法再现出来。

三、写作的基本规律

（一）物→感→思→文

物→感→思→文,即"三重转化"规律。这一规律,反映了写作这一复杂的精神生产的特殊过程。它可分为三个阶段。

1. 内化阶段(物→感)。内化是写作积累阶段。这一阶段,作者将写作对象内化为感知成果。这个阶段的关键是感知,主要环节如下:

(1)摄取是感知的前提。在内化过程中,摄取是重要的环节。因为内化必须有信息材料,为写作提供消化的物质基础。因此,写作在内化阶段,应尽可能摄取大量的信息材料,为感知提供丰富的依据,使内化建立在可靠的基础上。

(2)感知是实现内化的关键。感知是感觉和知觉的合称。感知作为心理学的概念,是作者的心理接纳,是内化的关键。感知是在主体经验的基础上产生的。作者的经验越丰富,知识越广博,感知越丰富,从对象上看到的东西就越多。内化伴随着心理活动的积累而推进;感知能力的个性差异,对内化也产生一定的影响。由于这一"差异",不同的作者,内化的结果也不一样。

(3)感知因写作类别的差异而不同。文学创作和应用写作在内化阶段都离不开感知,但两者的体验却有所不同:文学创作作者的感知,情感的参与较强;应用写作作者的感知,情感的参与较弱;前者重情感的蓄聚,后者重事实的积累。

2. 意化阶段(感→思)。意化是写作的构思阶段。这一阶段,作者将感知成果转化为思维成果。这个阶段的关键是运思,主要环节如下:

(1)立意定旨。立意定旨是作者对储存于脑中的感知信息材料,运用分析、比较、抽象、概括等思维活动,把感性认识上升为理性认识,从而形成正确的观点,并进行立意定旨。

(2)理清思路。思路是作者思考问题、构思文章时,思维运行的路线。思路如何,直接影响着文章的结构。思路清晰,文章就贯通流畅;思路严密,文章就完整周全;思路富有条理性,文章就层次分明,井然有序。

3. 外化阶段(思→文)。外化是写作的行文阶段。这一阶段,作者将意化的思维成果外化为文章。这个阶段关键是表述符号化,主要环节如下:

(1)为思维成果寻找相应的表现形式。作者将意化思维成果转化为文章并非易事,必须根据表达意化的思维成果的需要,寻找相适应的格式、结构、语言等表现形式。

(2)将内部语言转化为外部语言。语言以它不同的形式在内化、意化和外化的过程中,为形成文章服务。在"内化"阶段,语言以语词的指物性符号形态帮助作者储存感知信息,为外物升华为内识提供条件;在"意化"阶段,语言以内部语言形态作为精神生产和再生产的编码,帮助精神产品定型;在"外化"阶段,语言以外部语言形态作为物化输出符号,直接充当文章的载体。

物→感→思→文,由事物到感性认识,从感性认识到理性认识,再由理性认识到表现,这是写作必须完成的"三重转化"。它是写作最重要、最基本的规律。

(二)模仿→借鉴→创新

模仿→借鉴→创新,这是一条从模仿到创新的规律。古人说:"操千曲而后知音,观千剑而后识器。"在写作过程中,有意识、有计划地进行一些模仿性的练习是十分必要的。模仿就是以范文作为蓝本,按照一定的要求,用相近的题材或手法进行仿写,然后互相比较,找出不足之处加以改进。这样做,可以把观察、感受生活和分析、鉴赏范文在写作实践中更好地结合起来,收到学以致用的效果。只有经过不断的细心模仿,才能领会范文的奥秘。借鉴是在模仿的基础上博采众长,吸取多种营养,它是逐渐摆脱模仿痕迹而向创新过渡的桥梁。创新属于写作的高层次阶段,是在模仿、借鉴的基础上,进一步融会贯通、推陈出新,并逐渐形成自己的特点和风格。

第二节　应用文写作概述

一、应用文的定义和沿革

(一)应用文的定义

应用文是单位或个人在处理事务、交流情况、传递信息、沟通关系时所使用的具有惯用格式的实用性文体。

这个定义表明了三层意思:一是揭示了应用文的使用范围很广,它可以分为公、私两大类,几乎涉及各个领域、各个部门、各个阶层;二是揭示了应用文的应用很广,它用于处理事务、交流情况、传递信息、沟通关系,几乎无处不在;三是揭示了应用文形式上的特殊要求,它不仅在内部结构上具有单一、循规的特点,而且在外观式样上具有相对固定的格式要求。

(二)应用文的沿革

1.自从有了文字,就产生了应用文。应用文起源于距今3000多年前的殷商晚期甲骨文书,甲骨文主要记录了殷商时期有关祭祀、战争、农事、狩猎、天文地理、风俗习惯等方面的情况。一篇完整的甲骨文常由前辞、命辞、占辞、验辞四部分组成,结构和句式都较固定。字数多则百十字,少则几个字。例如:"王大令众人协田! 其受年。"意为殷王命令奴隶们努力耕田,那样就能获得好收成。

2.随着文字和社会的推进,应用文不断发展。周朝的《尚书》就是我国最早的以应用文为主体的散文总集,分为典、谟、训、诰、誓、命六种体式。秦代的书,汉代的制、诏、策、诫、奏、章、表、仪,魏晋南北朝的移,唐宋的露布、咨报,明清的勘合、照会,民国时期的《临时政府公文程式》等均属应用文。历代也出现了一些经典应用文,如李斯的《谏逐客书》、司马迁的《报任安书》、贾谊的《论积贮疏》、诸葛亮的《出师表》、魏征的《谏太宗十思疏》、海瑞的《治安疏》、林则徐的《谕各国商人呈缴烟土稿》等。"应用文"这个名称的出现,是在宋朝张侃的《拙轩集・跋陈后山再任教官谢启》一文中。文中写道:"骈四俪六,特应用文耳。"意为在六朝、唐初时所写的应用文,包括公文、专用书信、契约等,都采用四字、六字句式和相间成对的骈体文来表现。正式将"应用文体"提出的是清朝文学家刘熙载。他在《艺概・文概》中说:"辞命体,推之即可为一切应用之文。应用文有上行、有平行、有下行。重其辞乃所以重其实也。"对应用文作了深入分析。

3.当今社会,应用文与人们的联系更为密切。一是文种不断发展。如党政公文领域出现议案、意见,事务文书领域出现述职报告、公示,财经文书领域出现经济发展报告、社会发展报告、资产评估报告、市场营销方案等。二是教学更加重视。"应用文写作"这门课在我国各类高校的财经类、司法类、文秘类、旅游类、管理类等专业中都已开设。在美国高校中也已有100多个专业开设,有20多所大学和研究所招收应用文写作的硕士生和博士生。三是应用文与人们的工作、生活联系更为密切,必将发挥越来越大的作用。原中国写作协会会长叶圣陶老先生对《写作》杂志编辑人员说过:"工作中、学习中、生活中经常需要写作,所以写作是非学不可的,而且是非学好不可的……大学毕业生,不一定要能写小说、诗歌,但一定要能写应用文,而且非写得既通顺又扎实不可。"

二、应用文的分类

应用文种类繁多,分类方法也多种多样。

按使用主体分,可分为公务文书和私人文书。

按应用领域分,可分为党政文书、财经文书、司法文书、教育文书、科技文书等。

按表达方式分,可分为说明类文书、叙述类文书等。

按作用特征分,可分为指挥性文书、报请性文书、知照性文书、调研性文书、计划性文书、法规性文书、记录性文书等。

以上分类,各有特点。根据性质和功能,可将应用文分为三大类,如图1-2所示。

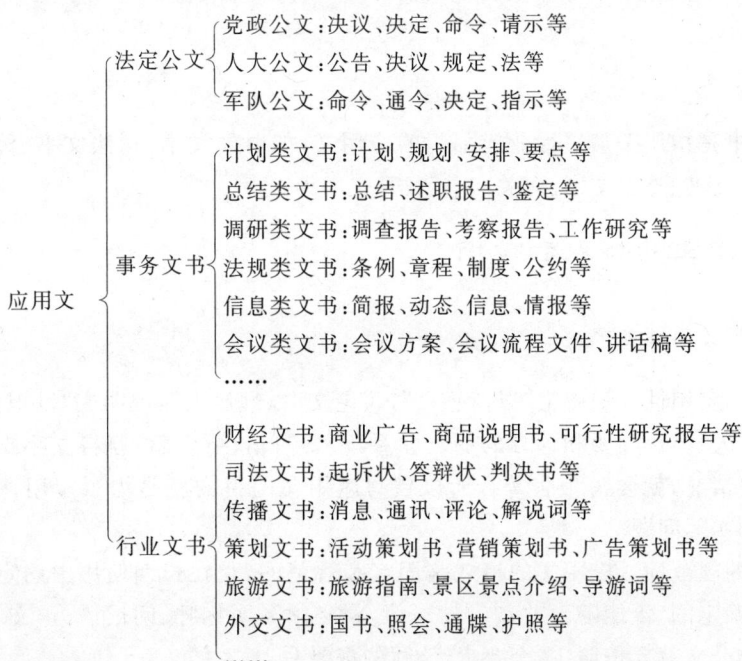

```
                  ┌ 党政公文:决议、决定、命令、请示等
          法定公文 ┤ 人大公文:公告、决议、规定、法等
                  └ 军队公文:命令、通令、决定、指示等

                  ┌ 计划类文书:计划、规划、安排、要点等
                  │ 总结类文书:总结、述职报告、鉴定等
                  │ 调研类文书:调查报告、考察报告、工作研究等
          事务文书 ┤ 法规类文书:条例、章程、制度、公约等
                  │ 信息类文书:简报、动态、信息、情报等
应用文 ┤          │ 会议类文书:会议方案、会议流程文件、讲话稿等
                  └ ……

                  ┌ 财经文书:商业广告、商品说明书、可行性研究报告等
                  │ 司法文书:起诉状、答辩状、判决书等
                  │ 传播文书:消息、通讯、评论、解说词等
          行业文书 ┤ 策划文书:活动策划书、营销策划书、广告策划书等
                  │ 旅游文书:旅游指南、景区景点介绍、导游词等
                  │ 外交文书:国书、照会、通牒、护照等
                  └ ……
```

图 1-2　应用文的分类

（一）法定公文

法定公文是指党政、人大和军队以法规形式颁发的处理公务的应用文。它主要有三类。

1.党政公文。这是国家正式规定的党的系统和行政系统处理公务的文书。根据中共中央办公厅和国务院办公厅于2012年4月16日联合印发的《党政机关公文处理工作条例》的规定,这类公文有15种,即决议、决定、命令(令)、公报、公告、通告、意见、通知、通报、报告、请示、批复、议案、函、纪要。

2.人大公文。这是人大正式规定的各级人大处理公务的文书。根据2000年11月15日全国人大常委会办公厅发布的《人大机关公文处理办法》的修订稿规定,这类公文有14类19种,即公告,决议,决定,法、条例、规则、实施办法,议案,建议、批评和意见,请示,批复,报告,通知,通报,函,意见,会议纪要。

3.军队公文。这是军队正式规定的各级部队处理公务的文书。根据2005年10月7日时任中央军委主席胡锦涛签署命令发布的《中国人民解放军机关公文处理条例》的规定,这类公文12种,即命令、通令、决定、指示、通知、通报、报告、请示、批复、函、通告、会议纪要。

（二）事务文书

事务处是指单位或个人处理各类事务而使用的应用文,如计划、总结、调查报告、规章制度等。

（三）行业文书

行业文书是指用于某一行业或部门的应用文,如财经文书、司法文书、传播文书、策划文书、旅游文书、外交文书、海关文书、教育文书等。

三、应用文的特点和作用

（一）应用文的特点

1.内容的实用性。记叙文"以情感人",议论文"以理服人",说明文"以识明人",应用文则"以事告人"。比如要和远方的朋友联系,就要写信;要借款,就得立字据;向上级汇报工作、反映情况,就要写报告等。所以撰写应用文的目的就是为了实用,为了解决工作、生活中的实际问题。

2.格式的规范性。应用文的格式是固定和规范的,是在长期使用中约定俗成的,有些还是法规确定的,不能随意改动。如写信,就必须写明称呼、问候语、正文、祝颂语、落款;撰写党政公文就要按照18个要素,该写的都要写上。

3.语体的事务性。与应用文相对应的是事务语体,有别于议论语体、科技语体,尤其有别于文艺语体。事务语体有两大特点:一是有一套较为固定的习惯用语;二是表义明白、简洁、平实。文艺语体最大的特点是表义生动、形象、含蓄，追求词语的艺术化。

（二）应用文的作用

1.指挥管理作用。一些党政文件和行政法规是依法行政、依法办事的文书，具有规范和监管的功能。如果得不到贯彻执行，社会秩序会陷入混乱。

2.**联系交流作用。**有些应用文是纵向联系的纽带，也是横向联系的工具。比如上情下达，下情上传；各单位之间的信息交流、情况交流等。

3.**宣传教育作用。**法定公文中的"决定""通告""通报"和事务文书中的"总结""调查报告"等，都是用来宣传党和国家的方针政策以及表彰先进、批评错误的，并以此端正和统一人们的思想，规范人们的行为，从而不断推动社会的进步，因此，具有宣传教育作用。

4.**凭证史料作用。**有些党政文件、规章制度和条据、合同等都是开展工作、处理问题的依据和凭证，不可缺少。还有一些重要的应用文也是历史的档案资料，具有可供查考的历史凭证作用。

四、提高应用写作能力的途径

要提高应用写作能力，不是单一某方面提高就行，而是一个综合提高的问题。所以，就必须加强以下几方面的修养。

（一）要有科学的理论修养

这里指的理论修养主要包括：①掌握马列主义、毛泽东思想、邓小平理论、"三个代表"重要思想和科学发展观；②运用辩证唯物主义和历史唯物主义的立场、观点、方法去认识和解决问题。只有这样，才能站得高、看得远，写出高质量的应用文。

（二）要有求实的作风修养

实事求是是我党一贯坚持的思想路线，是我们的事业能够取得伟大成就的根本保证，落实在应用文写作中，就是要求：①引用的材料、反映的问题都要真实可靠，不能道听途说，更不能弄虚作假；②对所反映问题的性质、程度，都要根据事实做出恰如其分的评价，不能随意夸大或缩小。

（三）要有广博的知识修养

一般包括：①基础知识（如语文知识、历史知识、地理知识、法律知识、科技知识、数理化常识、医药常识等）；②业务知识；③写作知识。广博的知识是撰写应用文的基础。

（四）要有出色的能力

主要包括：①综合的思维能力。包括逻辑思维能力、辩证思维能力、科学思维能力和创造性思维能力，只有具备了综合思维能力，才能克服思维的局限和僵化，才能从不同的角度去思考问题。②敏锐的观察能力，观察能力的高低决定了应用文内容的深度和力度,有了敏锐的观察力才能有丰富的材料。③较强的记忆能力,写作离不开记忆,我们应熟记本单位的基本情况、常用数据、政策依据等等,才能使写作快速高效。④精练的文字能力,应用文写作归根到底取决于文字表达,文字能力应是基本功,提高文字表达能力没有捷径可走,只有多读、多练,才能提高。

第三节　应用文写作构成要素

应用文写作既有一般写作的要求和规律,又有其特定的要求和规律,主旨、材料、结构、语言、表达、文风,便是其基本要素,各自均有不同的要求。

一、主旨

(一)主旨的定义

主旨是指通过文章的全部内容所表达出来的写作意图或中心思想。它是文章的灵魂。

(二)主旨的要求

1.正确。这是指主旨要符合党和国家的方针、政策,符合国家的法律、法规,符合客观实际,符合客观规律,经得起实践的检验。

2.集中。这是指一篇应用文不能有多个主旨、多种意图,要求一文一事,体现一个基本思想。即使是大型综合性的文件,也要紧扣主旨,恰当安排各分主旨,切忌头绪纷繁。

3.明晰。这是指作者的观点要明确、态度要鲜明,不能模棱两可。

4.深刻。这是指分析问题要深入,讲述道理要深刻,开掘认识要有深度。

(三)主旨的表现方法

1.题目明旨,即在文章的题目中概括点明文章主旨。

2.开宗明义,即在正文开头部分揭示主旨。

3.片言居要,即在文中内容重大转折处用一两句精练概括的语句即"主旨句",点出文章的精神实质,同时起承上启下的作用。

4.篇末点题,即在文章的结尾处交代写作意图以收结全文,又称"卒章显志"。

二、材料

(一)材料的定义

材料是指用来支撑主旨的理论依据和事实依据。它是文章的血肉。

（二）材料的分类

1.按内容可分为理论材料和事实材料。理论材料如理论观点、公理定律、经典论述、法律政策、警句格言等；事实材料如典型事例、统计数据、案卷资料、相关文件等。

2.按来源可分为直接材料和间接材料。直接材料是指作者掌握本地区、本部门、本单位工作中人、事、物的实际情况，这些材料是通过作者观察体验、调查研究获取的；间接材料是指通过文件、报刊、书籍、网上等所获取的既成事实或论断，这些材料因为是他人从实践中得来的，所以对作者来说是间接材料。

（三）材料的要求

1.切题。主旨是文章的灵魂和统帅，选材必须紧扣主旨，与主旨无关的材料要坚决割舍。

2.真实。材料真实可靠是保证应用文可信度和权威性的重要条件。应用文所用的材料必须如实地反映客观事物，尊重客观规律，切忌道听途说、似是而非、任意夸大缩小等。

3.典型。选择那些能揭示事物本质、反映主旨、阐明观点的材料，能起到以一当十、以少胜多的作用。

4.新颖。新颖的材料，主要是指那些反映新情况、新问题、新经验、新思路、新人新事的材料，才有吸引力。

（四）材料分析的主要方法

所谓材料的分析，就是对纷繁的应用写作材料进行梳理和归类，从而显示出各"类"的特点，找出各"类"间的内部联系。材料分析过程，是写作主体对材料的认识和鉴别的过程。这个过程的目的是很明确的：在动笔前，分析材料是为了"选择"；在行文中，分析材料是为了表现主旨。只有分析好，才能选择切题、真实、典型和新颖的材料。

1.分析与综合的方法

分析与综合是两种运动方向相反但又互相联系的思维方法。分析是将一个整体事物分解为各个部分并分别认识这些部分的思维方法。分析的作用，在于帮助人们对事物的认识具体化、深刻化。分析是综合的基础。

综合是将相关的各个部分联结成一个整体的思维方法。综合的作用，在于帮助人们对事物的认识整体化、系统化。综合是在分析基础上对事物本质、规律的整体把握。

分析与综合，在材料分析过程中常常结合起来使用。通过分析，发现问题；通过综合，归纳出结论。例如《在庆祝中国共产党成立八十周年大会上的讲话》一文中写道："从鸦片战争到中国共产党成立，从中国共产党成立到现在，中国经历了截然不同的两个八十年。在前八十年中，封建统治者丧权辱国，社会战乱不断，国家积贫积弱，人民饥寒交迫。在后八十年中，中国人民在中国共产党的领导下空前团结和组织起来，冲破重重难关，革命斗争不断胜利；新中国成立后，经济社会快速发展，国家日益昌盛，人民的社会地位、物质生活水平和文化教育水平显著提高。从这前后两个八十年的比较中,中国人民和中华民族一切爱国力量深深认识到,中国能从最悲惨的境遇向着光明的前途实现伟大的历史转变,就是因为有了中国共产党的领导。没有共产党,就没有新中国。有了共产党,中国的面貌焕然一新。这是中国人民从长期奋斗历程中得到的最基本最重要的结论。"这段文字就是分析—综合的过程。

2.定性与定量的方法

定性分析法,是指对事物的组成成分进行质的分析、研究的思维方法。这种方法是我们认识材料的重要手段。例如对《"一厘钱"精神》的主旨提炼过程就是一个定性分析的过程:从一种节约方法,到一种主人翁精神,再到找到了"伟大事业要从最小的事情做起"这个真理,经历了三次认识的飞跃。而这三次飞跃的过程也是作者经过分析、比较、研究,找到事物本质的一个过程。

定量分析法,是指对事物之间或事物的各个组成部分进行数量分析、研究的思维方法。定量分析的目的,往往是为了获得质的结论。例如《130元=1万元》一文中写道:"一只微型的摄像头价值100元至300元不等,一个有20多个班级的学校全部配置,其成本仅为一台大型实物投影仪的四分之一,即使没有能力配置到班,一台自制的简易实物投影仪也可以供各班级调配使用。"真可谓"阵地战"可打,"游击战"亦佳。作者通过量的分析,得出了最后的结论。

3.概貌与典型的方法

概貌分析是对事物作整体、概括的分析,也就是对"面"上材料的分析。这种分析所反映的是事物的规模和问题的广度。

典型分析就是选取一个有代表性的事物进行质的分析,也就是对"点"上材料的分析。这种分析所反映的是事物的具体情况和问题的深度。

概貌分析就是"用十个指头弹钢琴",典型分析就是"解剖麻雀"。

概貌分析的内容,往往是典型分析的社会背景,而典型分析正是在这个大背景下对个别的、有代表性的事物进行深入、细致的解剖,从而弥补概貌分析的不足。这样"点"与"面"相互结合,"深"与"广"相互补充,才能深刻反映事物的本质,准确地把握事物发展的规律。例如《出乎意料的变化》一文,通过对甘肃省"两年多来,随着农村经济政策的贯彻落实"出现的大好形势的概貌分析,为下一步对武都地区进行典型分析提供了一个社会背景。而对武都地区的典型分析,通过"解剖麻雀",又弥补了概貌分析的不足,从而认识了事物的本质,"仅仅两年时间,农村发生这样可喜的变化,充分显示了党的政策的威力。"可见,对材料进行概貌分析,必须具有全局性和概括性,是对事物全局的俯瞰。而对材料进行典型分析,则既要求有普遍意义,又要求有个性特征。概貌分析与典型分析相结合,才能深刻地认识事物的特征和本质。

4.比较的方法

比较分析法是把一种或几种事物进行比较,来确定它们的异同点的思维方法。比较分析法有横向比较与纵向比较两种。

横向比较是截取历史的某一横断面,研究同一事物在不同环境中,在同左邻右舍的相互关系和相互比较中的状况,寻找该事物在不同环境中的异同的一种思维方法。这种分析方法可以从"同"中去揭示事物之间的联系,从"异"中去认识事物的特点。例如:在分析经济活动中,常用的评比先进,就是运用横向比较法。

纵向比较法是把事物放在自己的过去、现在、将来的对比分析中,发现事物在不同阶段上的特点和前后联系,以此把握事物的本质及其规律的思维方法。例如:在分析经济活动中,常用的比计划、比上年、比历史,就是运用纵向比较法。

横向比较与纵向比较往往结合在一起运用。

三、结构

(一)结构的定义

结构是指文章内容的组织和安排。它是文章的骨骼。

(二)结构的要求

1.合理。结构要为主旨服务,谋篇布局是为了更好地表现主旨。只有全篇各个部分按照主旨的要求合理安排,方可使文章前后贯通、浑然一体。

2.有序。结构要反映事物的内在联系,应用文是客观事物的反映,因此它的结构必须符合事物的发展规律及其内在联系,揭示事物的本质,做到言之有序、言之有理。

3.完整。结构的完整是指全文顺畅和谐,没有残缺不全的弊病。如果文章轻重不分,缺头少尾,前后倒置,就会使结构零乱。

4.严密。结构的严密是指文章中层次段落的划分要恰当,组织严密,联系紧凑,脉络清楚。

(三)结构的内容

1.法定格式与非法定格式。格式是各类应用文在长期的写作活动中逐步形成的、比较稳定的、严格的外部定式。

(1)法定格式。这类格式是国家、部门制定的,具有法定使成的作用。例如:2012年4月中共中央办公厅和国务院办公厅联合印发的《党政机关公文处理工作条例》,2005年7月发布的《中国人民解放军机关公文处理条例》。这些格式具有法定性,都是写作主体必须共同遵守的。

(2)非法定格式。非法定格式在应用文中比较多。如专用书信、调查报告、总结、经济活动分析报告等格式都是约定俗成的。此外,还有些文种的格式也正在形成之中。

2.基本思路与结构模式。基本思路体现了"是什么、为什么、怎么办"的认识规律,反映到应用文中就形成了"问题""理由""对策"三层结构模式。

3.开头与结尾

(1)常用的开头方式如下:

①目的、依据、缘由式。在开头写出行文的目的、依据或缘由。如一些公文、计划、规章制度常用此方式。

②概述式。在开头简介全文的主要内容或基本情况。如新闻、总结、调查报告、经济活动分析报告常用此方式。

③开宗明义式。在开头摆出全文的主旨和结论性的意见,然后进行具体的说明、阐述。如一些公文、财经文书常用此方式。

(2)常用的结尾方式如下:

①希望、鼓励、决心式。在结尾提出希望、鼓励或表示努力方向、今后决心等。如计划、总结、报告常用此方式。

②总结式。在结尾对全文作总结,以概括总的观点,点明主旨。如论文、财经文书常用此方式。

③自然收束式。这种结尾是指文章主要内容写完后,事尽言止,不另作结尾,自然收结,不拖泥带水。如通告、通知、决定、经验总结、调查报告常用此方式。

4.层次与段落。其基本要求如下:

层次,是指文章内容的表现次序,体现文章内容相互间的逻辑联系,有时也称"结构段""意义段"。段落,是指文章中的一个个自然段,它是文章中最小的可以独立的意义单位。一般来说,层次小于篇章,大于自然段。有时一个层次就是一个自然段,也有的文章因其简短,全篇只有一个自然段,如各种条据、启事、简单的通知等。

层次的划分是有其客观依据的,有时按照事物发展的时间来安排层次,有时根据事物的空间来安排层次,有时按照事物的功能和特征来安排层次,有时按照文章的逻辑联系来安排层次。比如写"请示",首先"请示"的缘由是一个层次,其次"请示"中要求上级给予解决问题的部分是一个层次,最后结束语又是一个层次。具体如何安排层次,应根据不同种类的应用文的内容来决定。

5.过渡和照应。其基本要求如下:

过渡,是指层次或段落之间的衔接与转换。过渡犹如桥梁,在文章中起着承上启下、穿针引线的作用,使全文内容组织严密、浑然一体。过渡在有些文章中不明显,因各层次、各段落之间的联系本来就很紧凑,不加过渡词、过渡句,转折的意思也很明确,常称自然过渡。也有的文章需要加上过渡性的语句,衔接才自然。如"通知"中"现将有关事项通知如下",还有"鉴于此……""综上所述……"等过渡语词的运用,使文章浑然一体,增强了文章的内在联系。

照应,是指文章中一些有关内容在不同位置之间的照顾和呼应。平时常说"前有交代,后有着落"就是一种照应。在应用文中,常用的照应有三种:一是文题照应,二是首尾照应,三是前后照应。

(四)结构的基本类型

1.总分式。开头先对全文的内容作简要的概述,然后依次分别对其展开论述。总分式还可以分为先总后分式、先分后总式及先总述再分述最后再总述的总分总式。总分总式通常适用于篇幅较长的应用文中,如"总结""调查报告""经济活动分析报告""论文"等。

2.并列式。文章中几个层次之间的关系是平行的、并列的,这样的结构方式称为并列式,也称为横式结构。比如对财务状况进行分析,它可以从资产、负债、利润、成本、费用等诸方面展开具体分析,这几个方面的内容就是并列的关系。

3.递进式。递进式是或以时间为顺序,或由现象至本质,或以从因到果等逻辑关系为顺序,逐层深入展开的结构形式,也称纵式结构。比如开头提出问题,而后研究问题,再分析原因,最后提出解决问题的办法或建议,这是一种从因到果的递进式。如"论文"中常用这种方式。

4.条款式。条款式通常在法规文书中使用,它又可以分成章条式、条文式两种。还有的文书,内容较多且复杂,也采用分条列项式来写,从而显得清晰、明确,方便阅读,也便于理解、对照执行。

5.一段式,即全篇文章只有一个自然段。由于内容少而简单,不便分开,往往采用一段式的写法。如专用书信中的介绍信、聘书,公文中的命令、公告、简单的通知、批复、函等,常常是一段式的写法。

四、语言

(一)语言的定义

语言是人类思维和交际的工具,是一种音义结合的符号系统。它是文章的细胞。如果说主旨是解决"言之有理"的问题,材料是解决"言之有物"的问题,结构是解决"言之有序"的问题,而语言就是解决"言之有文"的问题。

(二)语言的要求

1.准确。这是指写作应用文时做到精心遣词,仔细辨析词义和词语的感情色彩;严密组句,不能模棱两可,含糊不清,出现歧义。一般情况下,应用文较少使用"大致""或许"等范围、程度较为模糊的一类词,但有时也适当使用一些"模糊词语",以求更加精当妥帖地表达内容,如某些简报上常有"个别部门""有的同志"的写法,这与含糊其辞是不同的,这样的模糊在反映情况时反而更加恰当,更加有分寸。

2.简洁。这是指写作应用文时力求用较少的文字表达尽可能多的内容,语言简练、明白、通畅,言简意赅。应用文语言是否简洁明快,直接影响办事效率。因此,草拟时就需惜墨如金,节约用字,尽量避免不必要的语言重复。当然,简洁不等于简单,应该是有话则长,无语则短。

3.平实。平实就是指平易、朴实的意思。应用文是为了切实解决实际问题,所以语言就要平易近人,通俗易懂,而不是装腔作势,华而不实。如果应用文用语深奥难懂,就会影响到文章内容的贯彻执行,达不到行文的目的。

4.规范。规范就是指行文必须符合国家的有关规定,比如标点符号的用法、时间和数字的用法、主题词的选用、行业文书的专业用语等,都必须按规定统一使用,不得各行其是,以免造成混乱,影响办事。

（三）应用文固定用语

1.称谓词，即表示称谓关系的词。

在应用文中，涉及机关时，一般应直呼机关的全称或规范化的简称；涉及个人时，一般称呼对方的职务，或"××同志""××先生"。在表述指代关系的称谓时，一般用下列专门用语。

第一人称："本""我"，后面加上所代表的单位简称，如部、委、办、厅、局、厂、所等。

第二人称："贵""你"，后面加上所代表的单位简称，如部、委、办、厅、局、厂、所等。在应用文中，用"贵"字作第二人称，只是表示尊敬与礼貌，一般用于平行文或涉外公文。

第三人称："该"。它在应用文中使用广泛，可用于指代人、单位或事物。如该厂、该部、该同志、该产品等。"该"字在文件中正确使用，可以使应用文文字简明、语气庄重。

2.领叙词，即用以引出应用文撰写的根据、理由或应用文具体内容的词。领叙词在应用文中出现的频率较高，一般借助领叙词使应用文写得开宗明义。常用的有："根据""按照""为了""前接"或"近接""遵照""敬悉""惊悉""……收悉""……查""为……特……"等。

3.追叙词，指用以引出被追叙事实的词。应用文中有时需要简要追叙一下有关事件的办理过程，为使追叙的内容出现得自然，常常要使用一些追叙的词语。主要有："业经""前经""均经""即经""复经""迭经"等。

4.承转词，又称过渡用语，即承接上文转入下文时使用的关联、过渡词语，用以在陈述理由、事实之后引出作者的意见、方案等。这种词语不仅有利于文辞简明，而且起到前后照应的作用。主要有："为此""据此""故此""鉴此""综上所述""总而言之""总之"等。

5.祈请词，又称期请词、请示词。用以向受文者表示请求与希望。主要有："希""即希""敬希""请""望""敬请""烦请""恳请""希望""要求"等。

6.商洽词，又称询问词。用于征询对方的意见和反映，具有探询语气。主要有"是否可行""妥否""当否""是否妥当""是否可以""是否同意""意见如何"等。

7.受事词，即向对方表示感激、感谢时使用的词语。主要有："蒙""承蒙"等。

8.命令词，即表示命令或告诫语气的词语。用以增强公文的严肃性与权威性，引起受文者的高度注意。

表示命令语气的词语有："着""着令""特命""责成""令其""着即"等。

表示告诫语气的词语有："切切""勿违""切实执行""不得有误""严格办理"等。

9.目的词，即直接交代行文目的的词语。人们撰写应用文尤其是公文都有明确而具体的目的。对此，需要有针对性地使用简洁的词语加以表述，以便受文者正确理解并加速办理。

用于上行文、平行文的目的词，还需加上期请词，主要有："请批复""函复""批示""告知""批转""转发"等。

用于下行文的目的词有："查照办理""遵照办理""参照执行"等。

用于知照性的文件的目的词有："周知""知照""备案""审阅"等。

10.表态词，又称回复用语，即针对对方的请求、问函，表示明确意见时使用的词语有:"应""应当""同意""不同意""准予备案""特此批准""请即试行""按照执行""可行""不可行""迅即办理"等。

11.结尾词,即置于正文最后,表示正文结束的词语。

用以结束上文的词语有:"特此报告""通知""批复""函复""函告""特予公布""此致""谨此""此令""此复""特此"等。

再次明确行文的具体目的与要求的词语有:"……为要""……为盼""……是荷""……为荷"等。

表示敬意、谢意、希望的词语有:"敬礼""致以谢意""谨致谢忱"等。

总之,使用这些词语,有助于使文章表达得简练、严谨并富有节奏感,从而赋予文章庄重、严肃的色彩。

五、表达

(一)表达的定义

表达是指作者运用语言文字表现客观事物和主观认识的过程和手段技巧。

写作中表达方式主要有五种:叙述、描写、抒情、议论和说明。应用文作为一种实用性的文体,主要是为了解决问题和处理问题的,它的表达方式通常只有叙述、议论和说明,至于抒情和描写除了在一些通讯报道、广告语、演讲稿等中可能用到之外,其他应用文基本不用或很少使用。

(二)叙述的方式

一般来说,叙述就是把人的经历和事物发展变化的过程表达出来。各种文体的写作几乎都要用到叙述方式。如议论文中,用叙述的方式概括某些事实,从事实中引出论点;在说明文中,可以用叙述的方式对一些效果或功用举些实例说明;在记叙文中常用叙述的方式交代事件的起因、发展、结果以及人物的经历。

应用文中的叙述要求直截了当,平铺直叙,抓住主要事实,作概要精当的叙述。而不是文学作品中的叙述,追求情节的起伏,一波三折,巧设悬念等,更不能使用意识流等现代派的叙述手法来写。

叙述有以下主要技法。

1.概叙与详叙。概叙,是一种扼要介绍事件主要过程的叙述方法。它不是对事件的量的简单压缩,而是对事件本质的精心概括。在应用文写作中,如调查报告、总结、讲话稿等等,都离不开概叙。新闻的叙述式导语便是一种典型的概叙。

详叙,是一种具体生动地展现事件,使人获得生动画面的叙述。详叙不是不分主次的详尽介绍,也不是不加选择的细节堆砌,而是一种为突出重点,更细致地表现主旨的叙述。

概叙与详叙在写作中常常是结合起来使用的,如果详略得当,那么文章就会舒展自如,张弛有节。

2.顺叙与倒叙。顺叙,就是按照客观事物的发生、发展的先后顺序进行的叙述。顺叙是最常见的叙述方式,运用这种方式,会使文章首尾分明、脉络清楚。

倒叙,是把事件的结局或某个最突出的片断提到前边叙述,然后再回到事件的开头来叙述。倒叙并不是把整个事件颠倒过来写,而是把事件的结局或某个部分提前进行叙述,然后再顺叙。

3.合叙与分叙。合叙,是对事物多方面活动的综合叙述,它总是与分叙结合使用的。

分叙,又称平叙,是指单方面独立活动的分解叙述。"花开两朵,各表一枝",是对分叙的形象表述。

(三)议论的方式

应用文中的议论即对客观事物进行的评论,以此表明自己的观点和态度。在应用文中,不少文种都离不开议论,如总结、调查报告、经济活动分析报告、公文中的通报、报告等,都需要通过议论来分析原因、判断是非、发表见解、表明立场。

应用文中的议论同文学创作中的议论也有区别。文学创作中的议论,为了说服对方,打动读者,可以从多种不同的角度,寻找各种论据,旁征博引、反复论证,有时还可采用动情的议论、哲理性的议论、形象化的议论等,纵横捭阖、自由发挥。而应用文中的议论,不能脱离实际,它以事实为依据,不掺入个人主观好恶情感,抓住要点,不及其余,作简洁、明了的议论。

议论有以下主要技法。

1.述评性议论。通过对人或事物的叙述和评价来阐明观点、说明问题,就是述评性的议论。其方法有:先叙后议、先议后叙和夹叙夹议。

2.证明性议论。写作主体正面地提出论点并用一定的逻辑方法加以证明和阐述,这就是证明性议论。

常见的证明方法,可分为用客观事实来证明论点和用已知事理来阐明论点两大类。

(1)用客观事实证明论点的方法,主要有以下两种。

①归纳法。这是通过几个个别事例,综合它们的共同特点来证明一个具有普遍性的论点,或者用个别的典型事例来说明道理。

②对比法。这是用比较或对照的手法来进行论证。作者往往用历史事实或过去的情况,与当前的情况作纵的比较;用两种对立的事物作横的比较,以突出事物的本质,更好地说明自己要论证的问题,树立论点。

用客观事实来证明论点,可以是具体的,也可以是较为概括的,还可以是统计数字、图表之类,这些证明方法运用比较普遍,说服力也比较强。

(2)用已知事理阐明论点的方法,主要有以下三种。

①分析法。分析,就是分析事物的矛盾,作者通过分析问题、剖析事理,来揭示论点和论据间的辩证关系,从而证明自己的论点是正确的。用分析的方法论证问题,最后往往要加以综合概括。分析可以使问题深入下去,引出结论来;综合则能够集中起来,加以概括,把问题提高到原则高度。缺乏分析,议论难以细致深入;没有综合,议论难以汇总和提高。

②演绎法。这是由已证明了的某一普遍特点、规律出发,去认识某一新的个别事物,也就是一种由一般到特殊的推理方法。演绎是由三部分组成的。开头的一般原理叫大前提,其次的特殊事物叫小前提,最后一部分是结论。不过在议论之中,往往不是机械排列三个部分,而是有所省略。省略后,人们仍然应该明白所表述的意思,不至于误会。否则,不能省略。

③引证法。这是指作者引用经典作家的言论,或科学上的原理、定律、公式以及文件、法规、政策等作为论据,来证明自己的论点;被引用的言论等必须是经过客观实践检验的真理;引用时,一定要持严肃的态度,弄懂有关论述的精神实质,引用要做到完整、准确。引用有明引和暗引。明引要引用原话,要用引号,有时还要指出引语的来源;暗引,只引用原话的主要意思,引者用自己的话把它转述出来。暗引因为不是原话,所以不用引号。

(四)说明的方式

应用文中的说明就是要用简洁、准确、科学、朴实的语言,把事物的性质、范围、形状、特征、功能等方面的情况介绍清楚。应用文是运用说明最多的一种文体。凡反映问题、陈述情况、通知事项、介绍产品、总结经验、提出建议等,无不需要说明。

应用文的说明不同于文学创作中的一些说明。文学创作的说明往往融入作者深厚的感情,是感情化的说明,采用拟人、比喻等修辞手法。而在应用文中这些说明的用法是应当避免的,或很少使用。

说明有以下主要技法。

1.介绍性说明。介绍性说明的着眼点在于说明事物的存在。它的任务是把过去、现在存在的事物或正在发展、研究中的将来可能有的事物的概况介绍给读者,使读者了解和熟悉它们。

2.解释性说明。解释性说明的着眼点在于说明物因事理。使用这种方法,必须由因及果或由果溯因,围绕事物内部的因果关系,撷取要点,进行解说,使读者对物因事理的"为什么"能有清晰的理解。

3.定义说明。定义法是运用简明概括的文字,对某事物的本质特征或某概念的内涵和外延作确切揭示的一种说明方法。其语言格式是"××是××"。为了把概念揭示得准确、严密,常用诠释说明来补充。所谓诠释说明,就是仅仅解说事物的某些方面,或是用语词释义的方法,来说明事物的某些特点。掌握这两种说明方法,有助于正确理解定义、概念,认识事物的本质特征。

4.分类说明。分类法是按一定的标准,把事物分成若干类,并分别加以说明,使读者更易于认识同类或不同类事物之间的联系和区别的一种说明方法。掌握这种说明方法,有利于全面、深刻地认识事物。

5.举例说明。举例说明就是列举有代表性的实例,把比较复杂抽象的事理说得具体而明晰。

6.比较说明。比较说明就是将两种事物进行比较,通过比较来说明事物的特征。这类比较可以同类相比,也可以异类相比。

此外,还有数字说明、图表说明等方法。

(五)图表的方式

图表的表达方式在应用文中得到越来越广泛的使用。这是因为,现代管理中有许多的数据、资料单用文字难以说清,而借助于图表的形式,则能使人一目了然,既形象、直观、清晰,给人以深刻印象,又便于分析、评价、判断,远胜于文字的表现力。

图表的表达方式又可细分为三种:表格式、图形式和表格图形结合式。表格式是将各种数据进行有序地排列后,填入编制的表格中加以反映的形式。常用的表格有:示意表、统计表、说明对照表。图形式则将各类数据用物体的形状在平面上加以直观表现的形式。常用的图形有:条形图、圆形图、线形图、流程图等。表格图形结合式,即一张表中图和表同时加以反映的形式,两者相辅相成,更为清晰。现在信息化的社会中,人们可在电脑里随心所欲地制作各种形式的图表,只要输入相应的数据,按照有关程序操作,即刻便可制做出一张精确、直观的图表来,省时、省力,大大提高了应用文写作的表达能力。

(六)数字的运用

应用文中的数字语言是事实的体现和总和,它能反映事物的数量指标和数量关系,揭示客观规律。所以,数字语言也是应用写作的一种重要表达工具。在使用数字时应注意以下问题。

1.数字用法要规范。应用文中的数字,凡可用阿拉伯数字而且又很得体的地方,均应使用阿拉伯数字。以万、亿作单位的数量,可用万、亿为单位与阿拉伯数字并用。作为定型的词、词组、成语、惯用语、缩略语或具有修辞色彩的词语中的词素的数字,必须使用汉字。如:"天下第一楼""二万五千里长征"。

2.要区分"二"和"两"的用法。"二"和"两"这两个数词在意义上没有什么区别,但用法有所不同。它们的相同点是在度量衡器单位称数时一般可以通用;不同之处是序数、分数只能用"二"不能用"两"。如"第二""二分之一""零点二"等,不能用"第两""两分之一""零点两"。概数和一位数的基数带量词,只能用"两",不能用"二"。如:"过两天""两种产品"不能写成"过二天""二种产品"。

3.数字分界要确切。说明数量变化时,要把"增"与"增到"和"减"与"减到"的数字分界表达清楚。"增"或"减"后面的数字所表达的数量,不包括原有数量;"增到"或"减到"后边的数字则包括原有数量。使用倍数表示数量变化,不能说减少或降低多少倍,只能说减少或降低几分、几成或几分之几。用"以上"或"以下"划分数量界限,习惯上包括它前面的本数,必要时应加括号注明。

六、文风

(一)文风的定义

文风是对文章风格和特点的综合称呼,是民族传统、时代风尚和作者立场、观点、思想作风等诸要素在写作中的综合反映。

由于文章内容和运用语言文字的习惯,都是在时代土壤中产生的,因而一定时代的政治、经济、文化、社会风尚等又使文风表现出鲜明的时代特征。而文风又是从每篇具体文章的内容、结构、表现方式等方面体现出来的。不管哪个时代,文风的总体倾向不外乎两种:一种是健康优良的文风,清新、活泼、积极、乐观,奋发向上;一种是腐朽恶劣的文风,浮靡衰朽,晦涩堕落。

(二)文风的要求

1.准确性。求真务实是马克思主义文风的根本要求。准确性,首先,指文章所说的道理要符合事物的固有规律。因此,必须坚持正确的立场、观点、方法,对客观事物进行深入细致的调查研究,抓住事物本质进行分析,形成正确的观点。其次,指事实要准确,即以准确可靠的材料为依据,科学地证明文章的观点。再次,指语言要准确,要善于掌握词语的褒贬意义,把握分寸,合乎语法、合乎逻辑地准确表达。以上三点归纳起来就是:道理准确、事实准确和语言准确。

2.鲜明性。撰写应用文必须旗帜鲜明,坚持真理,立场坚定。首先,态度要鲜明,就需要作者对客观事物的本质有深刻的认识。其次,观点要鲜明。要做到这一点,就必须分清观点的主次,突出主要观点;必须精心选材,用新材料表达新见解;还必须讲究修辞,力避空话套话。

3.生动性。古人说:"言之无文,行而不远。"生动是为了加强文章的感染力。一篇晦涩难读的文章,就难以达到预期的效果。生动性,首先要求文章有生动的内容,即能紧扣时代脉搏,反映新事物,研究新问题,能提出解决实际问题的新办法。其次,要有生动活泼的表现形式,要根据文体特点,变化运用各种表达方式。最后,语言要生动。要用质朴平实的语言反映事物的本来面貌,切忌语言无味,死板老套,僵化生硬。

(三)存在问题及对策

改革开放以来,我国各方面取得丰硕成果,社会主义市场经济不断完善。在应用文的文风建设上也取得进展,从内容和形式上都注重为经济建设和社会生活服务,更加贴近生活,贴近群众,适应广大群众多方面的需要。应该说,应用文文风的主流是好的。但不能不看到在这个转型期的社会中,由于在市场经济逐步推进过程中各种经济利益不断调整、变动所出现的新情况,党风和社会风气不正现象所带来的负面影响,应用文的文风也出现了一些新问题。"假、大、空"死灰复燃,尽管与以前的表现形式不同,但其危害不可低估。主要表现有如下三个方面。

1.假话连篇。违背应用文写作的真实性原则,像社会上卖假烟假酒一样,炮制各种虚假文字。在经济领域,有假合同、假凭证、假广告、假信息等;在教育领域,有假学历、假文凭、假论文等;在新闻领域,虚假失实的新闻,每年都被揭露出一大批。

2.大肆炒哄。不是从客观需要来选择写作的题材,坚持正确的舆论导向,而是热衷于主观的炒作,刮风起哄。炒歌星、影星,炒大款、大腕,炒"能医百病"的药品、营养品,造成青少年中的追星热、攀比风和居民消费上的误导。更有甚者,利用低俗广告、店名、菜名,追求新奇刺激。

3.空洞冗长。应用文尚实用、忌浮泛。而目前的应用文,特别是公文中,好讲空话、套话,不联系本地区、本单位实际,无具体措施的现象时有发生,读后令人茫茫然。应用文尚简约,忌浮华。多年来,虽一直在提倡"短些、再短些",可长风始终未能刹住,反而有愈演愈烈之势。

应用文文风出现上述问题,原因很多,但最根本的是思想作风和工作作风问题。因此要想改进文风,必须从转变思想作风和工作作风入手。具体地说:一是提高作者的政治思想素质、道德修养。教育作者要自觉抵制金钱和物质的引诱,清除拜金主义和极端个人主义的影响,坚持实事求是的思想路线,全心全意为人民服务。二是培养作者的敬业精神,大兴调查研究之风。对工作有高度责任感,不周旋于宾馆、酒楼、舞厅和各种"会议",而要深入基层、深入群众、深入实际做调查研究工作。调查研究工夫下够了,就能写出扎扎实实的文章来。三是要引导作者刻苦学习,提高素养,练好写作基本功。在写作应用文时,要继承好传统,力求把文章写得准确、鲜明、生动。大家一齐努力,开创优良文风的新局面。

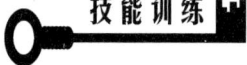

技能训练

一、名词解释

写作、应用文、主旨、材料、结构、语言、表达、文风

二、填空题

1.应用文具有_____、_____、_____特点。

2.写作的"三重转化"规律,其中内化阶段是写作的积累阶段,是指_____
_____。

3.写作的"三重转化"规律,其中意化阶段是写作的构思阶段,是指_____
_____。

4.写作的"三重转化"规律,其中外化阶段是写作的行文阶段,是指_____
_____。

三、简答题

1.画出写作的分类图。

2.画出应用文的分类图。

3.主旨有哪些要求?

4.材料有哪些要求?

5.结构有哪些要求?

6.语言有哪些要求?

7.应用文的结构有哪些基本类型?

8.应用文的叙述、议论、说明各有哪些主要技法？

四、语言分析题

根据有关应用文语体的知识，分析下面这段应用文在语言上存在的问题。

2011 年 7 月 6 日深夜，乌云密布，雷声隆隆，大雨倾盆而下，刹那间，美丽富饶的鱼米之乡被一片汪洋吞没。接连几天如注的暴雨，淹没了田野，冲毁了村庄和工厂，交通、通讯、电力一度中断。这百年不遇的特大洪涝灾害，给我乡造成了不可估量的损失。为了将灾害造成的损失降低到最低程度，乡党委、政府采取了果断措施，动员全乡广大干部群众自力更生、艰苦奋斗，尽快恢复生产、重建家园……

五、习作题

（一）指出下列作品中属于应用文的篇目。

1.《秦誓》 2.《秦晋崤之战》 3.《谏逐客书》 4.《离骚》 5.《谏太宗十思疏》 6.《师说》 7.《醉翁亭记》 8.《雷锋日记》 9.《荷塘月色》 10.《首都市民公约》

（二）下面是 1922 年河北邢台市的一张契约，阅后谈谈应用文的特点和时代性。

学徒契约

立字人刘增，因家贫人多，无法度日，情愿送子刘金海到邢台文盛鞋铺当学徒。经张云山说合，言明四年为限。擦桌扫地，提水做饭。只许东家不用，不准本人不干。学徒期间，无身价报酬。学满之后，身价面议。如有违反铺规，任打任骂。私自逃走，罚米十石。空口无凭，立字为证。

立字人：刘　增（指印）

学　徒：刘金海（指印）

东　家：基占鳌

说合人：张云山（印）

壬戌年七月十七日

（三）有人将理发店起名"最高发院"，将双胞胎孩子取名"钟共""钟央"，你对此有什么看法？

第二章　党政公文写作

学习目标

- 基本了解党政公文及各文种的定义、特点和分类
- 重点掌握党政公文的格式要求和各文种的写作要领
- 体味例文,培养撰写党政公文的能力

第一节　党政公文概述

一、党政公文的定义

中共中央办公厅、国务院办公厅于 2012 年 4 月 16 日联合印发的《党政机关公文处理工作条例》(以下简称《条例》)第三条给党政公文下了一个定义:"党政机关公文是党政机关实施领导、履行职能、处理公务的具有特定效力和规范体式的文书,是传达贯彻党和国家的方针政策,公布法规和规章,指导布置和商洽工作,请示和答复问题,报告、通报和交流情况等的重要工具。"

这个定义指出了四方面意思:一是使用范围。指出是"党政机关"这一特定范围,以此区别于其他文书。二是从属性质。在"实施领导、履行职能、处理公务"中形成的,说明公文产生于党政管理的公务活动,是为党政管理服务的。三是基本特征。"特定效力"和"规范体式"是整个定义中的关键词语,它从根本上揭示了党政机关公文的本质特征。四是职能作用。"重要工具"前的定语是"传达贯彻党和国家的方针政策,公布法规和规章,指导布置和商洽工作,请示和答复问题,报告、通报和交流情况",高度概括了公文的主要功能。总之,《条例》对党政机关公文这一概念的内涵与外延作了严密、科学的界定。

二、党政公文的特点

(一)法定作者

按宪法的规定,我国所有公民均享有言论出版自由,谁写了著作和文章谁就有著作权。但是制发党政公文则有严格的限制,它只能由法定作者制作,而且必须签署法定作者的名称。

所谓法定作者,是指依法成立并能以自己的名义行使权利、承担义务的组织或个人。

主要有两类对象：一是指各级党的机关、行政机关、社会团体和企事业单位。它们均是依法建立并合法存在的单位，可以依据自己的职能和权限范围制发文件。二是指有关领导人。如国务院、各部委及省、市人民政府发布的命令，都需在文件上签署个人的职务和姓名。因为领导人是由法定组织通过选举任命等法定程序产生的，以领导人名义发布公文，并非以其私人身份行事，而是代表其所在机关依法行使职权，所以他们也是公文的法定作者。

（二）法定效力

公文的法定效力是指公文的权威性和约束性。制发公文，是各级机关、单位根据其合法地位行使职权的一种重要方式。机关、单位通过公文来传达政令，宣布决策，部署工作，提出各种措施与办法。对于其职权范围所属的地区和部门来说，公文具有极强的现实执行效力：或要求学习领会，或要求传达贯彻，或指导商洽，或知照答复等，它集中体现了发文机关的行政意志。如上级机关制发的指挥性公文，下级机关必须一律遵守，做到令行禁止，违者将被追究行政责任甚至法律责任；下级机关报送的请示，有权要求领导机关批复；向不相隶属机关发送的函件，对方也应予以回复，否则就会受到催促。以上这些，都是公文法定效力的具体表现。

法定效力也有大小之分，这主要取决于两方面。一是制发机关地位的高低和职权范围的大小。党中央、国务院的文件体现了党和国家的意志，具有最高的权威性；省委、省政府的文件在全省范围内具有法定效力，全省各级党政机关必须遵照执行。二是公文内容的重要程度。如法规性、指挥性的公文，其法定效力和权威性就高于一般的知照性、事务性公文，这是显而易见的。

（三）规范体式

在公文种类方面，每一种党政公文都有特定的适用范围，有特定的作用，公文撰制者必须正确地选择和使用文种。

在结构要素方面，党政公文共有 18 个要素，按照内容要求，该写的都要写上，不能遗漏。

在办文程序方面，收文办理一般包括签收、登记、初审、承办、传阅、催办、答复等程序；发文办理一般包括复核、登记、印制、核发等程序。

三、党政公文的分类

（一）按适用范围来划分

《条例》规定，现行党政公文有 15 种：决议、决定、命令（令）、公报、公告、通告、意见、通知、通报、报告、请示、批复、议案、函和纪要。

1. 决议，适用于会议讨论通过的重大决策事项。

2. 决定，适用于对重要事项做出决策和部署、奖惩有关单位和人员、变更或者撤销下级机关不适当的决定事项。

3.命令（令），适用于公布行政法规和规章、宣布施行重大强制性措施、批准授予和晋升衔级、嘉奖有关单位和人员。

4.公报，适用于公布重要决定或者重大事项。

5.公告，适用于向国内外宣布重要事项或者法定事项。

6.通告，适用于在一定范围内公布应当遵守或者周知的事项。

7.意见，适用于对重要问题提出见解和处理办法。

8.通知，适用于发布、传达要求下级机关执行和有关单位周知或者执行的事项，批转、转发公文。

9.通报，适用于表彰先进、批评错误、传达重要精神和告知重要情况。

10.报告，适用于向上级机关汇报工作、反映情况，回复上级机关的询问。

11.请示，适用于向上级机关请求指示、批准。

12.批复，适用于答复下级机关请示事项。

13.议案，适用于各级人民政府按照法律程序向同级人民代表大会或者人民代表大会常务委员会提请审议事项。

14.函，适用于不相隶属机关之间商洽工作、询问和答复问题、请求批准和答复审批事项。

15.纪要，适用于记载会议主要情况和议定事项。

从大多数文种看，其适用范围是明确的，内容上的区分也是清晰的，但也有几组具有相同的内容可使用不同的文种。①告知事项，有公告、通告；②用于奖励，有命令、决定、通报；③请求批准，有请示、函；④公布规章和人事任免，有命令、通知；⑤需要下级办事，有决定、通知、意见；⑥需要向上级反映情况，有请示、报告、意见。对于这些容易混淆的文种，在工作中要特别注意，正确使用。

（二）按行文方向来划分

按行文方向来划分，可分为下行文、上行文和平行文。下行文是指向所属下级机关发送的公文，主要有决议、决定、命令（令）、公报、公告、通告、意见、通知、通报、批复、纪要等。上行文是指向所属上级机关呈送的公文，主要有报告和请示。平行文是指同级机关或不相隶属机关之间往来的行文，最常用的是议案和函。

从绝大多数文种看，行文方向都是固定的，如请示、报告只用于上行，决定、通报、批复只用于下行。但有几个文种的行文方向不甚固定，有一定灵活性。如意见既可作下行文，也可作上行和平行文；通知以下行文为主，有时也作为平行文发送不相隶属机关；作为平行文的函，偶尔也用于上下级之间询答问题或联系一般事宜；纪要除了下行外，也可以上行请求批转或平行送不相隶属机关起知照作用。

（三）按缓急程度来划分

按缓急程度来划分，可分为特急、急件、一般文件三类。这是从公文的办理时限来说的。急件应当在接到来文后 3 天之内办理完毕,特急件应当在一天内办理完毕。

(四)按保密级别来划分

按保密级别来划分,可分为三个等级:绝密、机密和秘密。秘密等级简称密级,应在公文首页注明。绝密文件,指涉及党和国家最核心机密的文书;机密文件,指涉及党和国家重要机密的文书;秘密文件,指涉及党和国家一般秘密的文书。

(五)按作用特征来划分

按作用特征来划分,可分为指挥性公文、知照性公文、报请性公文、商洽性公文和记录性公文。指挥性公文是上级对下级具有指挥决策、部署工作的作用,主要文种有决议、决定、命令、通知、意见、批复等;知照性公文是通过新闻媒体或公开张贴,具有传递信息、告知事项的作用,主要文种有公报、公告、通告、通报等;报请性公文具有汇报工作、请示问题、请求审议的作用,主要文种有报告、请示、议案等;商洽性公文具有商洽工作的作用,常用的文种是函;记录性公文具有记载会议情况的功能,常用的文种是纪要。

四、党政公文的格式

2012 年 4 月中办和国办联合印发的《党政机关公文处理工作条例》和 2012 年 7 月国家质量技术监督局发布的《党政机关公文格式》,是公文法定权威和法定效力在形式上的体现,也是公文现代化科学管理的蓝本。公文格式主要包含三方面的内容:一是公文格式各要素编排规则;二是公文用纸尺寸、版面和印装要求;三是公文的特定格式。

(一)公文格式各要素编排规则

公文格式由版心内、外共 18 个要素构成。版心内由版头、主体、版记三部分 17 个要素构成,即份号、密级和保密期限、紧急程度、发文机关标志、发文字号、签发人、标题、主送机关、正文、附件说明、发文机关署名、成文日期、印章、附注、附件、抄送机关、印发机关和印发日期;版心外即由页码 1 个要素构成。

1. 版心内版头部分。它由 6 个要素构成。

版头位于公文首页红色分隔线上方,约占全页的三分之一。版头包括份号、密级和保密期限、紧急程度、发文机关标志、发文字号、签发人等要素,下方用一条红色分隔线将版头与主体分隔开来。为了庄重醒目,增强公文的严肃性,发文机关标志和红色分隔线均套红印刷。

(1)份号,即公文印制份数的顺序号。涉密公文应当标注份号。

如果需标注份号,一般用 6 位 3 号阿拉伯数字,顶格编排在版心左上角第一行。

(2)密级和保密期限,即公文的秘密等级和保密的期限。涉密公文应当根据涉密程度分别标注"绝密""机密""秘密"和保密期限。

如果需标注密级和保密期限,一般用 3 号黑体字,顶格编排在版心左上角第二行;保密期限中的数字用阿拉伯数字标注。

(3)紧急程度,即公文送达和办理的时限要求。根据紧急程度,紧急公文应当分别标注"特急""加急",电报应当分别标注"特急""加急""平急"。

如果需标注紧急程度,一般用 3 号黑体字,顶格编排在版心左上角,如果需同时标注份号、密级和保密期限、紧急程度,按照份号、密级和保密期限、紧急程度的顺序自上而下分行排列。

(4)发文机关标志。其由发文机关全称或者规范化简称加"文件"二字组成,也可以使用发文机关全称或者规范化简称。联合行文时,发文机关标志可以并用联合发文机关名称,也可以单独用主办机关名称。

发文机关标志居中排布,上边缘至版心上边缘为 35mm,推荐使用小标宋体字,颜色为红色,以醒目、美观、庄重为原则。

联合行文时,如果需同时标注联署发文机关名称,一般应当将主办机关名称排列在前;如果有"文件"二字,应当置于发文机关名称右侧,以联署发文机关名称为准上下居中排布。

(5)发文字号。由发文机关代字、年份、发文顺序号组成。联合行文时,使用主办机关的发文字号。编排在发文机关标志下空两行位置,居中排布。年份、发文顺序号用阿拉伯数字标注;年份应标全称,用六角括号"〔 〕"括入;发文顺序号不加"第"字,不编虚位(即 1 不编为 01),在阿拉伯数字后加"号"字。

上行文的发文字号居左空一字编排,与最后一个签发人姓名处在同一行。

(6)签发人。上行文应当标注签发人姓名。

此项由"签发人"三字加全角冒号和签发人姓名组成,居右空一字,编排在发文机关标志下空两行位置。"签发人"三字用 3 号仿宋体字,签发人姓名用 3 号楷体字。

如果有多个签发人,签发人姓名按照发文机关的排列顺序从左到右、自上而下依次均匀编排,一般每行排两个姓名,回行时与上一行第一个签发人姓名对齐。

发文字号之下 4mm 处居中印一条与版心等宽的红色分隔线。

2.版心内主体部分。其由 9 个要素构成。

(1)标题,由发文机关名称、事由和文种组成。

一般用 2 号小标宋体字,编排于红色分隔线下空两行位置,分一行或多行居中排布;回行时,要做到词意完整,排列对称,长短适宜,间距恰当,标题排列应当使用梯形或菱形。

(2)主送机关。公文的主要受理机关应当使用机关全称、规范化简称或者同类型机关统称。

此项编排于标题下空一行位置,居左顶格,回行时仍顶格,最后一个机关名称后标全角冒号。如果主送机关名称过多导致公文首页不能显示正文,应当将主送机关名称移至版记位置,标注方法见抄送机关。

(3)正文。这是指公文的主体,用来表述公文的内容。

公文首页必须显示正文。一般用 3 号仿宋体字,编排于主送机关名称下一行,每个自然段左空两字,回行顶格。文中结构层次序数依次可以用"一""(一)""1.""(1)"标注;一般第一层用黑体字,第二层用楷体字,第三层和第四层用仿宋体字标注。

(4)附件说明。这主要标注公文附件的顺序号和名称。

如果有附件,在正文下空一行左空两字编排"附件"二字,后标全角冒号和附件名称。如有多个附件,使用阿拉伯数字标注附件顺序号(如"附件:1.×××××")。附件名称后不加标点符号。附件名称较长需回行时,应当与上一行附件名称的首字对齐。

(5)发文机关署名。这里署发文机关全称或者规范化简称。

(6)成文日期。这里署会议通过或者发文机关负责人签发的日期。联合行文时,署最后签发机关负责人签发的日期。

(7)印章。公文中有发文机关署名的,应当加盖发文机关印章,并与署名机关相符。有特定发文机关标志的普发性公文和电报可以不加盖印章。

①加盖印章的公文,成文日期一般右空四字编排,印章用红色,不得出现空白印章。

单一机关行文时,一般在成文日期之上、以成文日期为准居中编排发文机关署名,印章端正、居中下压发文机关署名和成文日期,使发文机关署名和成文日期居印章中心偏下位置,印章顶端应当上距正文(或附件说明)一行之内。

联合行文时,一般将各发文机关署名按照发文机关顺序整齐排列在相应位置,并将印章一一对应、端正、居中下压发文机关署名,最后一个印章端正、居中下压发文机关署名和成文日期,印章之间排列整齐、互不相交或相切,每排印章两端不得超出版心,首排印章顶端应当上距正文(或附件说明)一行之内。

②不加盖印章的公文。单一机关行文时,在正文(或附件说明)下空一行右空两字编排发文机关署名,在发文机关署名下一行编排成文日期,首字比发文机关署名首字右移两字。如果成文日期长于发文机关署名,应当使成文日期右空两字编排,并相应增加发文机关署名右空字数。

联合行文时,应当先编排主办机关署名,其余发文机关署名依次向下编排。

③加盖签发人签名章的公文。单一机关制发的公文加盖签发人签名章时,在正文(或附件说明)下空两行右空四字加盖签发人签名章,签名章左空两字标注签发人职务,以签名章为准上下居中排布。在签发人签名章下空一行右空四字编排成文日期。

联合行文时,应当先编排主办机关签发人职务、签名章,其余机关签发人职务、签名章依次向下编排,与主办机关签发人职务、签名章上下对齐;每行只编排一个机关的签发人职务、签名章;签发人职务应当标注全称。签名章一般用红色。

(8)附注。这里标注公文印发传达范围等需要说明的事项。

如果有附注,居左空两字加圆括号编排在成文日期下一行。

"请示"件应在附注处注明联系人和电话。

(9)附件。公文正文的说明、补充或者参考资料。

附件应当另面编排,并在版记之前,与公文正文一起装订。"附件"二字及附件顺序号用 3 号黑体字顶格编排在版心左上角第一行。附件标题居中编排在版心第三行。附件顺序号和附件标题应当与附件说明的表述一致。附件格式要求同正文。

　　3.版心内版记部分。其由 2 个要素构成。

　　(1)抄送机关。除主送机关外需执行或者知晓公文内容的其他机关,应当使用机关全称、规范化简称或者同类型机关统称。

　　如果有抄送机关,一般用 4 号仿宋体字,在印发机关和印发日期之上一行、左右各空一字编排。"抄送"二字后加全角冒号和抄送机关名称,回行时与冒号后的首字对齐,最后一个抄送机关名称后标句号。

　　如果需把主送机关移至版记,除将"抄送"二字改为"主送"外,编排方法同抄送机关。既有主送机关又有抄送机关时,应当将主送机关置于抄送机关之上一行,之间不加分隔线。

　　(2)印发机关和印发日期。这里指要写明公文的送印机关和送印日期。

　　印发机关和印发日期一般用 4 号仿宋体字,编排在末条分隔线之上,印发机关左空一字,印发日期右空一字,用阿拉伯数字将年、月、日标全,年份应标全称,月、日不编虚位(即 1 不编为 01),后加"印发"二字。

　　这里要注意版记中的分隔线标法。

　　版记中的分隔线与版心等宽,首条分隔线和末条分隔线用粗线(推荐宽度为 0.35mm),中间的分隔线用细线(推荐宽度为 0.25mm)。首条分隔线位于版记中的第一个要素之上,末条分隔线与公文最后一面的版心下边缘重合。

　　版记中如有其他要素,应当将其与印发机关和印发日期用一条细分隔线隔开。

　　4.版心外部分。版心外部分由 1 个要素构成,即页码。

　　页码也就是公文页数的顺序号。一般用 4 号半角宋体阿拉伯数字,编排在公文版心下边缘之下,数字左右各放一条一字线;一字线上距版心下边缘 7mm。单页码居右空一字,双页码居左空一字。公文的版记页前有空白页的,空白页和版记页均不编排页码。公文的附件与正文一起装订时,页码应当连续编排。

　　对于上述 18 个要素,是否每份公文都要写出?不然。要根据公文内容的需要,具体安排 18 个要素。一般可以把 18 个要素概括为三句话。①一般必写要素,有 10 个(发文机关标志、发文字号、标题、主送机关、正文、发文机关署名、成文日期、印章、印发机关和印发日期页码);②一般不写要素,有 3 个(份号、秘密等级和保密期限、紧急程度);③视情况而写要素,有 5 个(签发人、附件说明、附注、附件、抄送机关)。

【式样一】

00000×

机密★1年

特 急

浙 江 省 人 民 政 府 文 件

浙政〔2017〕8号

────────────────────────────

浙江省人民政府

关于×××××××××通知

各市、县（市、区）人民政府，省政府直属各单位：

×××××××××××××××××××××××。×××××××

××：

一、×××××××××

×××××××××××××××××××××××××××××

×××××。

×××××××××××××××××××××××××××××

×××××。

二、×××××××××

×××××××××××××××××××××××××××××

×××××××××××××××××××××××××××××××××

××××××××××××。

×××××××××××××××××××××××××××××××××
×××××××××。

三、××××××××

×××××××××××××××××××××××××××××××
×××××××××。

×××××××××××××××××××××××××××××××
×××××××××。

附件:1.××××××××××

　　　2.××××××××××

（印章）

浙江省人民政府

2017 年 2 月 10 日

（××××××××××）

抄送:××××,××××××,××××××,×××。

浙江省人民政府办公厅　　　　　　　　　2017 年 2 月 10 日印发

（注:版记部分应置于附件之后,因篇幅所限,姑印于此）

【式样二】

00000✕

机密★1年

特 急

浙 江 省 财 政 厅 文 件

浙财〔2017〕9 号   签发人：✕✕✕

─────────────────────────────

浙江省财政厅关于✕✕✕✕✕✕✕的请示

省人民政府：

    ✕✕✕✕✕✕✕✕✕✕✕✕✕✕✕✕✕✕✕✕✕✕✕✕。✕✕✕✕✕✕✕：

    ✕✕✕✕✕✕✕✕✕✕✕✕✕✕✕✕✕✕✕✕✕✕✕✕✕✕✕✕✕✕✕✕✕✕✕✕

✕✕✕✕✕。

    ✕✕✕✕✕✕✕✕✕✕✕✕✕✕✕✕✕✕✕✕✕✕✕✕✕✕✕✕✕✕✕✕✕✕

✕✕✕✕✕。

    ✕✕✕✕✕✕✕✕✕✕✕✕✕✕✕✕✕✕✕✕✕✕✕✕✕✕✕✕✕✕✕✕✕✕

✕✕✕✕✕。

    ✕✕✕✕✕✕✕✕✕✕✕✕✕✕✕✕✕✕✕✕✕✕✕✕✕✕✕✕✕✕✕✕✕✕✕✕

✕✕✕✕✕。

　　××××××××××××××××××××××××××××××××
××××。

　　××××××××××××××××××××××××××××
××。

　　××××××××××××××××××××××××××
××。

　　××××××××××××××××××××××××××
××。

　　××××××××××××××××××××××××××
××。

　　附件：×××××××××

（印章）

浙江省财政厅

2017 年 3 月 10 日

（联系人：×××，电话：×××××××××）

浙江省财政厅办公室　　　　　　　2017 年 3 月 10 日印发

（注：版记部分应置于附件之后，因篇幅所限，姑印于此）

（二）公文用纸尺寸、版面和印装要求

1.用纸要求。采用国际标准 A4 型（210mm×297mm）纸张印制公文。版心尺寸为 156mm×225mm。

2.排版的要求。公文使用的汉字按国家规定的标准方案执行，从左至右书写、排版。少数民族文字按其习惯书写、排版。正文一般每面排 22 行，每行排 28 个字。

3.印刷要求。双面印刷，页码套正，两面误差不得超过 2mm。印品着墨实、均匀，字面不花、不白、无断划。

4.装订要求。公文应左侧装订，不掉页，两页页码之间误差不超过 4mm。骑马订或平订的订位为两钉外眼订距版面上下边缘各 70mm 处，允许误差±4mm。

5.字体字号要求。发文机关标识推荐使用小标宋体字，用红色标识，字号由发文机关以醒目美观为原则酌定。公文标题一般用 2 号小标宋体字，正文用 3 号仿宋体字。秘密等级、紧急程度用 3 号黑体字。签发人和附件说明用 3 号仿宋体字，签发人姓名用 3 号楷体字。抄送机关、印发机关和印发日期一般用 4 号仿宋体字。其他一般用 3 号仿宋体字。

（三）公文的特定格式

1.信函格式。发文机关标志使用发文机关全称或者规范化简称，居中排布，上边缘至上页边为 30mm，推荐使用红色小标宋体字。

发文机关标志下 4mm 处印一条红色双线（上粗下细），距下页边 20mm 处印一条红色双线（上细下粗），线条均为 170mm 长，居中排布。

发文字号顶格居版心右边缘编排在第一条红色双线下，与该线的距离为 3 号汉字高度的 7/8。标题居中编排，与其上最后一个要素相距两行。

第二条红色双线上一行如果有文字，与该线的距离为 3 号汉字高度的 7/8。

版记不加印发机关和印发日期、分隔线，位于公文最后一面版心内最下方。

2.命令（令）格式。发文机关标志由发文机关全称加"命令"或"令"字组成，居中排布，上边缘至版心上边缘为 20mm，推荐使用红色小标宋体字。

发文机关标志下空两行居中编排令号，令号下空两行编排正文。

签发人职务、签名章或成文日期的编排见前面常规写法。

3.纪要格式。纪要标志由"××××××纪要"组成，居中排布，上边缘至版心上边缘为 35mm，推荐使用红色小标宋体字。

标注出席人员名单，一般用 3 号黑体字，在正文或附件说明下空一行左空两字编排"出席"二字，后标全角冒号，冒号后用 3 号仿宋体字标注出席人单位、姓名，回行时与冒号后的首字对齐。

标注请假和列席人员名单，除依次另起一行并将"出席"二字改为"请假"或"列席"外，编排方法同出席人员名单。

纪要格式可以根据实际制定。

五、党政公文的行文规则

(一)上行文行文规则

1.上行文原则上主送一个上级机关,根据需要同时抄送相关上级机关和同级机关,不抄送下级机关。

2.党委、政府的部门向上级主管部门请示、报告重大事项,应当经本级党委、政府同意或者授权;属于部门职权范围内的事项应当直接抄送上级主管部门。

3.下级机关的请示事项,如果需以本机关名义向上级机关请示,应当提出倾向性意见后上报,不得原文转报上级机关。

4.请示应当一文一事,不得在报告等非请示性公文中夹带请示事项。

5.除上级机关负责人直接交办事项外,不得以本机关名义向上级机关负责人报送公文,不得以本机关负责人名义向上级机关报送公文。

6.受双重领导的机关向其中一个上级机关行文,必要时抄送另一个上级机关。

(二)下行文行文规则

1.下行文主送受理机关,根据需要抄送相关机关。重要行文应当同时抄送发文机关的直接上级机关。

2.党委、政府的办公厅(室)根据上级党委、政府授权,可以向下级党委、政府行文,其他部门和单位不得向下级党委、政府发布指令性公文或者在公文中向下级党委、政府提出指令性要求。需经政府审批的具体事项,经政府同意后可以由政府职能部门行文,文中须注明已经经政府同意。

3.党委、政府的部门在各自职权范围内可以向下级党委、政府的相关部门行文。

4.涉及多个部门职权范围内的事务,部门之间未协商一致的,不得向下行文;擅自行文的,上级机关应当责令其纠正或者撤销。

5.上级机关向受双重领导的下级机关行文,必要时抄送该下级机关的另一个上级机关。

(三)其他行文规则

1.同级党政机关、党政机关与其他同级机关必要时可以联合行文。属于党委、政府各自职权范围内的工作,不得联合行文。

2.党委、政府的部门依据职权可以相互行文。

3.部门内设机构除办公厅(室)外不得对外正式行文。

第二节 决议 决定 命令(令)

一、决议

(一)决议的定义

决议是"适用于会议讨论通过的重大决策事项"的公文。

(二)决议的特点

1.决策性。决议是针对重大问题和重大事项所做出的决策,一经形成,就会在较大范围内对党政工作和生活造成重大影响。例如"文化大革命"结束后不久中共中央发布的《关于建国以来党的若干历史问题的决议》,就是对"文化大革命"、对毛泽东的功过进行评价的重大政策性文件,对统一党内思想起了十分突出的作用。

2.权威性。决议作为党政领导机关用于重要决策事项的公文,是在党政高级领导机构的会议上研究、讨论后形成的,代表着发文机关的意志,一经发布,其下属党政组织必须严格遵守,认真落实,不得违背,具有很强的权威性。

3.程序性。决议必须经会议讨论,并经表决通过之后才能形成,有严格的程序性。

(三)决议的分类

1.审议性决议。它主要反映会议审议批准的文件、机构设置、财务预决算等事项。例如,2012年11月14日中国共产党第十八次全国代表大会通过的《中国共产党第十八次全国代表大会关于十七届中央委员会报告的决议》。

2.专项性决议。它主要反映会议针对有关专门问题讨论后形成的决策事项,如中国共产党第十五届中央委员会第六次全体会议通过了《关于召开党的第十六次全国代表大会的决议》。

3.政策性决议。它主要着眼于从宏观的角度反映会议结果,特别要反映在路线、方针、政策上统一思想认识,以确定大政方针的重要事项,如中国共产党第十一届六中全会通过的《关于建国以来党的若干历史问题的决议》。

(四)决议的写作要领

1.标题。标题有两种写法。

(1)会议名称+事由+文种。

(2)发文机关+事由+文种。

2.题注。题注即在标题之下的圆括号内注明通过决议的会议日期和会议名称,相当于一般文件的发文机关和发文时间。

3.正文。其一般由三部分组成。

(1)在开头部分明确决议的根据和目的,或对所通过的决议的评价。

(2)在主体部分以"会议指出""会议认为""会议强调"的手法阐明会议的主要精神。

(3)在结尾部分以"会议号召"方式作为结束语。

(五)实例文选

中国共产党第十八次全国代表大会
关于十七届中央委员会报告的决议

(2012 年 11 月 14 日中国共产党第十八次全国代表大会通过)

中国共产党第十八次全国代表大会批准胡锦涛同志代表十七届中央委员会所做的报告。报告高举中国特色社会主义伟大旗帜,以马克思列宁主义、毛泽东思想、邓小平理论、"三个代表"重要思想、科学发展观为指导,分析了国际国内形势的发展变化,回顾总结了过去五年的工作和党的十六大以来的奋斗历程及取得的历史性成就,确立了科学发展观的历史地位,提出了夺取中国特色社会主义新胜利的基本要求。确定了全面建成小康社会和全面深化改革开放的目标,对新的时代条件下推进中国特色社会主义事业做出了全面部署,对全面提高党的建设科学化水平提出了明确要求。报告描绘了全面建成小康社会、加快推进社会主义现代化的宏伟蓝图,为党和国家事业进一步发展指明了方向,是全党全国各族人民智慧的结晶,是我们党团结带领全国各族人民夺取中国特色社会主义新胜利的政治宣言和行动纲领,是马克思主义的纲领性文献。

大会认为,报告阐明的大会主题对我们党带领人民继往开来、奋勇前进具有十分重大的意义。全党要高举中国特色社会主义伟大旗帜,以邓小平理论、"三个代表"重要思想、科学发展观为指导,解放思想、改革开放,凝聚力量,攻坚克难,坚定不移沿着中国特色社会主义道路前进,为全面建成小康社会而奋斗。

大会强调,当前,世情、国情、党情继续发生深刻变化,我们面临的发展机遇和风险挑战前所未有。全党一定要牢记人民信任和重托,更加奋发有为、兢兢业业地工作,继续推动科学发展、促进社会和谐,继续改善人民生活、增进人民福祉,完成时代赋予的光荣而艰巨的任务。

……

大会号召,全党全国各族人民高举中国特色社会主义伟大旗帜,更加紧密地团结在党中央周围,为全面建成小康社会而奋斗,不断夺取中国特色社会主义新胜利,共同创造中国人民和中华民族更加幸福美好的未来!

二、决定

(一)决定的定义

决定是"适用于对重要事项做出决策和部署、奖惩有关单位和人员、变更或者撤销下级机关不适当的决定事项"的公文。

(二)决定的特点

1.全局性。从总体上看,除部分带知照性质的以外,决定大多用于处理和安排事关全局的问题,对重要事项、重大行动做出决策和部署。所以,一般的、事务性的安排不宜使用决定这一文种。

2.指令性。决定属于指挥性公文,其强制性和行政约束力仅次于命令(令)。一经决定了的事项,相关机关与人员都必须遵守,坚决贯彻执行。决定的这一特点,要求在行文时语气高度严肃决断。

3.规定性。决定对重要问题做出决策,不但提出具体的指导思想、目标任务,而且还就政策界限、方法措施做出明确的规定,用以规范下级机关、单位的行动。有些决定本身就是法规文件,修改法规的决定也属于法规的范畴。

(三)决定的分类

1.政策性决定。其内容侧重于统一思想认识和确定某一方面的方针政策,带有方向性、纲领性和法规性。如国务院关于知识产权保护、发展旅游经济等方面的决定。

2.部署性决定。这一类决定用于安排采取某一重大行动或部署某一方面的重要工作。与政策性决定相比,其内容相对来说较微观,而有关的原则、步骤与方法则交代得较详尽具体。

3.奖惩性决定。这一类决定多用于表彰先进集体和个人、授予荣誉称号、批评处分违法乱纪人员和处理重大事故等。如《××省人民政府关于表彰省农业科技突出贡献者和先进工作者的决定》。

变更或者撤销下级机关不适当的决定事项,原先使用命令文种,如今改用决定。这样,决定中本应新增变更、撤销性决定一类,但由于目前此类决定尚不多见,故不详论。

(四)决定的写作要领

1.标题。其由发文机关＋事由＋文种构成。

2.主送机关。决定一般为普发性文件,其主送机关的标注位置有两种情况,除按常规列于正文前之外,也可以置于版记部分,标注在抄送机关之上,并在受文机关名称前分别冠以"主送"和"抄送"字样。当主送机关置于版记部分时,成文日期或者会议通过日期应当加括号标注在标题下方,称为题注。

3.正文。由发文缘由＋主体事项＋结尾三部分构成。

(1)发文缘由。政策性和部署性决定一般写明发文的有关背景、目的、依据、意义等,然后常用"为此,特作如下决定"为过渡句引出下文。奖惩性决定一般写明主要事宜。

（2）主体事项。政策性和部署性决定主要对提出的问题做出决策部署,通常采用分条列项来写,以决断有力、准确明了的用语阐述政策界限,提出切实可行的措施和办法。奖惩性决定在这部分进行分析评论和给予奖惩定性。

（3）结尾。一般提出希望和号召,以对主体事项的强调与补充。

（五）实例文选

××省人民政府文件

×政发〔××××〕36 号

××省人民政府
关于表彰省农业科技突出贡献者和先进工作者的决定

各市、县（区）人民政府,省政府直属各单位:

"十五"以来,我省不断深化农业科技体制改革,进一步增强农业科技创新能力,农业科技工作取得了显著成效。广大农业科技工作者以服务"三农"为己任,大力推进农业科技进步,有力地支撑了我省高效生态农业的发展,为促进农业增效、农民增收和农村经济社会发展做出了积极的贡献。为认真贯彻落实中共中央、国务院《关于推进社会主义新农村建设的若干意见》和全国科学技术大会、全省自主创新大会精神,激励广大科技人员积极投身社会主义新农村和科技强省建设,省政府决定,授予徐子伟等 10 人"××省农业科技突出贡献者"称号,授予张冬青等 101 人"××省农业科技先进工作者"称号。农业科技突出贡献者各奖励 20 万元,农业科技先进工作者各奖励 1 万元。

希望受表彰奖励的农业科技突出贡献者和先进工作者珍惜荣誉,戒骄戒躁,不断进取,争创新的业绩。全省科技工作者要以先进为榜样,进一步增强责任感和使命感,开拓创新,勇于奉献,为加快我省农业科技进步,推进社会主义新农村和科技强省建设做出更大的贡献。

附件:××省农业科技突出贡献者和先进工作者名单（略）

（印章）
××省人民政府
××××年×月××日

抄送:省委各部门,省人大常委会,省政协办公厅,省军区,省法院,省检察院。

××省人民政府办公厅　　　　　　　　　　　××××年×月××日印发

（六）文种辨析：决议与决定

决议与决定同属于决策类公文，都是针对某些重要事项、重大问题的处理或重要工作的安排，都要求下级机关贯彻执行。但二者之间的区别有三点：①形成过程不同。决议须经过正式会议或法定会议按照一定程序表决通过后形成；决定大都由发文机关领导者直接签发下达。②发布名义不同。决议须以会议名义发布，通过决议的会议是决议的法定作者；决定则主要以机关名义发布。③内容要求不同。决议旨在统一思想认识，肯定会议成果，或针对已经发生的事件做出结论性意见，侧重于对既往情况的认定；决定旨在对重要工作活动或重大事件提出贯彻执行或处理的意见，侧重于以后行动的安排。

三、命令（令）

（一）命令（令）的定义

命令（令）是"适用于公布行政法规和规章、宣布施行重大强制性措施、批准授予和晋升衔级、嘉奖有关单位和人员"的公文。

（二）命令（令）的特点

1.作者的限定性。命令的发布权限是有严格规定的，根据法律，只有国家主席、全国人大常委会和委员长、国务院总理和各部部长、县级以上地方人民政府、军事领导机关，才可以在法定权限内发布命令。党的机关一般不使用命令，人民团体、企事业单位无权使用命令。法定作者的严格限定，使命令成为所有公文中最具权威性的一个文种。

2.内容的强制性。命令具有强大的约束力，一经发布，受令方面就必须无条件地服从和执行，不得延误和违抗，否则将受到追究和处罚。

3.措辞的严肃性。由于命令的高度权威性和强制性，因此在行文语气上特别果断干脆，斩钉截铁，措辞严肃、明确、坚定，没有商量的余地。

（三）命（令）的分类

1.公布令，用于公布法律、行政法规和规章。

2.行政令，用于公布重大的强制性行政措施。如《国务院关于在我国统一实行法定计量单位的命令》。

3.嘉奖令，用于嘉奖有关单位及人员。

4.任免令，用于公布经全国人大批准的国务院组成人员任免名单。一般机关、团体、企事业单位的人事任免不用命令，而使用任免通知。

此外，还有戒严令、特赦令和宣布战争状态的动员令等，这三种只有国家主席和政府首脑才有权发布。

（四）命令（令）的写作要领

1.发文机关标志。其有一般格式和特定格式两种。

2.标题。它有两种写法。

(1)发文机关＋文种,如《国务院令》。

(2)发文机关＋事由＋文种,如《国务院关于在我国统一实行法定计量单位的命令》。

一般地说,任免、嘉奖、赦免人员时用"令",而不用"命令"。

3.发文字号。它有两种写法。

(1)序号式,即在标题下,仅标序号,这种形式多用于以领导人名义发布的命令,其文号从其任职开始到卸任为止,依次编排。

(2)完全式,即发文机关代字、年号、发文号都齐全。

4.正文。其有三种形式。

(1)单层次式。发布令多数采用单层次,其内容为发布什么法规和施行日期。

(2)两层次式。行政令多采用两层次:第一层次的内容是发布该令的目的;第二层次的内容为命令事项。

(3)三层次式。嘉奖令多数为三层次:第一层次写嘉奖的缘由,主要写明嘉奖对象的功勋和业绩,其中时间、地点、事情、原因、结果都要交代清楚,此段最后要给功勋业绩定性。第二层次写嘉奖的目的及嘉奖的内容。嘉奖内容有授予荣誉称号、记功、晋级、给予奖金等。第三层次写嘉奖希望,写明对受奖者的勉励与要求,或向有关方面人员提出希望。

5.附件。颁布法规文件的命令,均以随令公布的法规文件作为附件。

6.落款。其有两种写法:以个人名义发布的命令,在正文或下方标注发文机关领导人的姓名,姓名前要冠以职务;以机关名义发布的命令,不签领导人的姓名。

7.成文日期。其有两种标法:一种是标在标题之下;另一种是写在文尾署名的下方。

(五)实例文选

中华人民共和国国务院令

第 621 号

《机关事务管理条例》已经 2012 年 6 月 13 日国务院第 208 次常务会议通过,现予公布,自 2012 年 10 月 1 日起施行。

总理 温家宝

2012 年 6 月 28 日

机关事务管理条例(略)

主送:××××,××××,××××,××××。

抄送:××××,××××,××××,××××。

国务院办公厅　　　　　　　　　　　　　　　2012 年 6 月 28 日印发

第三节　公报　公告　通告

一、公报

(一)公报的定义

公报是"适用于公布重要决策或者重大事项"的公文。

(二)公报的特点

1.权威性。公报的发文机关主要是党和国家高级领导机关,宣布的内容事关重大,代表着党和国家的立场和态度,具有很高的权威性。

2.公开性。公报的内容是公开的,是告知国内外的消息,不涉及秘密事项,无主送和抄送机关,知晓范围越广泛越好。

3.新闻性。公报以公布重要决定和重大事项为主要功能,类似新闻报道。公布的内容必须真实可靠,以取信于人。真实是公报的生命。

(三)公报的分类

1.按发文内容,可分为会议公报和事件公报。如国家统计局每年发布的《国家统计局经济普查公报》就是事件公报。

2.按发文主体,可分为单一公报和联合公报。如《中华人民共和国和美利坚合众国联合公报》就是联合公报。

(四)公报的写作要领

1.标题。其有两种写法。

(1)会议公报。其标题一般由会议名称＋文种构成。

(2)事件公报。其标题一般由发文机关＋事由＋文种构成。

2.发文日期。其有两种写法。

(1)会议公报。一般采用题注的方式,将通过会议公报的会议日期和会议名称写在标题之下,在括号内注明。

(2)事件公报。一般将事件公报的发文日期直接写在标题之下。

3.正文。其由开头＋主体＋结尾三部分构成。

(1)开头。它是对会议或事件作概况说明。

(2)主体。要把公报的内容完整、系统、有序地在主体中表达清楚。

(3)结尾。它可有可无。如果有,一般是发出号召。

（五）实例文选

中国共产党第十八届中央委员会第一次全体会议公报

（2012 年 11 月 15 日中国共产党第十八届中央委员会第一次全体会议通过）

中国共产党第十八届中央委员会第一次全体会议，于 2012 年 11 月 15 日在北京举行。

出席会议的有中央委员 205 人，候补中央委员 171 人。中央纪律检查委员会委员列席会议。

习近平同志主持会议并做了重要讲话。

全会选举了中央政治局委员、中央政治局常务委员会委员、中央委员会总书记；根据中央政治局常务委员会的提名，通过了中央书记处成员，决定了中央军事委员会组成人员；批准了十八届中央纪律检查委员会第一次全体会议选举产生的书记、副书记和常务委员会委员人选。名单如下：

一、中央政治局委员

（按姓氏笔画为序）

习近平　马　凯　王岐山　王沪宁　刘云山　刘延东（女）

刘奇葆　许其亮　孙春兰（女）　孙政才　李克强

李建国　李源潮　汪　洋　张春贤　张高丽　张德江

范长龙　孟建柱　赵乐际　胡春华　俞正声　栗战书

郭金龙　韩　正

二、中央政治局常务委员会委员

习近平　李克强　张德江　俞正声　刘云山　王岐山

张高丽

三、中央委员会总书记

习近平

四、中央书记处书记

刘云山　刘奇葆　赵乐际　栗战书　杜青林　赵洪祝

杨　晶（蒙古族）

五、中央军事委员会主席、副主席、委员

主席

习近平

副主席

范长龙　许其亮

委员

常万全　房峰辉　张　阳　赵克石　张又侠　吴胜利

马晓天　魏凤和

六、中央纪律检查委员会书记、副书记、常务委员会委员

书记

王岐山

副书记

赵洪祝　黄树贤　李玉赋　杜金才　吴玉良　张　军

陈文清　王　伟

常务委员会委员（按姓氏笔画为序）

王　伟　王岐山　刘　滨　江必新　杜金才　李玉赋

吴玉良　邱学强　张　军　张纪南　陈文清　周福启

赵洪祝　侯　凯　俞贵麟　姚增科　黄树贤　黄晓薇（女）

崔少鹏

二、公告

（一）公告的定义

公告是"适用于向国内外宣布重要事项或者法定事项"的公文。

（二）公告的特点

1.内容的重要性。公告所发布的内容是国家重要事项或法定事项，这是其他知照性公文所不能取代的。目前报刊上刊登的"校庆公告""招聘公告"等是不正确的。

2.作者的特定性。公告只为国家权力机关和监督机关所使用，比如全国人大，国务院及各部委，各省、市人民政府和法定的有关职能部门，如司法机关、税务机关、海关总署、公证机关等。其他地方行政机关、社会团体、企事业单位不能发布公告。

（三）公告的分类

1.重要事项公告。这类公告所宣布的重要事项主要包括国家领导人的选举结果、国家领导人的出访、答谢外国政府对我国重大庆典的祝贺及对我国领导人逝世的吊唁、国家重要统计数据等，如《中华人民共和国财政部公告》。

2.法定事项公告。这类公告是指有关法律、法规中明文规定应该用公告形式发布的事项，如专利公告、商标公告、破产公告、企业法人登记公告、房屋拆迁公告等。此外，按我国《民事诉讼法》规定发布的一系列法院公告也属此类。

（四）公告的写作要领

1．标题。其有三种写法。

（1）发文机关＋事由＋文种，如《国务院办公厅关于夏时制的公告》。

（2）发文机关＋文种，如《中华人民共和国财政部公告》。

（3）文种，如《公告》。

2．发文字号。其有两种写法。

（1）常规写法，如××〔××××〕×号。

（2）在标题下标注流水号，如（2013年第9号）。

3．正文。其由发文缘由＋主体事项＋结尾用语三部分构成。

（1）发文缘由。其写明发文的有关背景、目的、依据、意义等，然后常用"特公告如下"为过渡句引出下文。

（2）主体事项。其写明具体知照内容，有时用一段式来写，有时分条列项来写。这部分要求做到条理清楚，用语庄重。

（3）结尾用语。一般用"特此公告"作结语，但也有不用结语的。

4．版头和版记。公告如果在新闻媒体上发布或在相关地区张贴，则不写版头和版记；如果作为文件下发，则要有这两部分内容。

（五）实例文选

中华人民共和国财政部公告

（2013年第40号）

根据国家国债发行的有关规定，财政部决定发行2013年记账式附息（十四期）国债（以下简称本期国债），已完成招标工作。现将有关事项公告如下：

一、本期国债计划发行260亿元，实际发行面值金额260亿元。

二、本期国债期限1年，经招标确定的票面年利率为3.48％，2013年7月4日开始计息，7月4日至7月8日进行分销，7月10日起上市交易。

三、本期国债为固定利率附息债，到期一次还本付息，2014年7月4日（节假日顺延）偿还本金并支付利息。

其他事宜按《中华人民共和国财政部公告》（2013年第1号）规定执行。

特此公告。

（印章）

中华人民共和国财政部

2013年7月3日

三、通告

(一)通告的定义

通告是"适用于在一定范围内公布应当遵守或者周知的事项"的公文。

(二)通告的特点

1.内容的广泛性。通告的内容广泛,可用于宣布行政措施,也可用于告知社会生活中的一些具体事项。

2.作者的普遍性。通告的作者极为普通,可以是各级行政机关,也可以是社会团体、企事业单位。

(三)通告的分类

1.制约性通告。这类通告带有强制性,其目的是为了确保某一事项的执行与处理,提出具体规定,以要求相关单位与个人遵守。如《上海市商业管理委员会关于加强管理商业促销活动的通告》。

2.知照性通告。这类通告主要用于公布和实施某一事项,这些事项不具有行政约束力,仅供人们知晓。如全国旅游标准化技术委员会发布的《通告》。

(四)通告的写作要领

1.标题。其有两种写法。

(1)发文机关＋事由＋文种。

(2)文种。

2.发文字号。其有两种写法。

(1)常规写法,如××〔××××〕×号。

(2)在标题下标注流水号,如第×号。

3.正文。其由发文缘由＋主体事项＋结尾用语三部分构成。

(1)发文缘由。写明发文的有关背景、目的、依据、意义等,然后常用"现将有关事项通告如下"为过渡句引出下文。

(2)主体事项。其写明具体知照内容,一般分条列项来写。这部分要求做到具体明了,含义准确,便于群众理解和执行。

(3)结尾用语。一般用"特此通告"作结语,但也有不用结语。

4.版头和版记。通告如果在新闻媒体上发布或在相关地区张贴,则不写版头和版记;如果作为文件下发,则要有这两部分内容。

（五）实例文选

××市人民政府文件

×政函〔××××〕86号

××市人民政府关于加强市区犬类管理的通告

为保持市容整洁,预防和控制狂犬病的发生与传播,切实保障公民人身安全,维护正常的社会秩序,根据国家有关法律、法规规定,结合我市实际,现就市区犬类管理的有关事项通告如下:

一、凡××经济开发区,××区××、××、××街道,××区××、××、××街道,××区××、××、××街道,任何单位和个人未经批准,一律禁止养犬。

经公安和动物防疫检疫部门批准,单位可以领养警卫、消防、科研等特殊需要的犬只;个人可以领养小型观赏犬(长60厘米、高45厘米以下),但必须是性情温和的玩赏犬种,严禁以养宠物为名饲养猎犬、狼犬及其他可能带有攻击性的犬只。

二、公安机关是本项工作的主管部门,城管、农业、工商、卫生、宣传、环保等部门要积极配合,抓好市区禁止养犬工作。各级各单位要切实负起责任,协助做好禁止养犬工作。

三、凡符合养犬条件的单位或个人应在规定时间内携犬到所在地区级动物防疫检疫部门注射狂犬病疫苗,领取《犬类免疫证》,再到所在地公安分局缴纳养犬登记费5000元,审批领取《养犬许可证》和犬牌,并应每年接受所在地公安分局验审一次(验审费每只每年500元)和区级动物防疫检疫部门预防接种一次。

四、经批准所豢养的犬只一律进行栓(圈)养,并挂犬牌。严禁携犬乘坐公共交通工具及出入商店、公园、影剧院、街面等公共场所。

五、凡无标牌的犬,均视为野犬,由公安部门负责,会同有关部门予以捕杀。

六、无免疫证明的活犬和犬肉一律不得上市买卖。犬类宰杀或死亡,犬主应及时向原审批单位办理注销手续,并向原发证单位交销《犬类免疫证》、《养犬许可证》、犬牌。

七、违章养犬,造成咬伤他人或者导致发生狂犬病的,由所在地区级以上卫生行政部门责令限期改正,处以5000元以下罚款;情节较严重的,处以5000元以上20000元以下的罚款。拒绝、阻挠捕杀违章犬的,由所在地公安分局进行批评教育,责令改正;违反治安管理规定的,由所在公安分局依照《治安管理处罚条例》的规定予以处罚。

八、转借、租让、冒用、涂改、伪造、买卖《犬类免疫证》、《养犬许可证》、犬牌的,由有关部门依法予以处理。

九、本通告自发布之日起施行。现有犬只应自本通告发布之日起 20 日内，按照本通告规定进行免疫、登记、领证、挂牌，逾期未办理或未予批准的一律强行捕杀。

（印章）

××市人民政府

××××年×月××日

主送：××、××、××区人民政府，市政府直属各单位。
抄送：市委各部门，市人大常委会、市政协办公室，军分区，市法院，市检察院。

××市人民政府办公室　　　　　　　　　　　　××××年×月×日印发

（六）文种辨析：公告与通告；公告、通告与启事

1.公告与通告。作为知照性公文，两者都具有公开性和广泛传播性的特征。但其区别有四点。①发文机关不同。公告只能由级别较高的行政机关和监督机关行文，而通告则各级单位均可行文，无限制性。②知照范围不同。公告面向国内外，而通告面向辖区一定范围内的群众。③内容特征不同。公告内容属重要事项或法定事项，重在知照性；通告内容专业性较强，或宣布行政措施，或告知具体事务，兼有知照和约束的性质。④发布方式不同。公告一般通过新闻媒体发布，而通告除了在新闻媒体发布外，也可采用在相关地区张贴的方式。

2.公告、通告与启事。在制发公务文书中，将公告、通告混同于启事的现象相当普遍。诸如招生、招聘、更名、改号、迁址、开业、租赁等事宜本应用启事，不少单位却用了通告甚至公告，其中滥用公告情况尤其多。究其原因，大多是由于望文生义，误认为公告就是公开把事项告知公众。什么是启事？启事是一种为了让公众了解、参与和协助办理而公开陈述某件事情的日常应用文。公告、通告与启事的区别有三点：①文种不同。公告、通告属党政公文，启事属日常文书。②作者不同。公告、通告由机关单位制发，启事的制发者可以是机关单位，也可以是个人。③作用不同。公告、通告具有权威性和一定的强制性，启事只是希望参与或协助，没有强制约束作用。

第四节　意见　通知　通报

一、意见

(一)意见的定义

意见是"适用于对重要问题提出见解和处理办法"的公文。

(二)意见的特点

1.针对性。意见是针对工作中的重要问题提出见解和处理办法,这种"见解"和"处理办法"应该具有鲜明的指向。倘若笼统而谈、泛泛而谈,也就失去了意见的功用。

2.多向性。大多公文行文方向单一,而意见却可多向行文。作为上行文,可报上级机关;作为下行文,可发下级机关;作为平行文,可送平行机关和不相隶属机关。

3.实施性。意见具有报请性、指挥性、协商性的功能,但其内容都必须具有明确的实施性,为最终解决问题而服务。

(三)意见的分类

1.指导性意见。它是上级机关为解决某个重要问题,对下级机关提出的工作原则、具体措施与执行要求的意见,如《关于鼓励企业招商引资的若干意见》。

2.建议性意见。它是下级机关向上级机关提出改进、推动某项工作或解决某个问题的思路、设想、建议,供上级机关决策时参考的意见,如监察部等《关于清理评比达标表彰活动的意见》。由于党政公文中"报告"的适用范围已删去"提出意见和建议"的功能,因而建议性意见已取代了呈转性报告。目前这类意见使用得相当广泛。

3.协商性意见。它是平行机关和不相隶属机关之间为了协调工作,一机关主动向另一机关协商事项的意见。由于这种意见与商洽函很接近,所以从实际行文看,这种意见目前行文不多。

(四)意见的写作要领

1.标题。其由发文机关＋事由＋文种构成。

2.主送机关。上行的意见,一般只写一个主送机关;下行的普发性意见,主送机关通常标注在版记部分的抄送栏内,而不是置于正文前的抬头部分。

3.正文。其由发文缘由＋主体事项＋结尾用语三部分构成。

(1)发文缘由。其写明发文的有关背景、目的、依据、意义等,然后常用"现提出如下意见"为过渡句引出下文。这部分文字根据实际需要可长可短。

(2)主体事项。其具体陈述对重要问题的见解和处理办法,其中可以包括指导思想、工作任务和目标、办法措施等项内容。若内容较多,可以列出小标题,下面再分条陈述。

(3)结尾用语。下行的意见有两种结尾方式:凡需贯彻执行的,应在文末单列一段提出明确要求;无此要求的,可以自然收结。上行的建议性意见,一般有"以上意见若无不妥,请批转各地区、各部门执行"作结语。

根据有关规定,意见作为上行文时,应按请示性公文的程序和要求办理。具体要求是:应参照"请示"件格式,在眉首中标出签发人,在附注中标明联系人和联系电话;上级机关对一级机关报送的"意见",应做出处理或给予答复。

(五)实例文选

××市人民政府文件

×政发〔××××〕47号

××市人民政府关于鼓励企业招商引资的若干意见

为进一步调动企业招商引资的积极性,充分发挥企业招商引资的主体作用,加快提升企业的国际化水平,增强市区经济的国际竞争力,经研究,在执行国家、省和市有关优惠政策的基础上,对市区企业开展招商引资提出如下意见:

一、鼓励企业开展合资合作。凡市区企业与外商创办中外合资合作企业,实际外资达 200 万美元以上的,自该合资合作企业投产第一年实现税收起,财政部门按其当年上缴地方财政新增实得部分(仅指新增增值税部分,下同)的 15%,奖励给企业,连续享受三年。

二、鼓励企业增资扩股。凡外商在市区投资举办的独资、合资和合作项目,新增外资扩大注册资本和投资规模,实际外资增量达 200 万美元以上的,财政部门以上年上缴地方财政实得部分为基数,其新增地方财政实得部分的 15%,奖励给企业,连续享受三年。

三、鼓励企业以商引商。凡经企业引荐外商来市区举办合资、合作和独资企业,实际外资达 200 万美元以上的,由财政部门按外商投资企业当年上缴地方财政实得部分的 15%一次性奖励给引资有功企业。

四、鼓励引进世界 500 强。凡创办的外商投资企业属世界 500 强直接投资的,实际外资达 200 万美元以上的,上述一、二、三项中的奖励按 30%计。

五、对引进外资有功的企业和个人给予表彰。凡介绍引进实际外资 1000 万美元以上的外商投资企业,在享受市政府有关奖励政策的同时,由市政府授予"招商引资先进企业"称号,对企业经营者授予"招商引资先进工作者"称号,对引进世界 500 强和行业巨头等成绩特别突出的可授予特别奖。

六、凡符合上述奖励条件的,由市政府和三区政府按财政分担比例共同兑现奖金。××、××、××三区有关企业或个人凭有关真实有效证件,向当地财政局和外经贸局提出申请,经审核确认,由区政府审批兑现;市财政奖励部分由市财政局、市外经贸局审核,并报市政府审批兑现(奖励标准:××区30%、××区5%、××区30%)。××经济开发区企业或个人直接向市财政局和市外经贸局申请并报市政府审批。同一项目同时符合本文件或其他相关文件奖励条件的企业或个人,其奖励按高限办理,不重复计奖。

七、以上所述外商投资企业是指鼓励生产性外商投资企业,且经营期在十年以上,其他项目不在此列。

八、本意见适用于××市区范围企业,自颁发之日起执行,其他县市可参照执行。

九、本意见由市外经贸局、市财政局负责解释。

(印章)

××市人民政府

××××年×月××日

主送:各县(市、区)人民政府,直属各单位。

抄送:省政府办公厅,市委各部门,市人大常委会,市政协办公室,军分区,市法院,市检察院。

××市人民政府办公室　　　　　　　　　　××××年×月××日印发

二、通知

(一)通知的定义

通知是"适用于发布、传达要求下级机关执行和有关单位周知或者执行的事项,批转、转发公文"的公文。

(二)通知的特点

1. 使用面宽。制发通知,不像命令、公告等文种那样受级别等方面的严格限定,各级机关、团体和企事业单位均可使用。

2. 使用率高。通知兼有指示工作、知照事项以及批转、转发文件等多种功能。所以目前它已成为现行公文种类中使用频率最高的一种公文,故有"公文轻骑兵"之称。

3. 时效性强。通知是一种制发比较快捷、运用比较灵活的公文文种,它所办理的事情,都有比较明确的时间限制,受文单位要在规定的时间内办理完成,不得拖延。

（三）通知的分类和写作要领

通知按内容和用途，可分为发布性通知、转发性通知、指示性通知和知照性通知四类。

1.发布性通知。这类通知用于发布法规和规章、下达计划和印发领导讲话等。其标题的事由部分，有时使用"发布"字样，如《国务院关于发布〈国家行政机关公文处理办法〉的通知》；有时也用"印发"，如《中共浙江省委办公厅、浙江省人民政府办公厅印发〈关于领导干部报告个人重大事项规定的实施办法〉的通知》。公布重要法规常用"印发"。此外，"印发"的使用范围比"发布"广，一些不属于法规和规章的，如领导讲话、会议纪要、工作要点、规划纲要等需下发时，常用"印发"。

发布性通知的正文结构简单，篇幅甚短，一般只需写明发布对象名称及执行要求，如"现发布《×××××××》，自×年×月×日起施行"或"现将《×××××××》印发给你们，请认真贯彻执行"。正文后直接附以印发和发布文件，不必标注"附件"字样。

2.转发性通知。这类通知用于转发上级机关或不相隶属机关公文，批转下级机关的公文，如《国务院批转〈国家计委、财政部、水利部、建设部关于加强公益性水利工程建设管理若干意见〉的通知》。办公部门授权批转的，应用"转发"，如《国务院办公厅转发〈国家经贸委关于鼓励和促进中小企业发展若干政策意见〉的通知》。

这类通知的正文，实际上是针对被批转、转发公文所加的按语。其结构有两种形式：一种与发布性通知相似，只需写明被转文件名称和执行要求，如"现将……转发给你们，请结合实际情况，认真贯彻执行"；另一种篇幅稍长些，除上述内容外，还要再加上转发批示，批示要紧扣被转文件内容，做出分析评价，强调意义，提出执行要求和注意事项。办公部门授权批转的，前面还应加上"经×××同意"或"经×××批准"，以说明转发依据。

3.指示性通知。这类通知用于向下级机关做指示、部署工作任务。正文部分由发文缘由＋主体事项＋结尾三部分构成。

（1）发文缘由。其写明发文的有关背景、目的、依据、意义等，然后常用"特作如下通知"为过渡句引出下文。这部分要求概括简洁的语言，说明发文的必要性。

（2）主体事项。其具体写出通知的任务、要求、方法、措施等，一般采用分条列项来写。这部分可以列小标题，也可用每段第一句作为中心句。

（3）结尾。一般在结尾段对通知加以强调，提出贯彻实施要求。

4.知照性通知。这类通知用于告知一些不需直接执行或办理的事项，如节假日安排、人事任免、机构设置或调整、印章启用或更换以及召开会议等，主要起交流情况、传递信息的作用，一般无执行效用，所以除下行外，也可以发给平行机关。这类通知大多内容单一，篇幅简短。但会议通知的写法稍有不同，要写得详细些。会议通知的正文由发文缘由＋会议事项两部分构成。

（1）发文缘由。其写明发文的有关背景、目的、依据、意义等，然后用"现将有关事项通知如下"为过渡句引出下文。这部分内容要写得简明扼要。

（2）会议事项。其具体写明会议时间、会议地点、会议内容、参加人员、有关事项等。

这部分内容要写得具体清楚,使人一看便明白。

（四）实例文选

1. 发布性通知

××省人民政府办公厅文件

×政办发〔××××〕80 号

××省人民政府办公厅
关于印发《××××年全省整顿和规范市场
经济秩序工作计划》的通知

各市、县(市、区)人民政府,省政府直属各单位:

为了认真贯彻落实全国整顿和规范市场经济秩序电视电话会议精神,根据《国务院办公厅关于印发〈2006年全国整顿和规范市场经济秩序工作要点〉的通知》(国办发〔2006〕21号)和《国务院办公厅关于印发〈保护知识产权行动纲要(2006—2007年)〉的通知》(国办发〔2006〕22号)要求,经省政府同意,现将《××××年全省整顿和规范市场经济秩序工作计划》印发给你们,请结合实际,认真组织实施。

（印章）
××省人民政府办公厅
××××年×月××日

××××年全省整顿和规范市场经济秩序工作计划(略)

××省人民政府办公厅	××××年×月××日印发

2.转发性通知

国务院办公厅文件

国办发〔××××〕102 号

国务院办公厅转发监察部等部门
《关于清理评比达标表彰活动意见》的通知

各省、自治区、直辖市人民政府,国务院各部委、各直属机构:

监察部等部门《关于清理评比达标表彰活动的意见》已经国务院同意,现转发给你们,请认真贯彻执行。

(印章)

中华人民共和国国务院办公厅

××××年×月××日

关于清理评比达标表彰活动的意见

监察部　国务院纠风办　中央编办　发展改革委
民政部　财政部　人事部　国资委　法制办
(×××年×月×日)

《中共中央办公厅国务院办公厅关于严格控制评比活动有关问题的通知》(厅字〔1996〕10 号)印发以来,各地区、各部门按照要求认真清理整顿各类评比达标活动,取得了一定成效。但是,近几年来评比达标表彰过多过滥的现象又有所抬头,社会影响不好,群众意见很大。为进一步做好清理评比达标表彰活动工作(以下简称清理工作),现提出以下意见:

一、充分认识清理工作的重要性和紧迫性

近几年来,由于利益驱动等多种原因,一些地方和单位热衷于搞评比达标表彰活动,甚至把举办评比达标表彰活动作为履行管理职责的重要手段,突出表现为:有的未经批准擅自举办评比达标表彰活动;有的直接向基层、企业和群众收费或变相摊派,谋取小团体的利益;有的评比达标表彰活动不切实际,演变成一些干部谋取政绩的"形象工程"、"政绩工程";还有的表彰项目设置随意性大、奖励面过宽。过多过滥的评比达标表彰活动,干扰了各地区、各部门的正常工作秩序,影响了企业正常的生产经营管理活动,加重了基层、企业和群众负担,必须坚决予以纠正和清理。

清理评比达标表彰活动,是进一步转变政府职能、改进机关作风的迫切需要,是构建社会主义和谐社会,减轻基层、企业和群众负担的一项重要举措。各地区、各部门要充分认识评比达标表彰活动过多过滥的严重性、危害性,充分认识清理工作的重要性、紧迫性,坚持以邓小平理论和"三个代表"重要思想为指导,全面贯彻落实科学发展观,采取有力措施切实抓好这项工作。要坚持标本兼治、综合治理,对各类评比达标表彰活动进行一次全面清理,逐步建立健全规范评比达标表彰活动的长效机制,切实减轻基层、企业和群众的负担,真正为群众办实事、解难事、做好事。

二、明确要求,扎实开展清理工作

(略)

三、加强领导,确保清理工作取得明显成效

(略)

以上意见如无不妥,请批转各地各部门执行。

国务院办公厅 　　　　　　　　　　　　　　　　　　　×××× 年×月××日印发

3.指示性通知

财政部 国家税务总局文件

财税〔××××〕××号

财政部　　国家税务总局
关于调整房地产营业税有关政策的通知

各省、自治区、直辖市、计划单列市财政厅(局)、地方税务局,新疆生产建设兵团财务局:

为贯彻落实《国务院办公厅转发建设部等部门关于调整住房供应结构稳定住房价格意见的通知》(国办发〔2006〕37号),抑制投机和投资性购房需求,进一步加强个人住房转让营业税征收管理,现将有关营业税问题通知如下:

2006年6月1日后,个人将购买不足5年的住房对外销售的,全额征收营业税;个人将购买超过5年(含5年)的普通住房对外销售的,免征营业税;个人将购买超过5年(含5年)的非普通住房对外销售的,按其销售收入减去购买房屋的价款后的余额征收营业税。

在上述政策中,普通住房及非普通住房的标准、办理免税的具体程序、购买房屋的时间、开具发票、差额征税扣除凭证、非购买形式取得住房行为及其他相关税收管理规定,按照《国务院办公厅转发建设部等部门关于做好稳定住房价格工作意见的通知》(国办发〔2005〕26号)、《国家税务总局、财政部、建设部关于加强房地产税收管理的通知》(国税发〔2005〕89号)和《国家税务总局关于房地产税收政策执行中几个具体问题的通知》(国税发〔2005〕172号)的有关规定执行。

地方各级财税部门要严格执行税收政策,加强税收征管,对执行过程中出现的问题,及时上报财政部和国家税务总局。

(印章)

财政部印章、国家税务总局

××××年×月××日

抄送:国务院办公厅、建设部,财政部驻各省、自治区、直辖市、计划单列市财政监察专员办事处,各省、自治区、直辖市、计划单列市国家税务局。

财政部办公厅、国家税务总局办公厅　　　　　　　　　　××××年×月××日印发

4.知照性通知

××省财政厅文件

×财办〔××××〕158号

××省财政厅
关于召开×××年全省财政工作会议的通知

各市、县(市、区)财政局(委),各有关单位:

×××年,在省委、省政府正确领导及各级党委政府、各相关部门的支持配合下,经过全行业辛勤工作,我省税收达×××亿元,实现历史性的突破。为认真总结××××年工作,精心抓好××××年的工作,进一步开创我省财政工作的新局面,经省政府同意,决定召开××××年全省财政工作会议。现将有关事项通知如下:

一、会议时间

12月28日下午至29日上午。28日上午12时前报到。

二、会议地点

××宾馆(××市××路448号,电话:×××××××××)。

三、会议内容

1.进一步贯彻落实全省财政发展工作会议精神。

2.总结××××年全省财政工作。

3.部署××××年全省财政工作。

四、参加人员

各市分管财政工作的副市长、省级有关单位领导（省府办发通知）、各市、县（市、区）财政局局长。

五、其他事项

1.请各单位于12月20日下午下班前将与会人员的姓名、性别、单位、职务以电子邮件或传真形式上报省财政局（联系人：×××，联系电话：××××-××××××××，E-mail：yhzhao@tourzh.gov.cn，传真：××××-××××××××）。

2.每单位可带司机一名，请注明姓名、性别；因住房紧张，请不要带其他人员。

3.在××单位的与会人员不安排住宿。

4.29日下午××电台财政之声将举行"开播两周年暨××××年财政行业高峰论坛"活动，届时邀请全体与会代表参加。

（印章）

××省财政厅

××××年×月××日

抄送：×××副省长，×××副秘书长，省府办涉外处，有关新闻单位。

××省财政厅办公室　　　　　　　　　　　　××××年×月×日印发

（五）文种辨析：命令与通知；决定、通知与意见

1.命令与通知。命令与通知都是下行文，均有发布规章和人事任免的功能。但两者之间有明显的区别。①发布规章的不同。命令"适用于依照有关法律发布行政法规和规章"，即只有国家主席、全国人大常委会和委员长、国务院总理和各部部长、县级以上地方政府、军事领导机关才可以在法定权限内发布规章；而县级以下地方政府和人民团体、企事业单位不能用命令发布，只能用通知来发布规章。②人事任免的不同。只有经全国人大批准国务院组成人员任免名单，才能用命令形式来发布；一般政府机关和人民团体、企事业单位的人事任免不能用命令，只可使用通知任免。

2.决定、通知与意见。决定、通知与意见均具有下级办事的功能。但三者之间的区分有三点。①行文方向不同。意见既可下行，也可上行和平行；通知主要是下行，也可平行（如部分知照性通知）；决定只能用于下行。②内容特征不同。决定常用于重要事项、重大行动的安排，带有较强的决策性和纲领性，提出的办法、措施比较原则；通知使用面

宽,常用于部署工作,要求明确而具体;用于下发的意见大多是针对新情况、新问题提出见解和处理办法,或作原则性指导,或提出明确具体的要求,文中往往有较多的说理成分。③执行程度不同。决定的指令性最强,通知次之。意见作为下行文兼具指令性和指导性两种效用:如文中对贯彻执行有明确要求的,下级机关应遵照执行;无明确要求的,下级机关可参照执行。

三、通报

(一)通报的定义

通报是"适用于表彰先进,批评错误,传达重要精神和告知重要情况"的公文。

(二)通报的特点

1.典型性。通报对受文对象主要起感召、宣传和教育作用。因此,无论是表彰、批评的对象或所告知的情况都应当有代表性。写通报必须选准富于教育意义的典型材料,而且应经过核实,做到确凿可靠。缺乏典型意义的事件不宜作为通报的内容。

2.说理性。通报的目的在于发扬正气,打击歪风邪气,指导和推动工作,于是,因果的分析、实质的揭示、意义的阐发便自然成为通报的核心与重点。与其他公文相比较,议论分析是通报的显著特色之一。

(三)通报的分类

1.表彰性通报。这类通报表扬好人好事,介绍先进典型,总结主要经验,号召人们学习,如《关于表彰×××年度粮食生产先进市县的通报》。

2.批评性通报。这类通报批评错误行为或重大事故,目的在于告诫和教育人们吸取教训,引以为戒,防止类似问题发生,如《关于"十一"黄金周期间全国假日办总值班室受理的涉及旅行团队纠纷投诉主要情况的通报》。

3.情况通报。这类通报将全局或某一方面的信息、动向或其他情况传达给下级机关,旨在引起重视,采取相应措施,以掌握主动权,如《关于全省食品安全检查情况的通报》。

(四)通报的写作要领

1.标题。其由发文机关＋事由＋文种构成。

2.正文。其由事实介绍＋奖惩定性＋希望和要求三部分构成。

(1)事实介绍。一般先将所通报的事实作简要介绍,如表彰性的通报,先将所表彰的人或单位所做的好人好事或成功的经验等主要事实作简要介绍;批评性的通报,先将所批评的人或单位所犯的错误、发生的事故、违法违纪事件等主要事实作简要的介绍;传达重要精神或情况的通报也要将主要精神、基本情况作简要介绍。

(2)奖惩定性。这是指对这些事实进行性质分析,并做出奖励或惩处决定。

第一部分和第二部分如果内容简单，可以合一而写。

（3）希望和要求。这部分就如何向先进学习、对错误采取措施，提出希望和要求。

（五）实例文选

××市人民政府办公室文件

×政办〔××××〕129号

××市人民政府办公室
关于表彰××市创建中国优秀旅游城市工作
先进单位先进个人的通报

各县（市、区）人民政府，市政府直属各单位：

在各地、各有关单位和广大群众的共同努力下，通过历时3年的创建工作，去年我市获得"中国优秀旅游城市"称号，并涌现出一批先进单位和先进个人。为了鼓励先进，继续做好创优工作和迎接每年的创优年度复核工作，市人民政府决定，授予市旅游局等20个单位为"××市创建中国优秀旅游城市工作先进单位"，×××等19名个人为"××市创建中国优秀旅游城市工作先进个人"称号，并予以通报表彰。

希望受表彰的先进单位和个人再接再厉，再创新绩。全市各地、各单位要以先进为榜样，与时俱进，开拓进取，使我市旅游事业再上新台阶。

附件：××市创建中国优秀旅游城市先进单位先进个人名单（略）

（印章）

××市人民政府办公室

××××年×月××日

抄送：市委各部门，市人大党委会、市政协办公室，市法院、市检察院，驻×部队，人民团体，新闻单位。

××市人民政府办公室	××××年×月×日印发

（六）文种辨析：嘉奖令、奖励决定与表彰通报

嘉奖令、奖励决定和表彰通报都可用于表彰奖励。但三者之间有三点区别。①发文机关不同。嘉奖令只有具备发布命令权限的机关（一般为中央军委、国务院、部级机关）

方可使用,其他无权使用命令的机关只能选择决定与通报。②行文目的不同。嘉奖令和奖励决定侧重于下组织结论,即对单位或个人的事迹予以肯定和赞扬,做出组织决定;表彰通报则侧重于树立典型,宣传好人好事,起到教育群众、推动工作的作用。③奖励级别不同。对事迹特别突出、贡献特别卓越的单位或个人给予奖励(如授予国家级荣誉称号),用嘉奖令;对业绩显著、贡献突出的给予奖励(如授予荣誉称号等),用奖励决定;对事迹先进,但还够不上嘉奖、记功等奖励而给予表扬的,用表彰通报。此外,使用奖励决定进行的表彰,是精神奖励与物质奖励并重;而使用表彰通报的,是以精神奖励为主,一般不给予物质奖励。

各级行政机关实行奖励,应该依据法律的规定和职权,根据奖励的性质、级别和公示范围等实际情况,选择相应的文种。

第五节　报告　请示　批复

一、报告

(一)报告的定义

报告是"适用于向上级机关汇报工作、反映情况,答复上级机关的询问"的公文。

(二)报告的特点

1.沟通性。沟通是现代管理活动中的一个重要环节。下情上传,可以通过会议、简报、口头汇报、书面报告等多种渠道,而呈送报告则是其中最准确、有效的方式之一。对于上级机关来说,可通过下级提交的报告获取信息,了解下情,为决策提供依据;对于发文机关来说,可以主动取得上级的指导和监督,做好工作,减少和避免失误。

2.陈述性。报告是一种陈述性上行文,它以反映情况为立足点和基本点,行文时主要采用叙述和说明的表达方式。报告中对有关情况要做一些分析,但这些分析都是建立在陈述情况的基础之上的。

3.单向性。报告向上级行文,不需要任何相对应的文件,即具有单向性。在这一点上与请示有明显的不同,请示有双向性的特点,必须有批复与之相对应。

(三)报告的分类

1.按写作时间,可分为定期报告和不定期报告。

定期报告又称例行报告,是根据工作需要或上级要求定期向上级做出的工作情况报告,分日报、周报、旬报、季报等,大多是在某一重要的中心工作、重大工程进行时期或发生自然灾害等非常时期使用。无严格期限规定,根据实际需要而写的报告则称为不定期报告。

2.按内容性质,可分为工作报告、情况报告、答复报告和报送报告。

工作报告包括综合报告和专题报告两种。综合报告是反映本机关全面情况,以便上级全面指导工作的报告,如年度工作总结报告、年度工作计划报告等。专题报告是集中汇报某项工作、某个问题的报告,有阶段性的、总结性的,也有建议性的。

情况报告是专为上级机关提供重要情况的报告,其内容有特定的指向,如重要决策下达后的思想动态,有重要参考价值的新情况、新问题,正反面典型事例,重大案件以及灾害等突发性事件等。

答复报告是对上级机关询问做出回答的报告。

报送报告是向上级机关报送材料、物件时所做的简要报告。

(四)报告的写作要领

1.标题。其由发文机关＋事由＋文种构成。

2.正文。其由发文缘由＋主体事项＋结尾用语三部分构成。

(1)发文缘由。这里要写明有关背景、目的、依据、意义等,然后常用"现将有关情况报告如下"为过渡句引出下文。

(2)主体事项。这里常见的有"总结式"写法(适合工作报告)和"情况—原因—教训—措施"写法(适合情况报告)。

(3)结尾用语。常用"特此报告,请审阅"为结语。

(五)实例文选

××市国家税务局文件

×国税〔××××〕×号　　　　　　　　　　　　签发人:×××

××市国家税务局
关于我市遭受特大洪水灾害情况的报告

××省国家税务局:

8月3日至5日,我市连降大雨和大暴雨,山洪暴发、河水猛涨,全市57座大、中、小型水库普遍涨水溢洪,7条河流出现多处漫堤或决口。全市有11个县、区,102个乡、镇,1902个村受灾,造成大面积农田、房屋、水利工程、防洪设施、交通、邮电设施的损毁,广大群众的生命财产损失十分惨重。现将我市遭受水灾和抗灾情况汇报如下:

一、工商业损失严重,税收收入影响极大。此次洪灾造成全市停产半停产企业22267家。其中,市属以上企业8001家,县属企业373家,乡镇企业1562家,其余为私营、个体工商户。因供电线路毁损严重,加之企业原材料、机器设备被淹,短期内难以恢复生产,直接经济损失 12 亿元,预计将减少工商税收 7688 万元。

二、全市国税系统和职工家庭财产损失严重。据统计,全市国税系统倒塌房屋 87 间,被淹 74 间,被水冲成危房 746 间,冲走各种车辆、办公用具、机电设备 208 台(套),共计损失 615 万元。另外,全市有 82 名税务干部家庭被水淹,冲毁房屋 200 多间,冲毁责任田 580 多亩,部分家电、粮食、家具用品被冲走,损失达 261 万元。

三、抗灾自救,恢复生产。8 月 5 日清晨,局党组召开紧急会议,研究抗洪救灾措施,同时,组织机关中层干部,由各局长带队,分赴各县、区查看灾情,现场办公;慰问受灾的干部职工及其家属,帮助受灾基层税务所稳定情绪,恢复工作;帮助企业组织生产自救,发动未受灾干部职工向受灾群众捐赠衣物和食品。截至 8 月 10 日,市局机关干部职工已捐款 2.6 万元,衣物 800 多件,粮食 3000 公斤,已全部送往受灾群众手里,受灾严重的各基层税务所已全部恢复工作。现在,全系统干部职工,人心稳定,斗志高昂,正全力投入抗灾自救、恢复生产中来。经全系统干部职工的努力,我们一定会战胜这场特大洪灾,把损失降到最低程序,保证全年税收任务的完成。

特此报告,请审阅。

(印章)

××市国家税务局

×××年×月××日

××市国家税务局办公室　　　　　　　　　　　×××× 年×月×日印发

二、请示

(一)请示的定义

请示是"适用于向上级机关请求指示、批准"的公文。

(二)请示的特点

1.单一性。《条例》规定:"请示应当一文一事,一般只写一个主送机关。"这条规定,强调了请示主题集中单一和主送机关单一的显著特点。把握这一特点,对于正确运用请示这一文种尤为重要。

2.时效性。一般来说,请示的事项是亟待明确或急需解决的问题,时效性很强。上级机关受文后应及时研究,无论同意与否,都应尽快做出批复,不宜久拖不复。否则,便会影响下级机关正常开展工作。

3.双向性。请示是下级机关为请求上级机关批准某一事项或解决某个问题而制发的,请示的目的是为了得到反馈,即期待上级明确表态,予以答复。批复就是专为反馈请示事项而设的文种。

（三）请示的分类

1.请求批示性请示，是指请求上级给予指示、裁决的请示。适用范围是：涉及政策法规界限方面的疑难问题，请上级解释或答复；遇有新情况、新问题而无章可循，请上级做指示；平行机关之间意见分歧难以统一，请上级裁决等。

2.请求批准性请示，是指请求上级批准、允许的请示。主要用于：在工作中遇到人、财、物方面的困难，请上级给予解决；请上级批准有关规定方案、规划；请上级批转有关规定、方案、计划。

（四）请示的写作要领

1.标题。其由发文机关＋事由＋文种构成。

2.正文。其由发文缘由＋主体事项＋结尾用语三部分构成。

（1）发文缘由。这里要交代背景，提出请示的理论依据和事实依据，阐明必要性和可行性。这部分要简明概括要领，依据可靠，理由充分。

（2）主体事项。这是就某一事情或问题提出看法、建议或处理方案。这部分要写得明确具体，所提办法要切实可行。写请示事项有"三忌"：一忌只摆问题，不提方案；二忌模棱两可，含糊其辞；三忌语气生硬，催迫要挟。

（3）结尾用语。常用"特此请示，请批复"为结语。

（五）实例文选

1.请求批示性请示

××省物价局文件

×物〔××××〕×号   签发人：×××

××省物价局关于对××省人民政府
××××年发布的两个通告有关问题的请示

省政府：

去年，治理"三乱"期间，省政府分别于××××年×月×日、×月×日先后在《大众日报》上发布了《××省人民政府关于废止部分收费、罚款、集资项目的通告》和《××省人民政府关于废止和停止部分收费、罚款项目的通告》（以下简称两《通告》）。×月×日两《通告》停止了省交通厅×交计字〔××××〕1号文中规定的"双排座小货车载客养路费"（待国家有关规定正式下达后，再按规定审批程序，另行报批）。依据两《通告》，××市各级物价部门对本市、县公路管理段、站进行检查。发现各段、站对两《通告》明令停止的"双排座小货车载客养路费"一直没有停收。对待检查，被查单位态度消极,拒不承认错误,拒绝签字盖章。对查出的这类问题物价部门进行了处理。但是,各公路管理段、站不服处罚,经复议后,××、××、××、××等公路管理站提起诉讼,除××县法院未受理外均已受理。××市人民法院并于××××年×月×日公开进行了审理,判决了物价检查部门败诉。

　　法院审理认为,××公路管理站对客货两用汽车(注:物价部门查的是双排座小货车)按核定载重吨位计征养路费的行为,符合××××年国家计委、交通部、财政部、中国人民银行联合发布的行政规章所规定的原则,并符合《××省行政事业性收费管理条例》;××省交通厅〔1989〕1号文实属一个执行性解释,符合××××年国家颁布的《关于公路养路费的征收和使用规定》第5条原则;省政府两《通告》没有说明从什么时间执行,也未标明不另行文,此两《通告》不属于行政性规章。所以认定物价检查部门依据两《通告》进行查处法律依据不足,适用法律不当。

　　我们认为,法院这一判决实际上否定了省政府的两《通告》。为此,现就有关问题请示如下:

　　一、两《通告》是否因没有注明"不另行文"和执行日期,有关单位就可以拒绝执行。如必须执行,应明确执行日期。

　　二、省交通厅×交计字〔××××〕1号文件中规定的"双排座小货车载客养路费"被两《通告》停止执行,是否具有法规效力?

　　特此请示,请批复。

　　　　　　　　　　　　　　　　　　　　(印章)
　　　　　　　　　　　　　　　　　　　××省物价局
　　　　　　　　　　　　　　　　　　××××年×月×日

(联系人:×××,联系电话:×××××××××)

××省物价局办公室　　　　　　　　　　　××××年×月×日印发

2.请求批准性请示

××省人民政府文件

×政发〔××××〕189号   签发人：×××

××省人民政府
关于要求批准××市经济技术开发区动工建设的请示

国务院：

××市是我省东南沿海的重要港口城市和经济贸易中心。自1984年国务院批准××为沿海对外开放城市以来，××市努力改善投资环境，积极开展对外经济技术交往，发展外向型经济，对外开放迈出了可喜的步伐；交通、港口、通讯、能源和基础设施有了很大改善；城市面貌有了较大改观。为了不失时机地把××市建成国务院批复中要求的"我国东南沿海重要的工业、外贸、港口城市和开展对外经济联系的窗口"，充分发挥××市在对外经济技术交往中的优势，我们请求国务院批准建立××市经济技术开发区。主要理由如下：

一、条件和时机已经成熟

1984年国务院批准的14个沿海开放城市中有13个开放城市相继建立了经济技术开发区，它们已形成沿海地带各具优势的对外开放战略布局。相比之下，××市由于过去基础设施和交通条件较差，尚未建成经济技术开发区，外向型经济发展缓慢。国务院〔1985〕国函字36号文批复："从长远来看，××市可以在××兴办经济技术开发区。但是，考虑到目前的主客观条件，在近期内经济技术开发区不宜动工。""近期的工作重点，主要是打好基础，为今后的发展创造条件。"遵照国务院的批复精神，××市经过六年的艰苦奋斗，做了大量的基础工作，目前建立经济技术开发区的条件已经成熟。

二、基础设施已有较大改善

实行进一步对外开放以来，××市的投资环境已有很大改善。先后建成了××大桥等4座大型公路桥梁和××2个万吨级码头，并开通了××至香港的定期客货班轮。新建的二级民用机场已于今年7月通航。4.8万门程控电话已经开通。××铁路正在积极筹划利用外资兴办。××电厂第一期25万千瓦机组已建成发电。市政公用设施和人民路扩建工程正在抓紧建设，新建扩建了拥有600间客房的涉外宾馆。在××区××镇已建设的12万平方米生活设施，可以为经济技术开发区配套。这些都为建设经济技术开发区创造了有利的条件。

三、外向型经济发展较快

改革开放给××市的经济发展注入了强大活力。截至今年9月，共批准外商投资项目 133 个,总投资额为 8495 万美元,协议外资 4635 万美元。已开业的 74 家企业,今年 1 至 8 月,产值达 1.5 亿元人民币,出口创汇 1630 万美元。1990 年,外贸出口供货总值达 8.55 亿元人民币,比 1984 年增长 4.63 倍。××市外向型经济发展的速度和规模都出现较好的势头。

四、××出口工业区初具规模

1987 年,经省政府同意,在××区建立出口工业区。目前,首期开发的 26.4 万平方米已基本完成"五通一平",竣工厂房面积 2.9 万平方米,在建厂房 1.9 万平方米,已引进 40 个项目,总投资 11286 万元,其中"三资"企业 18 家,总投资 1490 万美元。有 21 家企业开工投产,预计今年产值可超亿元,出口创汇 1000 万美元左右。经过 3 年多的实践,该工业区已成为××市吸引外资的主要基地,积累了一些经验,锻炼和培养了一批干部,为建设经济技术开发区奠定了基础。

五、利用台资前景看好

××市靠近台湾,距基隆港仅 186 海里,在台湾的××籍人有 6 万人,其中许多人在党政军和工商界颇有实力和影响。近 3 年,接待台湾同胞 5000 多人次,经贸考察团 11 个。××市的××、××、××是我省对台小额贸易口岸,对台贸易业务不断扩大。最近台商来××投资的势头很好。台商普遍反映,××与台湾地域相近,产业结构相似,希望××能早日建立经济技术开发区,以便他们集中投资。

综上所述,我们认为,建立××经济技术开发区的时机和条件已经成熟。经过论证,我们设想,将××经济技术开发区的区域范围作适当调整。具体位置是:北临××公路,西依××,南濒××,东靠××。总面积为 5.11 平方公里,首期开发 1.8 平方公里(其中含已开发的 0.26 平方公里的工业区)。

特此请示,恳请尽早批准动工建设。

(印章)

××省人民政府

××××年×月××日

(联系人:×××,联系电话:×××××××)

××省政府办公厅　　　　　　　　　　　　××××年×月××日印发

（六）文种辨析:请示与报告

请示和报告均属上行文,都有必要的情况叙述,格式上也有一些共同之处。正因为两者比较相近,因此在使用中混淆不清的现象较为普遍,主要表现为:该用请示的误用报告;"请示报告"合并使用;报告中夹带请示事项或请示中汇报工作过程等等。为纠正上述现象,规范使用文种,有必要弄清它们的相互区别。①行文目的不同。请示是向上级机关请求指示批准;报告是向上级机关汇报工作,反映情况,签发询问。②行文时间不同。请示必须在事前行文,否则就是"先斩后奏";报告则不受时间限制,事前、事中和事后都可以行文。③内容含量不同。请示一文一事,篇幅相对较短;报告不限一文一事,内容较复杂,篇幅较长。④处理办法不同。上级机关受文后,对请示有答复的责任,对报告则一般不作答复。

三、批复

（一）批复的定义

批复是"适用于答复下级机关请示事项"的公文。

（二）批复的特点

1.针对性。批复属于答复性的下行公文,是专为请示而设置的文种。从行文对象看,其主送机关是呈报请示的下级机关;从行文内容看,只针对请示事项表明态度,发表意见,不涉及其他事项。

2.结论性。批复对请示的问题只作原则性、结论性的解答,不必叙述来龙去脉、前因后果,不必展开分析议论。因此,多数批复篇幅短小,有的甚至只有几句话。

3.及时性。批复的写作时限要求较高。这是因为请示中要求指示、批准的事项多半是下级机关亟待解决的问题,上级机关受文后理应及时研究,迅速答复,以免误事。

（三）批复的写作要领

1.标题。由发文机关＋事由＋文种构成。

2.正文。由引语＋主体事项＋结尾用语三部分构成。

（1）引语。开头引述来文标题并于其后括注文号(也可引日期加标题),然后用"悉""收悉"表示已收文阅知。引语要清楚明白,不能笼统称"来文收悉"。

（2）主体事项。批复意见是批复的主体事项,承接上文的用语有三种情况:内容单一的,可用"经研究,同意……"直接批复;内容较多的,可用"经研究,现批复如下"领起,再分项答复;业务部门受权批复的,应说明"经……批准"。行文时,要紧扣请示事项,表明态度。对请示批准或解决事项要明确答复;对请示指示的问题要明确提出措施、原则和要求,切忌模棱两可,似是而非,使下无所适从。凡同意下级请示的可直叙同意事项,不必再重复有关理由;不同意或不完全同意的则要简述政策依据或其他具体理由。

（3）结尾用语,一般阐述希望或要求。但也有不写结语。

（四）实例文选

国务院文件

国函〔××××〕28号

国务院关于设立××经济技术开发区的批复

××省人民政府：

你省《关于要求批准××市经济技术开发区动工建设的请示》（×政发〔××××〕189号）收悉。现批复如下：

一、同意设立××经济技术开发区。××经济技术开发区位于××市××区，北以××，西以××，南以××，东以××为界，总面积为5.11平方公里，首期开发1.8平方公里（含已开发的0.26平方公里的工业区）。

二、××经济技术开发区执行沿海开放城市经济技术开发的各项政策规定。

（印章）

中华人民共和国国务院

××××年×月××日

国务院办公厅   ××××年×月××日印发

第六节　议案　函　纪要

一、议案

（一）议案的定义

议案是"适用于各级人民政府按照法律程序向同级人民代表大会或人民代表大会常务委员会提请审议事项"的公文。

（二）议案的特点

1.发文机关和主送机关的特定性。议案的发文机关是各级人民政府，国务院各部委、各直属机构以及地方各级人民政府所属各职能部门均无权提出议案。如果人民政府所属职能部门有所建议或意见,需报送人民政府,由人民政府作为发文机关提交议案。议案的主送机关是同级人民代表大会或人民代表大会常务委员会,发文机关不能向其他任何部门或单位行文,也不能越级提交议案。

2.内容和程序的法定性。议案的内容,必须是属于同级国家权力机关职权范围内的有关事项,这在《中华人民共和国地方各级人民代表大会和地方各级人民政府组织法》中有明确的规定。从议案的提出到对议案的处理的每一个环节,都必须依照法定程序进行。

(三)议案的分类

议案按内容的不同,分为五种类型,最常用的有三种。

1.立法议案。这是指行政机关制定的法规需提请权力机关审议或请求权力机关制定某项法规所提出的议案,如《××省人民政府关于提请审议〈××省陆生野生动物保护条例〉(草案)的议案》。

2.重大事项议案。这是指行政机关就本行政区域内某一重大事项提请审议,要求做出决议决定的议案,如《国务院关于提请审议兴建长江三峡工程的议案》。

3.任免议案。这是指行政机关提请审议任免国家机关工作人员的议案,如《××省人民政府关于省人民政府秘书长、委(办)主任、厅(局)长任职的议案》。

此外,还有撤职议案和授予荣誉称号议案等。

(四)议案的写作要领

1.标题。其由发文机关+事由+文种构成,如《国务院关于提请审议设立海南省的议案》。

2.正文。其一般由发文缘由+议案事项+结尾用语三部分构成。

(1)发文缘由。这是提请审议有关事项的理由和依据,即为什么提出议案。

(2)议案事项。这是发文机关要求审议的具体事项,即提请大会解决什么问题。本部分无须长篇赘言,是什么事就写什么事,简洁明了。

(3)结尾用语。一般用于提出请求,如"现提请审议""请审议决定"。

(五)实例文选

××省人民政府文件

×政〔××××〕×号

××省人民政府
关于提请审议《××省野生动物保护条例(草案)》的议案

××省人民代表大会常务委员会:

为加强我省野生动物的保护管理,省政府拟订了《××省野生动物保护条例(草案)》。该草案已经省政府常务会议讨论通过,现提请审议。

××省人民政府省长 ×××

××××年×月××日

××省人民政府办公厅　　　　　　　　　　　　××××年×月××日印发

二、函

(一)函的定义

函是"适用于不相隶属机关之间商洽工作、询问和答复问题、请求批准和答复审批事项"的公文。

(二)函的特点

1.多向性。在行文方向上,函以平行为主,即用于不相隶属机关之间,其中包括平行机关。但是,它有时也可用于上行或下行。如上下级之间有关一般事务工作的相互询问、上级答复下级的询问等,都经常以函行文。

2.灵活性。作为公务信件的函,任何一级机关、团体、企事业单位均可使用。除行文方向较自由外,形式上、写法上也相当灵活便捷,如内容简约,短小精悍,制发和传递都甚为方便和快速。

3.有效性。函作为主要文种之一,与其他主要文种同样具有法定效力。向不相隶属机关即有关主管部门请求批准使用函,向上级机关请求批准使用请示,是同样有效的。不属于请求批准的一般函件,也对受文机关有一定的协调或制约作用。

(三)函的分类

1.按行文往来,可分为发函和复函。

2.按内容性质,可分为商洽函、询问答复函和求批审批函。商洽函用于不相隶属机关之间商谈人事调动、联系参观学习、邀请讲学或指导业务等事宜;询问答复函用于对处理公务中不明确的问题提出咨询和给予答复,没有固定的行文方向,有无隶属关系均可使用;求批审批函用于向无隶属关系的主管部门提出请求批准的事项,以及主管部门答复审批事项。

从当前的公文实践看,还有一些函是用来答复请示的,这主要是指收到请示的上级机关授权办公部门,以复函的形式答复报送请示的机关,如国务院授权国务院办公厅函复一些省市或部委的请示,省政府授权省政府办公厅函复一些省市或部委的请示,省政府授权省政府办公厅函复一些地市或厅局的请示等。如××省人民政府办公厅致省外事办的《关于在美国举办中国××摄影图片展和中国××渔民画展的复函》属此类。由于发文机关与受文机关之间是不相隶属关系,所以上述函件可以视为审批函一类。必须强调的是,在函复请示时,务必在引述请示标题及文号之后,写上"经×××同意"或"经×××批示同意",表明依据,再写函复事项。

(四)函的写作要领

1.发文机关标志。其有一般格式和特定格式两种写法。

2.正文。其由发文缘由或引语+主体事项+结尾用语三部分构成。

(1)发文缘由或引语。发函的开头简述有关原因、目的等;复函则引述来文标题并于其后标注文号,然后用"悉""收悉"表示已收文阅知。

(2)主体事项。发函写告知、询问、商洽或请求的内容,事项要明确具体,语气要委婉恳切,提出要求应给对方留有余地,不要强人所难,有时可写出自己的看法、打算,以供对方抉择参考;复函则针对来函所提出的问题明确作答,切忌模棱两可,答非所问。

3.结尾用语。发函一般用"特此函告""请研究函复为盼""特此函达,请函复"等作结语;复函常用"特此函复"作结语。

(五)实例文选

1.求批函

××市农工商联合总公司文件

×农联〔××××〕×号

××市农工商联合总公司
关于××××年各级管理费列支办法的函

××市财政局、地税局:

遵循××市财政局、地税局《关于印发税前扣除××市国有企业上交主管部门管理费的审批管理办法的通知》(×财税〔××××〕171号)文件精神,根据我总公司的管理情况,我们拟订了《关于××××年各级管理费列支办法》,请求按此办法对所属公司在其销售收入的2‰的范围内收取管理费,并在上缴企业所得税前扣除。

特此函达,请函复。

附件:××市农工商联合总公司关于×××年各级管理费列支办法

(印章)
××市农工商联合总公司
××××年×月××日

2. 审批函

××市财政局　××市地方税务局文件

×财税〔××××〕×号

××市财政局　××市地方税务局
关于××市农工联合总公司
××××年度收取管理费审批意见的复函

××市农工商联合总公司：

你公司《关于××××年各级管理费列支办法的函》(×农联〔××××〕×号)收悉。经研究，现就你公司收取管理费有关问题答复如下：

鉴于你公司因历史遗留问题造成包袱沉重，资金来源不能满足经费开支，根据××市财政局、××市地税局《关于印发税前扣除××市国有企业上交主管部门管理费的审批管理办法的通知》(×财税〔××××〕171号)和《关于税前扣除企业上交主管部门管理费的审批办法的补充通知》(×财税〔××××〕886号)文件精神，同意你公司×××年度在不超过所属单位销售(营业)收入2%的范围内，向所属单位收取管理费，用于你公司的经费开支。各单位在规定范围内上交的管理费可在上缴企业所得税前扣除。

特此函复。

(印章)
××市财政局、××市地税局
××××年×月××日

××市财政局、××市地税局办公室　　　　　××××年×月×日印发

（六）文种辨析：函与请示

请求批准函和请示均有向对象请求指示、批准的功能，但两者之间区别有三点。①行文对象不同。凡是向不相隶属机关请示批准事项，应当用函；凡是向有隶属关系的上

级机关请求批准,应当用请示。②行文语气不同。向不相隶属的业务主管部门提出请批事项的函,要彬彬有礼,语气委婉,不卑不亢,态度谦逊,多用商请性词语;向上级请求批准的请示,要体现敬重上级,言辞恳切,多用呈告性词语。③结尾用语不同。请求批准的函的结语,多用"特此致函,请予函复";请示的结语,常用"特此请示,请予批复"。

三、纪要

（一）纪要的定义

纪要是"适用于记载会议主要情况和议定事项"的公文。

（二）纪要的特点

1.纪实性。纪要是会议形成的记录性公文,它必须忠实于会议原貌,客观地、扼要地反映会议中心议题和议定事项。撰拟者不得在纪要中随意添加会议未曾涉及的内容或擅自修改与会者的观点,而且也不能对会议内容加以引申发挥,发表评论。

2.提要性。纪要应客观如实地记载会议情况,但不是有闻必录。起草人应对会议形成的各种材料(如会议记录、领导讲话、大会发言、会议简报等)进行分析研究,归纳整理,提炼概括,在此基础上,提纲挈领地反映会议的主要精神和主要成果。

3.指导性。除凭证、资料作用之外,多数会议纪要具有指示工作的作用。它要传达会议情况和会议精神,要求与会单位和相关部门以此为依据展开工作,落实会议的议定事项。

（三）纪要的分类

根据会议的性质,常用的纪要可分为以下两类。

1.例行办公会议纪要。这是各级领导班子开会集体研究工作并做出决定后所形成的会议纪要。这类会议,包括各级政府常务会议、市长办公会议、局务办公会议等,大体上有相对固定的时间和出席人员,会议产生的纪要内容一般比较简单,议决事项带有指示性质。

2.专题性工作会议纪要。这是某一系统或某些部门为贯彻方针政策,研究解决某一方面重大问题所召开的工作会议所形成的会议纪要。这类会议规模较大,纪要的内容比较复杂,包括与会代表达成的共识,贯彻方针政策的实施意见及具体的工作部署与要求等,涉及面广,政策性强。它往往以印发或批转通知形式下发,要求有关单位贯彻执行。

此外,还有座谈会纪要、研讨会纪要、联席会议纪要、协调会议纪要等。

（四）纪要的写作要领

1.发文机关标识。其有一般格式和特定格式两种。

2.正文。其由会议概况＋会议精神＋结尾三部分构成。

(1)会议概况。简要介绍召开会议的背景、目的、时间、地点、召集单位、参加对象、会议宗旨、主要议程等,以反映会议概貌。

(2)会议精神。这是纪要的主体核心,其中主要包含两项内容:一是通过会议讨论所达成的共识,包括对前段工作的回顾与评价、对议题范围内若干重大问题的看法以及开展下一步工作的指导思想等,这是议定事项的前提与基础,因为只有统一思想认识才能做到统一行动,步调一致。二是议定的事项,即对今后工作所做出的部署,包括任务、措施和步骤等。这一部分在安排上,可以两项内容依次写,也可以依照每个问题,既写思想认识,又写工作安排;可采取分列小标题的形式,也可采用分块式,用数字标明层次。

(3)结尾。结尾可对会议做出总体评价,也可对贯彻落实会议精神的关键问题予以强调,或提出号召、希望等。也有不写结语的。

撰拟会议纪要应着重注意下列问题:①吃透会议精神。草拟者应自始至终参加会议,仔细阅读会议报告、讲话、总结发言和会议记录等会议文件,并通过访谈等做深入调查研究,以便准确把握会议主旨,掌握会议动态。如果写大型会议纪要,可在会议期间先草拟轮廓,再经逐步调整充实,提交与会者讨论修改。②突出一个"要"字。所谓"要",就是主旨鲜明,简练扼要。应以是否符合会议中心议题为标准,从纷繁复杂的会议材料中理出头绪,权衡取舍,提炼概括,然后分门别类,有条不紊地表述出来。切忌主次不分、兼收并蓄,杂乱无章。为突出"要"字,一方面可适当摘引会议主体报告等重要文件的原话,另一方面应集中反映会议取得的一致意见。不过,少数人正确合理的意见,也宜吸收。离主题较远但很有价值的意见,不必写入会议纪要,可通过简报等其他形式向有关部门反映。③有"记"有"议"。纪要应如实记载会议情况,不得任意发挥,添枝加叶。对讨论的事项,有些要从理论上加以说明,当然,这些理论概括均应出自与会者的讨论意见,而不该是拟稿人的主观认识。正因为如此,整个纪要的口吻,多用"会议认为""会议提出""会议强调""会议要求"等作为各段的段首语,领起下文。

(五)实例文选

××三角洲城市经济协调会
第五次会议纪要
〔××××〕×号

××三角协调会办公室　　　　　　　　　　××××年××月×日

　　××三角洲城市经济协调会(以下简称"××三角协调会")第五次会议于×××
×年11月2日在××市举行。××三角协调会十六个成员城市的政府领导出席会
议。会议邀请国家发改委地区经济司领导×××、国家交通部小运司领导×××,×
×、××省政府领导,××市、××市、××市、××市,××市、××市的市政府领导参
加会议。有关××三角区域合作专题工作牵头部门负责人,以及中央在×和××市新
闻媒体记者列席了会议。

××市长××会见了会议代表,中共××市委常委、副市长××和××、××省政府领导向会议致辞,××××执委会专职副主任、市合作交流党委书记××出席会议,××市政府副秘书长××主持会议。

会议以"完善协调机制,深化区域合作"为主题,讨论并通过了《关于修改××三角洲城市经济协调会章程的提案》《关于设立××三角洲城市经济协调会专项资金的提案》《关于充实××三角洲城市经济协调会常设机构的提案》《关于设立信息、规划、科技、产权、旅游、协作专题工作的提案》。会议通过了《××三角洲城市经济协调会章程修正案》;签署《城市合作协议》。

会议听取了××市副市长×××作的《××三角洲城市经济协调会第四次会议以来工作情况的报告》。与会城市领导围绕会议主题和城市合作协议的有关事项发表了意见。

会议确定了今后一年××三角协调会的主要工作是:

一、完成专题工作的年度目标(略)

二、开展调查研究(略)

三、做好××世博会××三角洲工作机构的筹建工作(略)

四、参与××"黄金水道"建设的有关工作(略)

五、加强协调会的机构建设(略)

六、强化信息合作工作(略)

会议对第四次会议执行主席×××一年来的工作表示肯定。对××市精心组织第五次会议表示感谢。

会议决定,××三角洲城市经济协调会第六次会议于×××年在××举行。

发:××××,××××,××××,××××。

送:××××,××××,××××,××××。

(六)文种辨析:纪要与记录

会议纪要与会议记录都是会议使用的记录性公文,但两者之间的区别有三点。①文体性质不同。会议纪要是法定公文,一般作为文件来处理,而且并非每个会议都必须制发纪要;会议记录是事务文书,既不用上报,也不用下发,只作为工作依据和参考材料来处理,或者只起备查作用,因此是逢会必记的。②内容特征不同。会议纪要应反映会议的基本情况和议定事项,所以要求撰拟者根据会议宗旨对会议材料进行分析综合,概括提炼,去除枝叶及重复内容,取其重点,所以具有选择性、提要性;而会议记录无论是详细记录或是摘要记录,都是原始记载,只能真实记录与会人员所讲的原话和会议过程,记录人既不能遗漏,也不能随意增补和更改。③形成时间不同。会议记录是随着会议的进程同步产生的;而会议纪要则要在会议后期,甚至会议结束后通过加工提炼才能形成。

技能训练

一、名词解释

党政公文、决议、决定、命令、公报、公告、通告、意见、通知、通报、报告、请示、批复、议案、函、纪要、上行文、平行文、下行文、发文字号、签发人、抄送机关

二、填空题

1. 党政公文具有_____、_____、_____特点。

2. 党政公文可分为_____、_____、_____、_____、_____、_____、_____、_____、_____、_____、_____、_____、_____、_____15个文种。

3. 党政公文具有_____、_____、_____、_____、_____、_____、_____、_____、_____、_____、_____、_____、_____、_____、_____、_____、_____、_____18个要素。

4. 通告可分为_____、_____两类。

5. 通报可分为_____、_____、_____三类。

6. 请示可分为_____、_____两类。

7. 意见可分为_____、_____、_____三类。

8. 函可分为_____、_____、_____三类。

三、简答题

1. 党政公文有哪些分类？各有什么要求？

2. 公文的用纸和印装上有什么要求？

3. 决议与决定，公告与通告，公告、通告与启事，命令与通知，决定、通知与意见，命令、决定与通报，请示与报告，函与请示，纪要与记录，它们各有什么区别？

4. 通告有哪些写作要领？

5. 通报有哪些写作要领？

6. 通知有哪些写作要领？

7. 请示有哪些写作要领？

8. 意见有哪些写作要领？

9. 函有哪些写作要领？

四、语言分析题

对下列各句，运用党政公文专用词语填空。

1. _____局《关于××的请示》（××〔2001〕15号）_____，经研究_____如下：……

2. _____部领导批示精神，我局会同××司××办公室抽调×名同志组成了"××"事件调查组……

3.《××××办法》_____局务委员会讨论通过,现发给你们,望结合本单位具体情况_____执行。

4.……以上意见,如_____,_____批转各地各部门执行。

5._____防止计算机 2000 年问题,_____国务院批准,_____将有关问题通知如下。

6._____省人民政府领导同志的指示,_____将国务院办公厅《关于公文处理等几个具体问题的通知》_____给你们。

五、要素操作题

根据内容精神,补写下列党政公文的标题和开头。

1.××省人民政府转发《国务院关于进一步加快财政事业发展的通知》。

标题:_____

开头:_____

2.浙江省人民政府收到江西省人民政府《关于商洽经贸协作关系事宜的函》(赣政函〔2005〕×号),经研究,同意合作并给予函复。

标题:_____

开头:_____

3.××市人民政府拟在全市范围内开展政风政纪大检查。

标题:_____

开头:_____

4.××省人事厅向省财政厅申请公务员培训经费。

标题:_____

开头:_____

5.××厅拟将《××厅财务管理办法》发给各处、室。

标题:_____

开头:_____

6.×市教育局发现所属大中专院校中有乱收费的现象,拟就此给他们发文。

标题:_____

开头:_____

六、习作题

(一)根据以下内容提示,拟定公文标题。

1.××学院就会计专业学生×××考试作弊给予警告处分一事发个文件,使全校师生周知。

2.财政部就当前财政工作现状、存在的问题和对如何进一步做好工作提出具体建议等内容向国务院行文。

3.国务院对上一题财政部的行文进行行文。

4.×县拟召开财税工作先进集体和先进个人表彰大会,为确保会议顺利进行,需准备哪些党政公文和事务文书?请写出标题。

(二)根据标题撰写公文。

1.《××××学院关于严禁考试作弊的通告》

2.《××县财政局关于×××同志拾金不昧先进事迹的通报》

3.《××县工商银行关于做好营业场所安全工作的通知》

4.《××市财政局关于开展"荣辱观"教育活动的意见》

5.《××市国税局关于举办干部培训班请予拨款的请示》

6.《××县经贸局关于开展经贸活动的函》

(三)根据材料撰写公文。

1.将下面这条消息改写为决定。

陈坚　舍己救人　英勇献身

共青团××省委授予"优秀共青团员"光荣称号

本报讯:5月28日下午,共青团××省委在××大会堂召开大会,宣读共青团××省委决定,授予为抢救落水同学而英勇献身的陈坚同志"优秀共青团员"称号。

陈坚同志生前是××财政局公务员,刚满23周岁。2002年5月2日,陈坚看见四名小同学在河边玩耍,忽然有一人不慎落入水中,陈坚当即跳下水去营救,落水同学被救了,而他却献出了自己年轻的生命。

团省委副书记在讲话中号召全省青少年向陈坚同志学习,做一个有理想、有道德、无私无畏的好公民。

2.根据下列材料,撰写公函。

××省工艺品厂曾于2010年1月与××省钢铁厂签订了一份购买材料的合同。工艺品厂已经付了20%的货款,计8万元。后来因对方发来的钢材不符合质量要求,经过多次的交涉,双方在2010年5月10日协商达成协议,由钢铁厂在一个月内退回货款,并将钢材自行运走,就此终结合同。但事后钢铁厂仍未将货款退还。工艺品厂曾于2010年6月16日以"工函〔2010〕15号"函催讨,未得回音。7月16日该厂再次发函催讨。

(四)指出下列党政公文的错误,并加以修改。

××县粮食局《会议通知》

(2010)×粮字第10号

全县各粮库:

根据上级要求,对全县粮库安全工作进行一次全面大检查,我们拟召开粮库负责人会议,现将有关事项通知如下:

一、会议时间:二○一一年二月十五日在县××酒店报到,会期两天。

二、参加会议人员:全县各粮库一名负责人,不得缺席,否则一切后果自负。

三、食宿等一切费用完全由个人自理。

××县粮食局

××××年×月××日

第三章　事务文书写作

学习目标

- 基本了解事务文书及各文种的定义、特点、分类、作用和写作要求
- 重点掌握计划、总结、调查报告、规章制度、简报、启事、专用书信、求职资料、会议方案、会议流程文件、领导讲话的格式和写法
- 体味例文，培养撰写常用事务文书的能力

第一节　事务文书概述

一、事务文书的定义

事务文书是指单位或个人在处理日常事务时经常使用的应用文。

二、事务文书的特点

（一）事务性

事务性是指这类文书都是为处理单位或个人的日常事务而撰制的。如会议简报是服务于会议的，调查报告是为决策作准备的。处理这些事务，不在党政公文各类文种的处理范围之内，因而使用事务文书。党政公文说到底也是处理事务的，但多属大事、要事；而事务文书所处理的事务范围要比党政公文广得多、杂得多。

（二）指导性

党政公文具有法定效力，其中下行文往往带有强制性，令行禁止；事务文书则一般不具有法定效力，只有在被批转转发、作为正式文件的附件时，才具有法定效力。因此，我们说事务文书偏重于指导性。如调查报告所概括的成熟经验，所推荐的新生事物，所披露的社会问题，对其他单位、部门、地区，甚至对全局的工作都有指导作用。

（三）灵便性

灵便性，一是指表达方式灵活，事务文书可灵活运用记叙、议论、说明、描写等方法，而党政公文一般不使用描写手法；二是指表达顺序上的灵活，事务文书没有党政公文那样严格的格式，安排材料时，或以时空为序，或以因果为序，或以轻重、主次为序，给作者

在构思创新上留有较大的余地;三是手续简便,不像党政公文那样有严格的拟制和审批程序。

三、事务文书的分类

按照性质和功能,事务文书主要有以下六类。

(一)计划类文书

这类主要有计划、规划、安排、要点、方案、设想等。

(二)总结类文书

这类主要有总结、述职报告、鉴定等。

(三)调研类文书

这类主要有调查报告、考察报告等。

(四)法规类文书

这类主要有条例、章程、规定、办法、公约等。

(五)信息类文书

这类主要有简报、信息、动态、情报等。

(六)会议类文书

这类主要有会议方案、会议流程文件、领导讲话等。

第二节　计　划

一、基本知识

(一)计划的定义

计划是单位或个人为完成未来一定时期内的工作而事先做出安排的事务文书。
计划是个总称,也有别称,如规划、安排、要点、方案、设想等。

(二)计划的特点

1.预见性。计划是预先对未来一段时期内的事务做出的部署和安排,是事先确定的行动目标、方法和步骤。无论实现的条件多么可靠,但它始终还没有实现,是一种预见性的安排。由于计划带有预见性,因此在实施过程中,随着时间、条件的变化,必须作一些变化和修正。

2.科学性。计划虽然是一种预见性的安排,但并不是一种盲目的安排,它是在认真进行调查研究的基础上,经过认真分析后的产物,其目标是切实可靠的,是通过努力后能达到的。因此,按照实际情况和客观规律拟订计划,并按照计划开展工作,是一种科学的工作方法。

3.指导性。计划是为了达到一定的工作目标而制定的。可以用来指导本部门、本单位的工作进程。有了计划,就有明确的奋斗目标,就可以合理地分配时间,安排人力、物力、财力,充分调动人们的积极性和创造性,为实现既定的目标而努力。

(三)计划的分类

1.按名称来分,有规划、纲要、方案、安排、要点、设想等。"规划""纲要"是指较全面的、长远的发展计划。它们比较概括、原则地展现某项工作的蓝图,时间跨度较大,往往用来确定方向、确定规模、展望远景,如《××市城市发展总体规划》。"方案"指的是目标明确、任务与措施具体的计划,因而专业性较强,如《国家公务员制度实施方案》。"要点"指的是确定今后工作指导思想,部署一定时期内的主要工作、明确工作重点的计划。它侧重于写明工作任务和措施,而不在于制定具体的工作方法和步骤,如《××县财政局×××年工作要点》。"安排"指适用时间较短、适用范围较小、内容比较具体的计划。它侧重于阐明工作步骤与方法,内容单一,阶段划分较明确,如《一周工作安排》。"设想"指的是粗线条的尚未成熟的计划,如《××市财政局关于整顿机关作风的设想》。

2.按性质来分,有综合计划、专题计划等。综合计划是指工作安排较全面的计划;专题计划是指针对某专项工作做出具体安排的计划。

3.按时间来分,有长期计划、中期计划、短期计划等。长期计划是指带有蓝图性质的10年以上的远景规划;中期计划是指 3～5 年的计划;短期计划是指时限较短的年度计划、季度计划、月度计划。

4.按效力来分,有指令性计划和指导性计划等。指令性计划是指国家或各级行政机关要求下属必须完成的计划;指导性计划是指国家或各级行政机关允许某种新做法而给出相关政策,从而引导社会发展的计划。

5.按形式来分,有文件式计划、条文式计划、表格式计划、条文加表格式计划等。文件式计划是指计划以文件的形式发出的计划;条文式计划、表格式计划以及条文加表格式计划是指计划内容是以条文式、表格式、条文和表格结合的方式构成的计划。

(四)计划的作用

"凡事预则立,不预则废",只有谋划在先,才能取胜于后。人们历来重视计划的作用,计划是工作的先导,它对实际工作、生产和学习等具有重要的指导、推动和保证作用。具体来讲,计划有以下几点作用。

1.有利于完成工作任务。计划是为了达到某种目标、完成某种任务、实现某种理想而采取的一种科学管理手段。因此,它就必须确定完成任务的步骤、方法、措施和要求等,从而使人有章可循,按部就班、协调一致地做好各项工作,按期完成预定的计划,保证工作和任务的完成。

2.有利于提高工作效率。一个好的计划,必然要求合理地安排人力、物力、财力,吸取最先进的经验、技术,采取最有效的工作方式、方法、步骤,这就必然会促使工作效率的提高,从而达到"投入少、产出多"的目的,提高工作效率。

3.有利于加强督促检查。有了计划,就有了督促检查的依据。在工作过程中,领导能掌握工作进程,检查工作情况,发现问题,解决问题,及时总结和推动工作。

二、写作要求

(一)目标要实事求是

制订计划时不仅要考虑到工作的需要,而且要考虑到实际的可能。所提目标任务,不能过高,也不能偏低,要有进取性,又要留有余地。计划应是经过努力之后才能达到的行动纲领或行为目标,再好的计划,如果脱离实际,只能是纸上谈兵。所以,应结合本单位、本部门的实际情况,订出切实可行的计划。

(二)内容要具体明确

计划的目标、任务要具体明确,措施、步骤要切实可行,具有可操作性,切忌目标笼统,措施含糊,职责不明,分工不清。否则,执行时不得要领,检查时也缺少依据。

(三)语言要简明扼要

计划以叙述和说理为主,语言要简洁明了,善于用深入浅出的语言说明复杂的事理,不作冗长的叙述和过多的议论,行文上也要力求条理清晰,段落分明。

三、格式写法

计划的格式是:标题+正文+落款。

(一)标题

标题有两种写法。

1.公文式标题。其由单位+时间+内容+文种四部分构成,如《××市财政局×××年工作要点》。有时也省略单位或省略时间。

2.新闻式标题。其有单、双标题形式,一般公开在媒体上,如《沙漠黄河边　旅游新天地——银川兴庆区黄河旅游开发区发展设想》。

(二)正文

正文由前言+主体+结尾三部分构成。

1.前言。其用简短的文字说明制订计划的依据、目的或指导思想,或简要分析本单位的基本情况,或指出实现计划的条件。有时也省略前言。

2.主体。它是计划的核心。第一,要交代计划的目标和任务,即具体说明"做什么";第二,要写明计划的措施和步骤,即具体说明"怎么做"。

根据不同的计划,主体部分可以采取不同的写法,常见的结构形式有以下两种。

(1)合说式,即把任务和措施合在一起分条列项来写。它适用于任务比较多,而任务间又无共同措施的情况。这种结构多用于综合计划。

(2)分说式,即把任务和措施分成两个方面分别来写。这种结构多用于专题计划。

3.结尾。它强调有关事项,表明中心或提出号召。有的也不写结尾。

(三)落款

落款要写明作者和成文时间。如果作者在标题中出现,这里就可省略。

四、实例文选

(一)综合计划

××县财政局××××年工作要点

××××年我局工作指导思想是:以邓小平理论和"三个代表"重要思想为指导,认真贯彻中央、省、市有关经济和财政工作会议精神,以科学发展观为统领,认真贯彻落实稳健财政政策,深化财政改革,强化收入征管,优化支出结构,确保预算圆满完成和收支平衡,促进全县经济社会全面协调可持续发展。

一、牢固树立科学发展的思想,全力支持经济发展

进一步发挥财政职能作用,积极支持"工业兴县"战略的实施。合理整合财政专项资金,运用财政贴息政策,发挥财政资金的引导作用,鼓励企业加大科技创新投入,促进企业提高自主创新能力,促进经济增长方式转变;运用财政激励政策,积极支持招商引资;落实出口退税政策,支持企业扩大出口和实施"走出去"战略。

进一步加大财政支农力度,支持加快建设社会主义新农村。财政部门要强化主动服务意识,配合相关部门整合支农资金,加大对农业的投入力度,提高支农资金使用效益。进一步扶持搞好农业产业化建设、农业综合开发和农业基础设施建设,改善农业生产环境,支持提高农业科技含量,促进农业生产结构调整和农村产业结构升级。严格落实粮食直补、良种补贴和农业机械购置补贴等各项惠农政策,实行补贴资金"一折通"的发放方式,并加强监督检查。与有关部门一道,积极向上争取项目和资金。

二、牢固树立以人为本的思想,合理安排财政支出

全力保障干部教师工资发放和机关运转。按照"保证重点、严控一般、优化结构、

提高效益"的指导思想,合理安排支出,在支出预算上将用于个人的部分打足,根据财力状况适当提高政法等部门的公用经费。

大力支持建立社会保障体系。进一步完善企业职工基本养老保险制度;积极参与制定并落实中央关于就业和再就业的财税优惠政策;做好国有企业下岗职工基本生活保障向失业保险并轨工作;城市低保做到应保尽保;积极支持做好企业军转干部和复退军人解困工作,维护社会和谐稳定。

大力支持教育事业发展。进一步增加对教育的投入,认真落实"两免一补"政策,确保九年制义务教育经费得到保障;按照财政部确定的"明确各级责任、中央地方共担、加大财政投入、提高保障水平、分步组织实施"原则,指导全县农村探索建立责任明确、保障有力的义务教育经费长效机制。

大力支持公共卫生体系建设。挤出资金,重点用于建立和完善突发公共卫生事件医疗救助体系、疾病信息网络体系、卫生执法监督体系,加强重点疾病防治等;支持建立农村卫生和医疗服务体系。

在加大重点支出保障力度的同时,要严格控制一般性开支,大力压缩会议费、招待费、差旅费及出国考察培训费,严禁搞各种形式的"形象工程"和"政绩工程"。

三、牢固树立有财才有政的思想,大力加强收入征管

贯彻"依法征税,应收尽收,坚决不收过头税,坚决制止和避免越权减免税"的组织收入原则,落实加强税收征管工作的各项政策措施,确保税收收入稳定增长。落实国务院关于加强和改善宏观调控的各项政策措施,加强部门协调配合,搞好土地、房地产税收各征管环节衔接,实施一体化管理。进一步加强减免税的管理,开展减免税的清理整顿,严格执行减免税早报制度和审批管理制度;进一步加强出口货物退(免)税管理,拓宽审核范围,加大审核范围和审核力度,严厉打击走私、偷逃骗税等各项涉税违法犯罪活动;加强税源监控,注重对重点税种、行业、地区收入的分析和征管。

继续加强政府非税收入管理。既要继续规范收费基金管理,加大清理整顿力度,取消不合法、不合理的收费基金项目,合理控制收费基金规模;又要努力挖掘非税收入增收潜力,确保政策法规规定的各项非税收入应收尽收,并及时足额上缴国库或财政专户,严肃查清隐瞒、截留、挤占、坐支和挪用政府非税收入的行为。

四、牢固树立依法理财的思想,积极深化财政改革

完善部门预算管理制度改革。严格部门预算编制程序,确保部门预算编制质量;加强部门预算执行监督检查,增强部门预算的约束力;加强部门支出政策信息库、项目库的建设,提高部门预算的准确性;加大项目支出的控管力度,开展项目支出绩效评价工作,增强部门预算的透明性。

深化国库集中收付制度改革。县直凡是与财政有资金拨付关系的138家预算单位全部纳入国库集中支付;完善财税库横向联网,实现省市县三级国库部门的纵向联网;加强国库管理信息系统建设,进一步提高国库收付业务的自动化和网络化程度。

深化收支两条线改革。对执收执罚部门和单位实行收支脱钩、分类管理。成立非

税收入管理局,加强非税收入管理,推行政府非税收入收缴制度改革,进一步抓好收缴分离、罚缴分离,将所有行政事业性收费、罚没收入、政府性基金都按规定全额上缴国库或财政专户。

加强政府采购管理。认真贯彻《政府采购法》,全面推进政府采购预算编制、批复制度和政府采购资金国库集中支付;进一步扩大政府采购规模,逐步将项目资金、专项资金纳入政府采购范围;进一步完善政府采购规程,加快采购制度的体系建设;进一步加强对协议供应商和部门采购的管理,保证采供双方权益。

加强财政监督管理。加强财政法制建设,完善财政收支监督、会计监督、内部监督等规章制度,促进依法行政、依法理财。加强行政事业资产管理工作,搞好国有资产"非转经"占用费的征收管理工作,严格审核行政事业资产的转让、出售、出让、租赁等行为。

五、牢固树立服务至上的思想,加强财政队伍建设

进一步抓好系统文明创建工作。牢固树立为民理财、依法理财意识,努力改善服务方式,提高服务质量。

进一步开展政风行风建设。巩固行评成果,建立长效机制,将党员先进性教育和评比活动的整改内容落实到制度建设上。

进一步加强干部教育培训。建立和完善培训上岗制度、人才评价制度、竞争上岗制度和干部交流轮岗制度等系列制度。

进一步加强廉政建设。牢固树立"低调做人,高效办事,规范管理,廉洁理财"的财政理念,做到防微杜渐,警钟长鸣。

××××年×月×日

(二)专题计划

本学期学习计划

为了明确学习目标,提高学习效率,掌握有关技能,丰富专业知识,特制订本学期学习计划如下。

一、主要任务

1.通过计算机省一级考试、英语省三级考试和会计从业资格证书考试。

2.专业课考试达到优秀,其他课考试达到良好以上。

3.体育项目达标,身体素质增强。

4.多看课外书和上网查阅资料,不断丰富知识。

5.坚持书法练习,不断提高水平。

二、具体措施

1. 计算机中的打字，一直是我的弱项，每天下午下课后应去机房多练习；英语基础不够扎实，每天早晨和晚上各抽出半个小时听英语磁带，而且要多说多背；在空闲的时间，多看一些财会方面的书籍，多做一些练习，为确保通过会计从业资格证书考试而做好准备。

2. 课前要做好预习工作，有不懂的地方做好记号；上课时要认真听讲，做好相关笔记，有不懂的地方及时提出并弄懂；课后要做好复习工作，及时独立完成老师布置的作业。同学之间互相交流，取长补短，共同进步。

3. 认真上好体育课，加强早锻炼，平时多活动。

4. 充分利用自修时间，认真看书；平时多去阅览室和图书馆，阅读课外报刊书籍；抽出一定的时间上网阅读，不断丰富各方面知识。

以上是我本学期的学习计划，我要经常以此为对照，狠抓落实，积极完成每一项任务，使自己不断进步。

文秘 12-1 班：×××

××××年×月×日

例评要求：1. 以上例文是怎样安排结构的？

2. 以上例文的语言有什么特点？

第三节　总　结

一、基本知识

（一）总结的定义

总结是单位或个人对过去一个时期的实践活动做出回顾、分析研究，从中得出规律性认识，以指导今后工作的事务文书。

总结也有各种别称，如评估、汇报、回顾、小结等。

（二）总结的特点

1. 理论性。总结的过程，就是从感性认识上升为理性认识的过程，在分析事实材料上，比较、归纳、提炼出正确的观点，揭示规律，从而提高认识，发扬成绩，吸取教训，更好地指导今后工作。

2. 务实性。包括两层含义：一是实在，不空泛，不笼统，所用的是实实在在的具体事例、数据、材料，使人通过总结，看到该单位的工作面貌；二是真实，不虚假，不浮夸。只有材料真实，分析才能持之有据，做出的评价才会恰如其分，概括出的经验教训才会对今后工作有指导意义。

3.概括性。总结是全面系统回顾过去的工作,工作千头万绪,不可能也不必事无巨细一一罗列。因此,总结必须抓住关键所在,高度概括地叙述以往工作,通过典型事例来反映全貌,并从事实中提炼、概括出观点,这就体现了总结概括性的特点。

(三)总结的分类

1.按性质分,可分为全面总结和专题总结。全面总结是对某一时期各项工作进行全面回顾和检查,进而总结经验与教训的文书。这种总结着重在"全"上,能展现工作多方面、多层次的全貌,能从总的方面概括实践中的经验教训。专题总结是对某项工作或某方面问题进行专门性概括的总结,尤以总结推广成功经验为多见。这种总结,重在"专",内容单一,针对性强。

2.按时间分,可分为年度总结、季度总结、月份总结和阶段总结等。

3.按内容分,可分为工作总结、生产总结、学习总结、思想总结、经验总结和教训总结等。

4.按范围分,可分为系统总结、单位总结、部门总结和个人总结等。

总之,总结中最常用的是工作总结和经验总结。

(四)总结的作用

总结来自于实践,反过来指导实践。实践—理论—实践,总结就在中间起了重要的作用。概括起来,总结有如下作用。

1.掌握规律,提高认识。通过总结,能使工作实践中获取的感性认识上升到理性认识,将实践中分散的、零碎的意见,经过研究、分析,转化为集中的、系统的意见,形成正确思想,再返回到实践中去检验。通过这种再认识的过程来掌握客观事物的发展规律,顺利完成由必然王国向自由王国的过渡,使各项工作不断地"有所发现、有所发明、有所创造、有所前进"。

2.发扬成绩,改进工作。通过总结,回顾以往的工作,并做出恰当的、正确的评价,能看到成绩,发现问题,找出差距。成绩能鼓舞士气、激励斗志;问题能给人们以教训与警戒;差距能使人们清醒地看到自己的薄弱环节。以一分为二的辩证观点反思过去,总结工作,有利于发扬成绩,吸取教训,纠正偏差,从而把以后的事情办得更好。

3.互通信息,交流经验。总结材料或上报,或下达,或分送到有关部门,能起到互通信息、交流情况的作用。上报的总结,有助于上级更好地了解本单位的情况及时加以指导;总结一经上级批转,其影响面就更广,如先进单位典型经验的总结经批转下发后,能使先进的、成功的经验得以推广和运用,促使其转化为社会的共享性财富。

二、写作要求

(一)实事求是、广搜材料

实事求是是写好总结的重要原则,必须贯穿在撰写总结的全过程。下笔之前,要广泛地搜集有关材料,要认真听取领导、群众对工作的评价。在大量掌握材料的基础上,再对材料进行科学的加工整理。

（二）揭示本质、探求规律

抓住主要矛盾,揭示事物的本质特点,探求事物的发展规律,归纳出对现实有指导意义的新鲜经验,是总结的价值所在,也是衡量总结质量高低的主要标志。

（三）点面结合、叙议穿插

"点",指能反映事物本质、说明主旨的人与事,"点"的材料要具体、典型、有代表性；"面",指面上的情况,"面"的材料要概括、简略。点面结合,才能体现出总结的深度和广度。

写总结还要处理好"叙"与"议"的关系。回顾工作,主要靠叙述；归纳经验,主要靠议论。但叙议两者是密不可分的,往往交替使用,相互穿插,这样写出的总结才能既有实在的内容又有一定高度。

三、格式写法

总结的格式是:标题＋正文＋落款。

（一）标题

标题有两种写法。

1.公文式标题。其由单位＋时间＋内容＋文种构成,如《××市财政局××××年工作总结》。有时也省略单位和时间。工作总结一般使用公文式标题。

2.新闻式标题。其有单、双标题形式,一般公开在媒体上,如《转变职能　加强管理　推进粮食市场程序整顿》。经验总结一般使用新闻式标题。

（二）正文

正文由开头＋主体＋结尾三部分构成。

1.开头。主要概述基本情况。工作总结的开头一般要写出时间、背景、对工作总的评价；经验总结则一般先简介与经验有关的情况和背景,然后比较具体地介绍成绩。

2.主体。要具体写出成绩及问题,详细分析经验及教训。工作总结一般围绕"主要做法—存在问题"的思路来写；经验总结则一般围绕"做法—成效—体会"的思路来写。

3.结尾。工作总结的结尾往往写明今后的努力方向；经验总结的结尾往往总结全文,展望未来。经验总结有时没有结尾。

（三）落款

落款要写明作者和成文时间。工作总结的单位名称一般在标题中出现,这里就可省略；公开发表的经验总结,一般把单位名称写在标题下面,不写成文时间。

四、实例文选

(一)工作总结

××市××区财政局××××年工作总结

××××年,我区财政工作在区委区政府的正确领导下,在全系统干部职工的共同努力下,在各相关部门的大力支持下,圆满完成各项任务,取得较好成绩。全区共实现财政收入××亿元,占年初计划的102%,比上年自然增长15.9%,可比增长28.6%,位居全市第一。

××××年,我们主要抓了以下几方面工作。

一、以强化目标管理为中心,大力组织收入入库

在预算收入方面:一是数易其稿,精心编制了2005年财政收入预算,确定全区财政总收入为××亿元;二是结合税源实际,在广泛调查和精确测算的基础上,统筹安排了国、地、财和乡镇的收入计划,并合理分解收入任务,得到了各单位的密切配合;三是为强化税收征管,严格关注收入入库动态,定期召开国、地、财三家联席会议,积极解决入库过程中的各种问题;四是建立横向到边、纵向到底的责任网络,确保了财政收入及时划转、均衡入库。

在非税收入方面:一是通过与相关部门和单位讲政策、算细账,合理核定了收入任务;二是在局机关内部按照"单位归口、责任到人"的征收原则,实行定人、定期促收,督促各单位按实入库;三是对非税收入汇缴专户的缴库情况实行每日汇总,及时向局领导汇报,并通报各科室,保证了非税收入的及时足额入库。

在周转金和融通资金回收方面:我们克服一切困难,积极开展周转金清收和换据工作,分类排队,按照先主后次、先新后老等办法,运用行政、经济和法律的手段,想方设法,最大限度地清收历年沉账,全年共收回周转金×××万元。

二、以提高保障能力为基础,着力优化支出结构

1.确保工资兑现和机构运转。一是通过预算专列、资金专户、直达个人、督办检查等措施,清理不属于工资统发人员100多人,理顺了财政供给关系,确保了干部和教师工资的及时足额发放。二是根据单位的不同性质和收支情况划分公用经费,确保重点、拉开档次、分类安排。三是按照乡镇机构改革总体要求,搞好乡镇工资兑现的填报、核查及区对下转移支付的测算、分解工作,不断完善乡镇工资专户管理。全年共向乡镇调度各类资金××××万元,确保了乡镇基本工资的发放和基层政权的稳定。

2.积极推进社会保障工作。一是加大基金征管力度,稳步推进"五费合一"。全年共征收各项保险基金××××万元,占任务××××万元的130%,比上年实际增长6%。二是巩固"两个确保"和再就业工程。对企业养老、下岗及再就业补助共投入×××万元,保证资金发放到位。三是完善低保和优抚资金管理,确保政策落到实处。同

时,我们还积极向上争取各类转移支付资金和专项资金××万元,并进一步加强了社保资金的管理,确保了社保基金的及时足额发放。

3.想方设法,提高资金使用效率。一是严把资金"出口关",大力压缩非生产性支出,把保工资、保运转、保稳定作为财政支出的重中之重。二是科学调度资金,在保运转的基础上,保证对"三农"、教育等重点支出。三是加强和规范基建专项资金、国债通乡公路建设资金、优质稻基地专项资金等专项资金的管理,增强资金科技含量。四是对大批量物资和部分商品的购置实施政府采购,并进行严格管理,提高成本效益。五是严格执行财经制度,进一步控制了"人、车、会、话"等重点支出,使绝大多数单位未突破年初包干指标。

三、以强化科学管理为目标,积极推进财政改革

在农村税费改革方面:一是在对乡镇人员进行业务技能培训的基础上,针对国家粮食"两补"政策的重大变化,我们研究政策,吃透精神,认真测算,合理分解,全面核实实际种植面积;二是严格资金发放程序,在基层财政所发生重大变革的情况下,积极组织"一折通"、电算化培训和乡镇会计人员培训,及时将粮食"两补"资金发放到每一户种粮农民手中;三是历尽艰辛、费尽周折将我区的粮食直补资金由去年的×××万元增加到×××万元,增加了×××万元,增幅达33%;四是全面落实国家良种补贴政策,全年共发放良种补贴×××万元。

在财政四项改革方面:一是把部门预算编制范围扩大到区直全部行政事业单位,一级预算单位编制面达到100%,全面启动了××××年部门预算编制工作;二是继续加强"非税收入"管理和"收支两条线"管理。全年纳入财政专户管理的预算外资金××××万元,收缴罚缴两分离率、资金专户储存率分别达到98%和97%,财政专户管理面、预算外资金收支计划管理面均保持100%;三是加快了全区政府采购工作进程。××××年全区共完成采购预算总额×××万元,实际支出×××万元,节约资金400.7万元,节约率12%。

在乡镇财政改革方面:一是坚决维护区委区政府的决策,以积极的态度参与乡镇体制改革,并在改革前多次召开会议、实地调查和外地取经;二是想干部之所想、急群众之所急,认真将财政所干部职工的意见、建议和具体情况向区委区政府反映,努力做好协调工作;三是积极研究对策,多方征求意见,反复分析探讨,群策群力,千方百计为即将分流人员谋发展、保稳定。

四、以增强发展后劲为动力,努力培植骨干财源

1.全力支持农业经济发展。一是严把工程质量关。在项目建设过程中,我们采取招投标、大宗物资政府采购、预决算审核等措施,严格监督和管理。仅××工程就节约资金9万余元。二是结合实际,深入开展调查研究,重点支持具有一定优势规模的农业科技项目、农业科技园、农业技术示范基地及产业化经营项目等,先后立项6个,上报项目4个,其中被财政部批准项目1个,资金60万元。三是争取专项资金××万元,并及时发放到受灾农户手中。

2.全力扶持工业产业。一是转变观念,以服务为宗旨,最大限度地为企业提供真实、完整、准确的财务信息,完善成本核算,理顺企业财务,分析企业财务状况,解决生产和经营中的根本问题。二是努力创造条件筹备成立中小企业信用担保机构,起草了《关于成立××区中小企事业信用担保机构设想》的建议书,为解决中小企业发展的融资问题献计献策。三是积极为国有企业并转、破产联营等在清理核对周转金等方面提供服务。

3.全力打造新型工业园区。一是在财力匮乏的情况下,想方设法、积极筹措资金×××万元,用于工业园区的基础设施建设。二是积极配合区委区政府"十一五"规划的制定工作,认真调查研究,出台相关财税政策,大力扶持招商引资。

4.全力架设经济发展的立体高速路。一是积极争取国债专项资金及专款×××万元,经省级立项且资金已到位的项目12个。二是积极争取日元贷款造林项目资金×××万元,已拨付造林资金×××万元。三是加强对城市防洪工程项目的财务管理和资金使用的控制,将贷款资金纳入区国库集中收付中心管理拨付,继续用好管好世行贷款,建立信用政府,造福一方。

五、以建设干部队伍为契机,切实转变机关作风

我们坚持"以人为本"的管理观和"全面和谐"的发展观,在内部管理上探索出了新路子。一是抓制度建立。先后修订和完善了《人事管理制度》、《区财政局机关科室工作量化考核办法》、《局领导包片、科室包所联系点制度》、《财政所财务管理办法》、《廉政谈话制度》等10多个制度,用制度约束人,并狠抓落实,使之发挥实效。二是抓责任落实。为提高广大干部职工适应新时期财政工作的思想和业务素质,我们把量化考核指标落实到每个科室、每个岗位,细化到每件事,并以科室为单位签订责任状,做到"事事有人做、人人有事做",分工明确、职责到位。三是开展创建团结、廉洁、创新、实干"好班子"和"四五"普法教育等活动,通过学习反腐倡廉各种资料,提高依法理财水平。四是重新核定了局机关各科室和财政所的招待费指标,各科室严格把招待费控制在计划之内。五是大力开展先进性教育和民主评议政风行风活动。通过广泛地宣传、诚恳地征求意见、扎实地自查整改和开创性的工作,我局的先进性教育和民主评议政风行风活动成效显著,得到了省市区各级领导的高度肯定。在今年的"行评"活动中,以全区最高分获行评单位排名之首。六是积极开展奉献爱心、扶贫助学活动,为×镇失学儿童和农村特困户捐款6000余元,并"帮扶结对"救助了城区6名下岗病残特困职工。七是认真抓好财政调研和信息宣传工作,完成课题文章6篇,为领导决策提供了理论依据。同时在市级以上新闻媒体刊发各类信息120多篇。八是在系统内开展了一系列公益和群众性文体活动,极大地陶冶了干部职工的思想情操,激发了广大干部职工献身财政事业的工作热情。

×××年,我们虽然做了大量的工作,也取得了较好的成绩,但也清醒地看到我区财政工作中还存在不少困难和问题,主要是:税收征管办法还不够完善;财政支出还存在一些漏洞;支持支柱产业发展的力度有待加强;思想政治工作有待提高;队伍建设还需下大力气抓紧抓好。

在新的一年里,我们要高举邓小平理论伟大旗帜,以科学发展观为统领,深入贯彻全国财政工作会议精神,抓住机遇,开拓进取,扎实工作,使我区的财政工作更上一个台阶。

××××年×月×日

(二)经验总结

我高产种植辣椒是怎样取得的

去年,我种植的6分8厘辣椒尽管遇到梅雨、高温干旱、秋雨等自然灾害,但由于采取了科学的栽培方法,仍然夺取了大丰收。共收辣椒干341公斤,折合亩产501.5公斤,比当地平均亩产要多加一倍多。我种植辣椒取得高产的经验是把好"种、苗、早、肥、防、收"六个关。

一、把好选种关。我种的是羊角小辣椒。选择杆直、节头长、结椒多的为种株,再选7月中旬成熟、椒长20厘米、直径1.5厘米左右、色泽鲜红的第二批辣椒作种椒,把籽剥出,晒4天太阳,干燥后用纸包好,放在不易受潮的容器内备用。

二、把好育苗关。我一般在阴历年前下种,用温床育苗。下籽前把地耕深耕细。苗床底部用适量农药杀死地下害虫。籽与籽间约1厘米见方,1分地播1两种子。将细土与磷肥(每分地2~2.5公斤)拌匀后,薄撒在苗床上,再加适量砻糖灰保温。最后把塑料薄膜撑成半圆形罩在苗床上。温度掌握在白天25℃,晚上15℃左右。移栽前10多天揭膜炼苗。

三、把好"早"字关。做到早种早管促早发。我去年4月5日移栽,比别人早6天,这样可以早结夏椒。移栽时要适当密植,每亩5000~5500株,株距间隔约20厘米,根土不能太实,移栽后浇少量稀人粪尿肥,使秧苗转青早发。

四、把好施肥关,看天看苗科学施肥。基肥每亩施足蓄肥拌过磷酸钙1500公斤左右;苗肥要早施、轻施、勤施,在秧苗转青后七、八天每分地上施两担人粪尿和尿素0.5公斤左右,每隔六七天浇一次。在6月初开花结椒时,每亩施尿素75公斤,头批椒采摘后,每亩再施尿素20公斤左右,以后摘一次椒施一次肥。施肥方法可采用穴施。立秋后再施一次三要素肥。争取结秋椒。

五、把好防病关。我每隔10天或雨停后喷一次浓度为400~300倍的波尔多液,防治瘟病、菌核病,效果很好。另外,辣椒不耐湿,田间要先挖一个40~50厘米的排水沟。遇高温天气,千万不能直接浇水,以免落椒,可在晚上灌沟水抗旱。

六、把好收摘关。正确掌握采摘时间,见红即摘,摘后先要堆高20厘米,在地上放一夜,这样辣椒色泽好。晒后一两天用脚踏瘪,晒干收藏。

××××年×月×日

例评要求:1.以上例文是怎样安排结构的?

2.以上例文的语言有什么特点?

五、文种辨析:总结与计划

总结与计划都是搞好工作的重要环节,两者相互制约、相互促进。一般来说,总结是计划的执行情况,而计划也要在总结的基础上来制订。但是它们的区别也是很明显的。①时间安排不同。计划是在工作开始之前,对未来行动的部署或安排;总结是在工作结束之后对过去所做工作的评价、鉴定。②内容要求不同。计划要求回答的是在未来一定时间内要"做什么"和"怎么做";总结则要求回答的是在过去一段时期内已经"做了什么"和"做得怎么样"。③表达方式不同。计划是完成一定任务所要采取的措施、步骤,因此重在叙述、说明;总结则是对计划完成情况的检查、分析和评价,因此重在叙述、议论,通过叙述、议论做出理论概括。

第四节　调查报告

一、基本知识

(一)调查报告的定义

调查报告是对客观事物进行调查研究,根据所获成果写成的书面报告。调查是报告的基础,报告是调查的反映。

调查报告也有各种别称,如调查纪实、考察报告、调查附记等。

(二)调查报告的特点

1.真实性。调查报告所反映的内容必须是调查研究的结果,是经过调查所了解到的真实情况,绝不能是道听途说、东拼西凑的东西。在调查报告中,不仅主要人物和事实要真实,就是事件的时间、地点、过程及各种细节,也要绝对真实,不能有半点浮夸和虚假。

2.针对性。进行调查研究,撰写调查报告,是为解决实际问题,因此要有很强的针对性。同时,也只有针对某个问题进行调查,才容易调查得深入,走马观花式的泛泛调查,是不会有太大的收获的。一般来说,针对性越强,调查的效果就越好,调查报告的作用也就越大。从某种意义上说,针对性是调查报告的灵魂。

3.典型性。调查报告所反映的内容,无论是经验,还是问题,都要有典型性,要能起到以局部反映全局或以"点"带"面"的作用。调查报告如果所反映的只是没有任何典型意义的孤立的个别事例,则不会对工作有指导意义。

(三)调查报告的分类

1.反映情况的调查报告。这种调查报告着重对某一方面的现实情况进行调查,为有关部门了解情况、研究问题、制定政策提供依据和参考,如《××市房地产情况的调查报告》。

2.介绍经验的调查报告。这种调查报告着重介绍具有普遍意义的典型经验,有较强的针对性和政策性,对指导和推动工作起着重要作用,如《××市引进人才的调查》。

3.揭示问题的调查报告。这种调查报告着重用调查到的大量事实,揭示存在的某一问题,并分析原因,点明性质,总结教训,教育人们引以为戒,如《这样做,对得起良心吗?——对××市发票造假事件的调查》。

(四)调查报告的作用

调查报告主要用于弄清事实真相,总结经验教训,发现新生事物,探求事物规律,具体地讲,调查报告的作用有以下几点。

1.它是决策和调控的重要依据。通过调查报告,能使领导获得更多的社会信息,更准确地掌握全面情况并以此为依据做出符合实际的决策,采取有效的调控措施,更好地指导工作。

2.它是正确认识客观实际的有效手段。运用调查报告可以帮助人们了解事实真相,正视社会现状,把握事物规律,借鉴成功经验,提高认识水平。

3.它是开发深层次信息的重要工具。调查报告是一种信息载体,通过它对有关资料进行分析归纳,加工处理,使我们可以获得对信息资料更深刻的认识,从而可以利用调查研究报告来总结自己的经验教训,推动本单位工作的进展。

二、写作步骤

(一)确立调查主题

主题是纲,是方向,主题确立后,才能合理地安排人力、物力、财力,确定调查的方法,展开有目的有针对性的行之有效的调查。

(二)选择调查方法

1.普遍调查法,即普查,是指在一定范围内对所有对象进行全面的调查,以获得完整、系统的资料。普查的优点是资料全面、准确、误差小。

2.抽样调查法,即在需要调查的客观事物的总体中抽取一部分进行调查,以此来推断总体情况。此法的长处是省时、经济、较客观。

3.典型调查法,即在一定的总体范围内,选择能够代表总体状况的典型深入进行调查。准确选择典型是此调查法的关键。如果典型不具有普遍性、代表性,将特殊规律误认为是适用于全局的一般规律,用来指导全局,则会造成失误。

4.访谈调查法,即直接深入调查第一线,通过走访、访谈等方式,获取真实、可靠的材料。

5.问卷调查法,即设计一些题目在纸上或网上,请调查对象回答。

（三）搜集整理材料

主题一旦确定，就要搜集相关材料。调查材料好比是"米"，没有米，巧妇难为无米之炊，没有材料，也无法写成调查报告。材料还有数量和质量的要求，从数量上来说，调查材料必须充分，过少容易以偏概全，依据不足，影响观点的阐述；从质量上来说，不能"抓到篮里都是菜"，必须经过整理，去粗取精，去伪存真，选择有代表性的、具有说服力的材料，并做好分析、归类工作。

（四）编写提纲，形成报告

提纲也即调查报告的框架，如分哪几部分写、各部分的观点和最后的结论等。编写提纲，可以使调查报告在写作中脉络分明，条理清晰。

三、写作要求

（一）掌握方针政策

调查报告主要用于反映贯彻党和国家的方针政策以及贯彻上级指示出现的新形势、新情况、新经验和存在的问题，为领导决策、指导工作、处理问题提供参考。登在报刊上的调查报告更是对广大干部和群众的一种新闻宣传，起着以点带面、推动全局、让人效仿或给人以教育等重要作用。因此，写作调查报告必须认真学习、正确领会党和国家的方针、政策，服从、服务于党和国家以及上级领导在一个时期内的中心工作。只有这样，经过深入调查研究写出的调查报告才更有参考价值和宣传教育作用。

（二）深入调查研究

调查报告，顾名思义，是经过调查以后写出的书面报告。它要靠客观存在的事实说话，不能凭空杜撰。这就要求写作之前做深入细致、全面系统的调查，充分掌握第一手材料。无论是历史的还是现实的、正面的还是反面的、具体的还是概括的、直接的还是间接的，都要尽可能地搜集，充分掌握相关的材料。

（三）分析综合材料

调查是获取材料的第一步，但材料不等于就是报告。经过深入细致的调查，大量搜集材料之后，还必须进行分析、综合，也就是研究。没有分析、综合，就没有调查研究的结果也没有调查报告。分析、综合的任务是总结经验，发现问题，找出规律，提出办法。对材料进行分析，综合要"正确"，而要做到"正确"，就要运用马克思主义的立场观点和方法，在正确的思想指导下，运用科学的方法，对材料进行细致的而不是粗略的、深刻的而不是肤浅的、全面的而不是片面的实事求是的分析综合，才能把调查的原始素材变为真正有用的调查报告的材料。

（四）观点结论鲜明

写调查报告不能只是罗列现象，而必须通过对材料的分析、综合，从中提炼出观点，得出结论。观点、结论是从调查材料提炼出来的认识和判断，材料则是说明观点、结论的依据。不论是几条经验、几条教训或几个要解决的问题都必须鲜明地提出来，同时分别用真实、充足的材料去证明，采用叙议结合的表达方法，做到观点和材料的有机统一。

四、格式写法

调查报告的格式是：标题＋正文＋落款。

（一）标题

标题有两种写法。

1.公文式标题。其由调查范围＋调查内容＋文种构成，如《××市民营经济发展情况的调查报告》。

2.新闻式标题。其有单、双标题形式，一般公开在媒体上，如《浦东农村加快城市化步伐　农民生活方式发生新变化》。

（二）正文

正文由导语＋主体＋结尾三部分构成。

1.导语，概述调查对象的基本情况或概述调查经过。

2.主体，具体写出调查对象的主要事实和作者的分析评论。由于调查报告的种类不同，主体的结构方式主要有以下三种。

（1）反映情况的调查报告：情况—成果（问题）—建议。

（2）介绍经验的调查报告：成绩—做法—启示。

（3）揭示问题的调查报告：问题—原因—处理意见。

3.结尾。调查报告结尾的写法灵活多样，或总结全文，深化主题；或提出问题，启发思考；或表示决心，展望未来；或指明方向，提出建议。如果主体部分已把有关内容讲清楚了，结尾部分也可以省略。

（三）落款

落款要写明作者和成文时间。

五、实例文选

（一）访谈调查报告

××市民营经济发展情况的调查报告

为贯彻落实党的十六大精神，加快推进民营经济的发展步伐，遵照市委、市政府的统一部署和安排，自5月中旬以来，我们通过走访民营经济实体、召开各种类型的座谈会、到周边先进地区学习发展民营经济的先进经验等活动，就我市民营经济发展情况组织了专题调查。现将调查情况报告如下。

一、我市民营经济发展的现状

随着我国经济结构调整，民营经济在国家政策的大力扶持下，呈现出蓬勃发展的态势，已成为国民经济中最具活力的新生力量。我市民营经济工作在市委、市政府的领导下，按照党的十六大要求，实现全省"两个率先"和我市经济社会"争先进位、跨越发展"的奋斗目标，在大力发展外向型经济的同时，坚持把发展民营经济作为提升经济水平、优化经济结构的重要着力点，及时制定出台了发展民营经济的"三十条"政策措施，不断加大扶持力度，强化服务，努力营造有利于民营经济发展的环境和氛围，推动了全市民营经济健康发展。目前，我市民营经济的发展状况具有以下四个特点。

1. 规模总量迅速扩张。到今年5月，全市私营企业达××××户，个体工商户×××××户，注册资金分别为××亿元和×××亿元。其中民营规模企业×××户，占全市规模企业的78％。全市私营企业总数和注册资金总数分别是××××年的×倍和×倍，涌现出了一批如××集团、××集团等超强型私营企业。

2. 贡献份额不断增大。据乡镇工业局统计，至今年4月，全市私营企业实现销售收入××亿元，实现利税总额××亿元，上交财政收入××亿元，占全市财政收入的61％。

3. 行业门类日益拓宽。目前，全市私营企业已横跨第一、二、三产业，产业比例日趋合理，行业门类基本齐全，企业品位不断提升。第三产业不仅增速快，而且已发展到物流、科研、咨询、中介等领域，第二产业的行业结构和企业结构不断优化，已初步形成了以能源、纺织服装、精密机械、精细化工、电子、食品六大支柱产业，成为我市工业经济的半壁江山。

4. 整体素质有所提高。民营企业在规模扩张的同时，越来越重视现代企业制度建设，规范企业行为，提升产品档次，扩大市场占有份额。目前，在全市私营企业中通过ISO质量认证企业×××家，创国家级驰名商标8个，省级著名商标20个，市级知名商标85个。

二、我市民营经济发展中存在的问题

按照省委"两个率先"和市委"争先进位、跨越发展"的要求，我们感到我市民营经济发展过程还存在一些问题和不足，特别是与周边先进地区相比差距较大，主要表现在以下几方面。

1.民营企业基础较弱。目前,我市民营经济还处在起步阶段和资本原始积累阶段,不像周边先进地区的企业基础已具相当规模。在现有的私营企业中真正上规模、上档次、科技型、外向型、集约型的企业比例不大,普遍都是传统型产业、装备和产品,缺乏后劲,竞争力不强。

2.载体建设缺乏整体规划。调查中我们感到,我市民营工业小区建设滞后,小而散的"村村点火,户户冒烟"的现象依然存在,没有形成相对集中、有一定规模的民营工业园区。

3.扶持政策没有完全到位。在调查座谈中,大家普遍反映我市制定的《关于实施"富民强市"工程,加快私营个体经济的政策意见》是好的,对于加快发展我市民营经济起到推动作用,但好政策要认真落实,现实情况让人担忧,主要意见集中在收费问题上,有的部门虽然减免了服务费,但追加了材料费;有的收费项目在规定幅度内就高不就低;对委托收费意见较大等等。

4.服务意识有待提高。在调查中,无论是镇、村领导还是私营企业主,反映比较突出的是"考虑部门利益多,考虑业主利益少;向企业收费多,为企业服务少;事后罚款多,事前帮助指导少"的三多三少现象。

三、对民营经济发展的建议

为进一步促进我市民营经济快速发展,有效解决制约我市民营经济发展的问题,提出以下五点建议:

(一)优化服务工作,做优民营经济发展环境

1.营造社会的舆论环境。要重视发挥社会舆论的导向作用,采取多种形式,充分利用报纸、电视、广播等传媒工具,广泛宣传党的十六大精神,宣传民营经济在全市经济社会发展中的地位、作用和贡献,宣传我市发展民营经济的各项优惠政策和鼓励措施,努力在全社会形成人人关心、个个支持、踊跃参与民营经济发展的强烈氛围。要理直气壮地表彰一批在发展民营经济中艰苦创业、合法经营、勤劳致富的先进典型,进一步激发自主创业的热情,加速我市民营经济的发展步伐。

2.营造公平的政策环境。要按照省委、省政府提出"放心、放胆、放手、放开、放宽、放活"的六放要求,不折不扣地落实好我市发展民营经济的"三十条"政策措施。当前要着重抓好三项工作:一要抓紧建立企业缴费登记制度,向企业统一发放办理《企业缴费登记卡》;二要切实放宽领域,实行低门槛吸纳民营实体;三要在税收、缴费、信贷等方面民企与外企一视同仁,实行外资、民资政策同轨。

3.营造优质的服务环境。政府和有关部门要切实转变职能,改进工作作风,增强服务意识,把支持民营经济发展作为义不容辞的重要职责。一要优化窗口服务,打造优质高效的窗口服务形象。二要完善全程服务,重点扶持企业做大做强。三要强化政策创新服务,按照"三个有利于"标准,只要有利于我市民营经济发展,凡别人能做到的我们也能做到,切实承担起政策创新和政策变通的风险。

4.营造积极的融资环境。目前,拓宽民营经济的融资渠道已成为推进我市民企发展的当务之急。为此,建议政府尽快建立民营企业贷款担保基金。贷款担保基金应由政府搭台,企业化运作,市场化管理。

5.营造有效的人才环境。要确立人才资源是第一资源的观念,积极为民营企业的人才招聘广开门路,对民营企业的人才引进、户口迁移、职称评定、出国考察和有关政治待遇的享受方面给予优惠,努力为我市民营企业发展提供强有力的人才支持。

(二)加强招商力度,做大民营经济发展"蛋糕"

发展民营经济项目是关键,因此,市镇两级党委政府和各部门都要把发展外资与发展民资放到同等重要的位置,加大招商引资力度,做大民营经济发展"蛋糕",增大民企发展后劲。

一要全方位拓宽招商引资的领域。坚持一二三产并举、大中小项目并举,千方百计扩大招商规模,拓宽引资渠道。要通过以资源换技术、以产权换资金、以存量换增量、以市场换项目、以岗位换人才等方法,吸引客商投资支柱产业和优势产业。

二要抓住招商引资的主攻方向。在一二三产项目中,要以工业项目为主,集中力量引进一批科技含量高、市场前景好、有利于发挥资源和产业优势的制造业项目,带动农业特别是服务业项目进入。在引进内资项目时,要重点引进浙东、上海和珠江三角洲等国内发达地区民间资本上下功夫。在大中小项目中,要以骨干项目为主,提高招商引资的规模和档次,重点吸引国际著名跨国公司或国内大企业、大集团前来投资兴办支撑带动强的大项目。三要创新招商引资方式方法。要广泛采用驻点招商、代理招商、项目招商和网上招商等方式,提高招商引资的成功率。要在民资相对集中地区设立联络处,选派得力干部长期驻点招商。要委托驻外机构、知名人士、投资中介机构牵线搭桥,推荐项目,联络客商,吸引投资。要利用现有各类企业,以商引商,吸引投资者增资扩股。

(三)实施扶持工程,增强民营经济发展动力

一是坚持把发展民营经济与推进工业化结合,加快培育壮大骨干企业,对我市现有的重点民营企业进行分类排队,因企制宜,逐一落实培育壮大的具体措施。二是引导和支持运行质量好、扩张能力强的企业尽快进入全省乃至全国同行业先进行列,加快发展步伐,拓展发展领域,壮大发展规模。三是大力支持成长性好、后发力强的重点民营科技企业,依托科技优势,加快产品开发,扩张生产能力,实现裂变发展,并对他们给予重奖。四是加快发展具有地方特色的支柱产业,引导中小民营企业与支柱产业相配套,与大企业、大集团协作,走"小而专"、"小而精"、"小而特"的发展路子,形成以大企业为支撑,中小企业为依托的产业群。五是积极鼓励和引导民营企业利用当地农产品、土地和劳动力资源优势,大力发展农业产业化龙头企业,拉长农业产业链,促进农产品加工增值,逐步实现农业工业化。

(四)加强载体建设,做强民营经济发展基础

要坚持把发展民营经济与推进城市化相结合,加快民营工业园区建设。要抓住我省

实施城市圈规划的机遇,把建设民营工业园区作为加快我市城镇建设的切入点,引导民营企业向园区集中、向城镇集聚,在推进农村城镇化进程中开辟新的发展空间。一要科学规划。把民营工业园区规划与城市规划相衔接,做到规划一步到位,建设分步实施。二要强化功能。在产业功能上,综合产业基础资源优势和区位条件,使各类园区的生产区、生态区、生活区、服务区、管理区和各类基础设施相配套。三要项目带动。采取灵活优惠的政策措施,引导现有企业和新上项目向园区集中,把民营工业园区建设成为工业项目的密集区和城市、城镇建设的新亮点。四要积极推动"一镇一品"、"一区一品"的区域经济战略。对具有特色产业的区域性经济实行滚动开发、行业连锁等方法,进一步拓宽市场覆盖面。

(五)加强组织领导,形成民营经济发展合力

发展壮大我市民营经济,第一要确保领导到位,要站在"两个率先"和实现我市"争先进位、跨越发展"的全局高度,充分认识发展民营经济对于实践"三个代表"重要思想,实现"富民强市"的战略意义,真正把发展民营经济摆上重要位置,切实改进领导方法,明确领导分工,建立各级责任制和周报、月报制度,完善考核、奖惩机制。第二要制定民营经济发展目标,合理规划布局,明确发展思路,将其纳入国民经济、社会发展规划,研究政策措施,协调解决好发展过程中的重大问题。第三要充分发挥政府职能部门的作用。中小企业局要切实承担起对发展全市民营经济工作的指导、协调、服务和监督的重要职责,加强检查和考核。第四要规范管理,实行"先发展后规范","边发展边规范"方针,像关心支持外资企业、国有企业、集体企业一样,关心支持民营企业发展,尽快在我市形成推动民营经济快速发展的合力。要尊重和保护群众的首创精神,及时总结民营经济发展的成功经验和做法,支持和鼓励广大人民群众理直气壮地发展私营个体经济,为我市经济社会发展做出更大贡献。

××市民营经济调查组

××××年×月×日

(二)问卷调查报告

学校食堂情况的调查报告

古人云"民以食为天",学生在校学习生活,一天三餐是最基本的保障。食堂既是学校的硬件设施之一,又是学校管理的重要组成部分。为了了解学校食堂服务情况,进一步提高食堂的工作质量,营造和谐的就餐环境,使同学们能够得到更好的饮食服务。近日,我对学校食堂情况作了一次问卷调查,现将调查情况报告如下。

一、调查的设计

问卷调查的对象为我校 100 名大学生。通过 QQ 在线、网上问卷的方式进行。发出问卷 100 份，收回 100 份，有效卷 100 份。

二、调查的结果

问题	选项	人数	比例/%
1.你是哪一年级的学生?	A.大一	50	50
	B.大二	35	35
	C.大三	15	15
2.平常吃饭会选择哪里?	A.食堂	60	30
	B.外卖	20	20
	C.学校其他店面	10	10
	D.其他	10	10
3.食堂饭菜及餐具卫生状况如何?	A.干净	30	30
	B.良好	46	46
	C.一般	14	14
	D.很差	10	10
4.你在食堂是否经常吃到不新鲜或者变质的食物?	A.经常	14	14
	B.偶尔	23	23
	C.几乎没有	30	30
	D.完全没有	33	33
5.在你看来食堂的饭菜种类丰富吗?	A.丰富	29	29
	B.一般	17	17
	C.品种比较单一	36	36
	D.种类匮乏	18	18
6.每月在食堂饭菜的消费是多少?	A.400 元以下	20	20
	B.400～500 元	20	20
	C.500～600 元	45	45
	D.600 元以上	15	15
7.食堂工作人员的服务态度如何?	A.好	40	40
	B.较好	25	25
	C.一般	30	30
	D.差	5	5

续表

问题	选项	人数	比例/%
8.你觉得食堂的秩序怎么样？	A.好	36	36
	B.良好	40	40
	C.一般	12	12
	D.差	12	12
9.希望食堂对哪些方面进行改进？	A.进餐环境	20	20
	B.服务质量	27	27
	C.饭菜口味	30	30
	D.价格	20	20
	E.其他	3	3
10.你对食堂的建议			

三、调查分析

通过调查，我们认为学校食堂主要反映了如下情况。

1.卫生方面

卫生是同学们最为关心的问题之一，对此我们进行了详细的调查。通过调查结果，我们发现，对于饭菜的卫生及餐具现状，有30％的同学回答为"干净"，有46％的同学认为"良好"，16％的认为"一般"，只有10％的同学认为"差"。以上结果表明，食堂的卫生状况比较好。

2.质量方面

质量方面，我们对菜品是否新鲜、菜种是否丰富等多个方面进行了深入调查。对于"菜种是否丰富的问题"，同学们也提出了不同的意见，29人选择"丰富"，17人选择"一般"，36人选择"品种比较单一"，18人选择"种类匮乏"。由此可以看出绝大多数同学认为食物品种并不丰富。

3.价格方面

学生在食堂的消费占学生个人消费较重的比例，因此学生对学校食堂的价格问题较为关心，食堂价格定位基本可以使同学接受，也说明学校在市场上物价上涨的时候，所做的工作是充分考虑到了学生的利益，是切实有效的，也希望食堂等相关部门能继续做好工作。在此次调查中，食堂提供免费汤水，80％的被调查者认为比较合理，且比较适合大众口味。

4.服务方面

调查结果，大多数同学对食堂工作人员的服务态度持不同意见，40人认为好，25人认为良好，30人认为一般，5人认为差。说明食堂工作人员的服务态度还是比较好的。

5.口味方面

统计结果可以发现,同学们来自五湖四海,口味不大相同。对食堂工作人员来说也是一大问题。

四、改进建议

1.做好卫生监管工作。一是学校应建立食品质量监管体系,对食堂饭菜质量进行监控,应充分重视食品安全工作。二是建立健全食堂食品卫生安全管理制度,并对工作人员个人卫生制度严格要求,严格做好餐具消毒工作。

2.要积极丰富菜品。应该适当增加菜肉样式及改变菜品单一状况,且要符合大众口味。还可以增加一些地方小吃,进一步满足学生的需求。

3.严格控制食品价格。学校食堂的价格上涨应慎重,价格应贴合大众的需求。还要适当降低价格幅度及增加饭菜份量,应有利于学生,让同学吃得满意放心。学校还应建立一套严格的价格监督管理体系,应公布市场上的大米、蔬菜、肉类的价格,最好在菜的旁边显示价格,让同学们清楚地知道具体的菜价信息,做到公平公正公开。

4.进一步提高服务质量。服务人员应有服务理念,全心全意为大学生服务,学校也应加强宣传及教育。

5.建立奖惩制度。虽然食品已实行了社会化运行,但还是缺少竞争机制,可以让学生对食堂进行定期或不定期的评比活动,评比结果可及时向老师和学生以及食堂工作人员反映,从而建立奖惩制度,进而不断提高学校食堂的管理水平。

6.学生也应该加强自己的修养。作为一个现代的大学生,在公共场合应要有文明礼貌的行为,用餐后,自觉带走餐盘,要有积极的维护排队秩序的意识和责任感,提高自身素质,营造一个和谐的用餐环境。

××职院文秘16-1班张鑫榆

2017年4月10日

例评要求:1.以上例文是怎样安排结构的?

2.以上例文的语言有什么特点?

六、文种辨析:调查报告与总结

调查报告和总结在写作上有许多相通之处,特别是介绍经验的调查报告和总结,无论从反映的内容或表达的形式上来看,都非常接近。这两个文种的相同点反映在:它们都是紧密配合形势,宣传党的任务,有较高的政策性;抓住点上材料,推动面上工作,有较广的指导性;运用事实说话,揭示事物本质,有较强的针对性。但其区别有三点:①行文的目的不同。调查报告行文的目的侧重于对事物情况的探讨、发现、了解,认识事物的客观规律。而总结侧重于对自己所做的事做得如何进行评价,总结经验教训,以推动下一步的工作,是对计划落实情况的检查。②行文的时间不同。调查报告的写作是不定期的,在发现新情况、新问题时随时可以展开调查,事前事后均可以调查。而总结大多是定期的,在年末、月末,或者某一阶段工作结束,都要做常规总结,这是一种事后的行为。③反映的范围不同。调查报告所反映的范围,可以是本单位的,也可以是外单位的,更多的是社会上的人和事。而总结局限于对本单位、本部门、本地区的人和事作总结,不涉及社会上的事情。④熟悉的程度不同。调查报告中调查者对被调查的人或事,大多并不十分熟悉和了解,正因为如此,故需展开调查,弄清事实真相。而总结则相反,只有对自己所做过的事或经历的事方可总结,否则无法加以总结。⑤所用的人称不同。调查报告的作者不以当事人的身份出现,所以常用第三人称写作。总结因为是当事人对自身工作的回顾、分析,所以常用第一人称写作。

第五节　规章制度

一、基本知识

(一)规章制度的定义

规章制度是党政机关、社会团体、企事业单位为规范人们的行为而制定的具有法规性和约束力的事务文书。制度是一个总称,日常所见的条例、规定、办法、细则章程、规则、须知、公约等均属于规章制度。按照《宪法》和有关法规文件规定,制定各种规章制度的权限如下:

1.全国人民代表大会及其常务委员会制定法或法律;

2.国务院制定行政法规;

3.国务院各部委制定行政规章;

4.省、直辖市的人民代表大会及其常务委员会可制定地方性法规;

5.县以上的人民代表大会和人民政府可制定规章;

6.人民团体、企事业单位可根据本部门的权限制定某些规定,一般称规章制度。

(二)规章制度的特点

1.规范性。所谓规范性是指在内容上要符合国家有关政策、法令,不得与之相抵触;在写作上要有一定的程式要求,如执行的范围、执行的条款、执行的标准和要求等要尽可能考虑周到、齐全,便于实施执行。

2.约束性。订立规章制度的目的就在于约束,对单位或对个人的言行举止、工作职责、纪律、秩序等进行约束、限制、规范,缺少约束性,也就失去了规章制度应有的作用和意义。

3.公开性。规章制度在它的适用范围内是公开的,应该让一切有关人员都知道,并遵照执行。

（三）规章制度的分类

1.法规性规章制度。它是行政机关、人大及其常委会对某些事项的处理或对某项法律、法规的实施所做的规定，包括条例、规定、办法、细则等。但条例的制发，在国家机关中只有国务院才能独立制发。

2.规范性规章制度。它是行政机关、社会团体、企事业单位为本部门、本单位内共同遵守的准则所做的规定，常用于规范有关人员的行为，包括章程、制度、守则、通则、准则、规则等。

3.规约性规章制度。它是一种面向社会，为规范社会成员所做的规定，包括须知、公约等。

（四）规章制度的作用

1.执行方针政策的保证。党和国家的方针政策是社会主义建设的行动纲领，而方针政策的贯彻执行，往往要辅之以规章制度加以明确，加以规范。比如，国家旅游工作方面方针政策的执行，就辅之以种种相关的条例、规定等，以明确需遵守的事项、职责范围、违规等，以切实保证党和国家的方针政策不折不扣地得以执行。

2.加强科学管理的手段。建立健全各种规章制度，可使各行各业的人有章可循，以保证工作、学习、生产高效率地进行。这是加强现代化管理，由单一的行政手段走向法制管理方法的重大变革，也是提高工作效率的重要保证。

3.规范道德行为的准则。规章制度除了要求人们共同遵守具有法律约束力的法规以外，还要求人们遵守具有道德约束力的行为规范，使自己的言行符合社会公共利益和公共道德，养成良好的社会习惯，保证各项工作的顺利进行。

二、写作要求

（一）必须符合党和国家的方针政策

规章制度公布以后，具有明显的强制性，起着规范行为的作用。因此，规章制度必须依照党和国家的方针政策制定，必须符合有关法律法规。

（二）切合实际，合情合理

规章制度既然要人们遵守执行，在制定时首先要深入基层，了解实际情况而不能脱离群众，闭门造车，人为地设置条条框框，限制束缚人们正当的活动。只有切合实际、合情合理，做到"令顺民心"，才能做到令行禁止。在写作时就要做到结构严谨、周密，读后使人明确应该怎么做、不应该怎么做，便于执行和遵守。同时，用语要准确、规范、简明，不可模棱两可、含糊不清，以免产生歧义。

（三）条理清晰，用词准确

规章制度采用章条式和条文式的写法，主要是为了便于记忆、阅读、理解，也便于查找、引证,所以撰写中要条理清晰,层次分明。而且在遣词造句上,各项条款、每句话、每个词,都要有准确的含义,便于人们贯彻执行。

三、格式写法

规章制度的格式是:标题+正文。

(一)标题

其标题有三种写法。

1.发文机关+事由+文种,如《中华人民共和国民用航空法》。

2.事由+文种,如《旅行社管理条例》。

3.适用范围+文种,如《城市房地产开发经营管理条例》。

(二)正文

规章制度的种类很多,各类的正文写法也不一,通常可分为章条式和条文式两类。

1.章条式。内容较全面、系统,原则、条文较多的规章制度宜用章条式写作,如法规、章程、条例、准则、规则等。所谓章条式,通常由总则、分则和附则三大部分组成。则中分若干章,章中分若干条,有时条下分若干款项。

(1)总则。它主要概括说明制定此规章制度的目的、依据、基本原则、适应范围、主管部门等情况,类似于文章的前言。如果是章程,总则中主要写明该组织或该团体的名称,其性质、宗旨、任务等。总则一般只设一章,下分若干条。

(2)分则。自总则以下至附则的中间若干章均为分则。分则是全文的主体部分,根据不同的内容交代不同的事项。如章程的分则,通常写明成员的资格、条件、义务、权利、组织机构、原则、纪律等。而一些条例、规定、办法、准则的分则部分通常交代必须遵循的具体行为规则、做法,如范围分类、具体规定做法、责任、要求、处罚办法等。分则中章的数目视内容多少而定。根据需要,章下可分若干条,条下还可分若干款项。

(3)附则。这是全文的末章,通常说明该规章制度的适用范围、拥有解释权的单位名称、与有关文件的关系及其他未尽事宜的处置办法、生效日期等内容。附则也只设一章,根据需要,下分若干条。

2.条文式。内容相对简单的以及非权力机构制定的规章制度常用条文式写作,如一些条例、办法、规则、守则、公约、须知等。条文式不分章,而分条列项来阐述。条文式也可分为两种:一种是前言条文式;另一种是条文到底式。

(1)前言条文式。它分前言和主体两部分。前言不设条,而用简明扼要的文字概述制定该文的目的、依据、性质、意义。主体部分则分若干条款交代各种规定的事项。

(2)条文到底式,即全文都用条款来阐述表达,不另分段作说明。这样写并非不要前言、结尾,而是将前言、结尾也都用条款标出。在写作中,根据需要,条下也可分若干项表达。在写作中有的不标明"第×条",而用汉语数字"一、二、三……"进行分开表达。

四、实例文选

行政单位财政统一发放工资暂行办法

（财政部财行〔××××〕1号文件发布）

第一章　总则（略）

第二章　实施范围（略）

第三章　主管部门职责（略）

第四章　工资发放程序（略）

第五章　管理监督（略）

第六章　附则（略）

例评要求：1.以上例文是怎样安排结构的？

2.以上例文的语言有什么特点？

第六节　简　报

一、基本知识

（一）简报的定义

简报即情况的简要报告，是党政机关、社会团体及企事业单位为交流经验、反映情况、沟通信息、报道动态而编发的一种简短的文字材料。

简报的名称很多，常见的有《××简报》《××简讯》《××信息》《××动态》《××通报》《××通讯》及《内部参考》等。

（二）简报的特点

1.快。这是指简报具有强烈的时间性，也就是说，反映情况要及时，传达领导的旨意要及时，编发简报要及时。如果慢了，错过了时机，也就失去了简报应有的价值。

2.新。这是指简报所反映的内容要有新意。也就是说，要反映新情况、新问题、新经验，值得注意的新事物、新苗头，富有启发性的新见解等。通过简报把新的信息输送或传递给上级机关或领导，便于领导及时处理。

3.简。这是指简报的内容要简要，篇幅要简短，语言要简明。

（三）简报的分类

1. 按时间分,有定期的简报,不定期的简报。
2. 按内容分,有工作简报、会议简报等。
3. 按范围分,有综合简报、专题简报。

（四）简报的作用

简报既可以用来向上级反映情况、汇报工作,也可以用来向下级或平级通报情况、交流经验,它的作用是非常广泛的。具体来说有以下几点。

1. 下情上报,为领导决策提供依据。简报是领导了解下情的一条重要渠道,下级部门通过简报可以迅速、及时地向上级领导反映日常工作和业务活动的情况,做好下情上报工作以利于为领导制定政策提供信息依据。

2. 上情下达,及时传达领导意图。简报也是领导向下传达意图的渠道之一,上级领导可以通过简报提出工作意见和要求,从而指导基层工作的正常开展。

3. 互通情况,有利于加强单位协作。简报同时也可用于同一系统、同一机构之间互通情况、交流信息。工作中的经验教训、措施办法可以利用简报进行交流,互相学习,加强协作。

二、写作要求

（一）真实准确

真实是简报的生命所在。简报的写作目的就是为了上传下达,便于交流工作情况,处理实际问题。如果反映的内容失真,就不利于做出正确的判断,也就不利于问题的解决。所以,简报所反映的内容必须千真万确,每一个细节,包括具体的时间、地点、数字及引语,也都要准确无误。绝不能自己随意加工粉饰,要保证材料、内容的真实准确。

（二）短小精悍

短小是简报的特点表现。简报是简明扼要、短小精悍的文字材料,通过简报,要起到快速传递信息、交流经验的作用,如果文字过长,将影响简报作用的发挥。所以,简报就是要"简",一般每篇应限制在 1000 字以内。这就要求作者选材要典型,内容要集中,开门见山,直截了当,不说空话、套话,尽量让事实说话。

（三）快写快发

快是简报的质量体现。简报有时又称之为"快报",出现情况要及时汇报,先进经验要及时推广,下情要及时上达,都要求一个"快"。只有快,才能真正发挥简报对工作的指导作用;否则,滞后报道,即使内容再好,也很难起到应有的指导作用。

三、格式写法

简报的格式是:报头＋报核＋报尾。

（一）报头

报头在简报首页的上方，占全页三分之一，由间隔线将报头与正文部分分开。报头由以下4个要素构成。

1.简报名称。它由单位名称＋文种构成，有的可省略单位名称，只用文种。简报名称一般套红、居中、字体稍大印刷。如《工作简报》《××信息》《××动态》《会议简报》。

2.期数。一般是分年排号，写出"第×期"，印于简报名称正下方。数字可用汉字数字小写或阿拉伯数码，如"第十期"或"第10期"。

3.编印单位。编印单位一般为制发简报单位的办公部门或中心工作领导小组及会议的秘书处（组），要求用全称或规范化简称，在期号下、间隔线上居左书写，如"××市财政局办公室编""××公司办公室编"。

4.编印日期。编印日期写在间隔线右上方，要求年月日齐全。数字可用汉字数字小写或阿拉伯数码，如"二〇一七年五月八日"或"2017年5月8日"。

除以上四个要素外，因简报是内部交流资料，所以常在报头的左上角加上"内部资料、注意保存"的字样。

（二）报核

报核又称报体，即简报的中间部分，在间隔线以下。它常包括以下四部分内容。

1.按语。它视需要而使用，并非每篇必有。一般在转引类、总结类及重要的报道类、汇编类简报前才使用按语。如"编者按""编者的话"。按语由简报的编发部门加写，是为引导读者理解所编发文章、了解编者意图而写的提示语。要对所编文章做出说明和评价，如说明材料来源、转引目的、转发范围，表明对简报内容的倾向性意见及表示对所提问题引起讨论研究的希望等。按语的位置在报头之下、标题之上。

按语可分三种类型：一是题解性按语，它类似于前言，主要对文稿的产生过程、作者情况、主体内容作简要介绍；二是提示性按语，它侧重于对简报内容的理解提示或是针对当前实践应注意事项的提醒；三是批示性按语，它往往援引领导人原话或上级机关指示，结合简报内容对实际工作提出批示性意见。

2.标题。标题往往是一个完整的句子，概括出全文的要点。标题在按语下面，如果不加按语，简报的标题写在间隔线以下居中的位置。

根据简报的体式，标题也有不同写法。动态性较强的内容多采用单行新闻式标题，简短明快地交代事实、揭示中心，如"得人心者得人才"；在总结体简报和其他体式简报中，一般使用准公文式标题，如"××饭店××事故情况反映"。

3.正文。正文一般由导语＋主体＋尾语三部分构成。它是简报的主要内容，在标题下面。

（1）导语。简报的导语写在开头，用一段概括的话总揽全文。一般交代简报所反映情况的要点及会议的有关要素，如时间、地点、人物、事情、结果等。

（2）主体。导语之后，具体展开事实的部分即为主体，它是简报内容的主要部分。主体部分的写作根据简报的不同类型有多种写法。可以按时间顺序写，如有些会议简报按与会者发言的先后顺序来组织材料；也可以按逻辑顺序、思维顺序写。

另外，在写作体式上，简报的体式常见有四种：一是报道体式，它及时、简明、准确地叙述、报告部门、行业、系统领域内最新发生的新情况、新动态，其文体十分类似动态消息、动态信息；二是汇编体式，这是在众多信息基础上剪辑而成的类似综合消息的简报文体，其信息量大，而且涉及面广，能做到点面结合，反映全局性情况；三是总结体式，其文章即一般意义的总结，但内容具有典型性，有推广价值，编入简报能发挥其指导作用；四是转引体式，即将其他单位有参考借鉴意义的材料完整地或片段地摘编转引。

（3）结尾。简报的结尾既可以对全文进行归纳和概括，也可以发出号召、提出希望及打算。简短的简报也可以不写尾语，情况介绍完后自然结束。

4.供稿者。在正文右下方加括号写上供稿单位或个人姓名。

（三）报尾

简报的报尾在最后一页的下三分之一处，用间隔线隔开。报尾包括以下两部分内容。

1.发送范围。简报的发送范围按受文单位级别的不同，分别写为"报：××、××、××"（上级），"送：××、××、××"（平级），"发：××、××、××"（下级）。

2.印发份数。简报的印发份数与发送范围之间用间隔线隔开，印发份数写在间隔横线右下方的括号内。如（共印 200 份）。

四、实例文选

××国税信息
第×期

××市国税局办公室编　　　　　　　　　　　　××××年×月×日

全市国税发票专项检查情况表明
事业单位发票管理亟待规范

5月初以来，市国税局组织 6 个检查组，在全市范围内开展发票专项大检查。截止到 5 月底，共检查用票户××××户，查处违章普通发票××××份，违章增值税专用发票×××份，补税××万元，罚款××万元，取得了显著成效。

检查情况表明，当前发票管理秩序比较混乱，事业单位使用、索取发票违章现象尤为突出，检查的××××户事业单位，都存在不同程度的违章现象，占被检查户数的××％，发现违章发票××××份，占违章发票总数的××％。事业单位发票违章行为主要表现在。

一是白条入账多，×××户事业单位中，白条入账的违章行为占违章情况的××％，造成大量的税收流失；二是自印收据代替发票入账，这种情况在有收费职能的医院、广播电视等事业单位和土地管理、城建等所属的事业单位表现比较突出；三是使用过期发票；四是跨行业填开，如将商品零售发票作酒席款入账，国税、地税发票混用；五是开具的发票不规范，大多数事业单位财会人员为图省事，项目填写不全，如有1份×××元的发票只有金额和日期，余下项目全部空白。

事业单位发票管理问题如此之多，漏洞如此之大，值得大家深思。针对发票检查中发现的问题，市国税局要求全市国税系统采取五项措施，推动发票管理工作扎实整改。一是各国税分局要转变观念，改变只管企业、个体户等纳税人，而不管事业单位发票使用的旧观念，明确事业单位不是"税收盲区"，对事业单位的发票使用情况同样要适时检查，定期辅导，与其他性质的纳税人一样严格管理。二是加强发票宣传工作，重点宣传《中华人民共和国发票管理办法》，使事业单位相关人员理解发票的意义、作用，增强依法规范用票、管票意识。三是大力争取地方党委、政府的重视与支持。目前，全市事业单位因发票使用而违章的情况较多，外罚金额较高，罚款和税款入库的阻力较大，各国税分局务必做好宣传汇报工作，切实争取党政领导的支持，坚决按政策办事，处罚到位，入库到位。四是严格发票审批，坚持实行"以票控税"制度，对发票领、用、存各个环节都加强控管，规范发票使用、管理。五是进一步加强发票违章查处力度，对违章使用发票屡教不改的事业单位，国税部门要顶住方方面面的压力，发现一个查处一个，必要时可在新闻媒体公开曝光。

（××处供稿）

报：省局领导及有关处室。
送：市局领导、市直有关单位。
发：各分局、机关各科室。

（共印×××份）

第七节　启　事

一、基本知识

（一）启事的定义

"启"即告知、陈述的意思，启事是单位或个人因有事向社会告知或请求别人帮助所使用的一种日常应用文。启事是公开的,一般张贴于公共场所或刊登在报纸杂志上,也可在广播电台、电视台中播出。

(二)启事的特点

1.内容的广泛性。启事可以用于日常工作、生活中的招生、招聘、开业、庆典、商标的使用与更换等多种事宜。

2.告知的回应性。启事陈述事情的目的是要大家协助和响应,要求通过告知得到社会的广泛回应,以解决有关事项。

3.参与的自主性。启事不像"通告"具有强制性和约束力。启事的对象有参与的自主性,可以参与启事所知的事项,也可以不参与,主动权掌握在自己手中。

(三)启事的分类

根据性质和功能,可将启事分为三类。

1.告知类启事,即指有事要向社会宣布或告知,并希望引起人们注意所发的启事,如开业、停业、迁址、更名、改期、讲座、举办活动等启事。

2.征招类启事。这是指出于某种需要,请求别人帮助、关照时所发的启事,如征集、征订、征地、征稿、征婚、征租、招聘、招标、招商等启事。

3.寻求类启事。这是指因丢失物品或因有人走失所写的启事,如寻人、寻物等启事。

二、写作要求

(一)标题要醒目

启事的标题一般应标明事由,以便人们按需查找。

(二)事情要单一

启事应做到一事一启,不能将几件事放在一起。

(三)内容要真实

启事中的内容必须真实,诸如招工启事、征租启事、征婚启事等都应实事求是,不能弄虚作假,进行欺骗。

(四)语言要简洁

启事的语言要尽可能简洁达意,通俗明白。

三、格式写法

启事的格式是:标题+正文+落款。

（一）标题

启事的标题有多种写法：一是笼统式，只写"启事"两字；二是事由和文种式，如"开业启事""招聘启事"；三是事由式，即只有事由，没有文种，如"招聘""寻人""征婚"等；四是单位名称、事由和文种组合而成的标题，如"×××公司招聘启事"。一般而言，第一种笼统式效果不太好，标题不引人注目，容易被人忽略，而写明事由，则较为醒目，而且针对性强，便于人们分类查找。另外，有的启事为表明诚意，还在标题中加上敬辞，如"诚聘""敬聘"；有的要紧的启事，还在标题中注明"紧急寻人启事"，这样更容易引起人们注意。

（二）正文

由于启事种类繁多，正文内容也不一致，要分别而论。一般而言，启事的正文由目的或原因＋具体事项和要求＋联系地址和方法构成。如招聘启事，正文需写明所招聘的缘由、招聘工种、专业或岗位，条件、人数、要求，以及应聘方法、联系地址等内容。而开业启事则应写明开业单位的名称、开业地点、经营服务项目、有何特色、具体营业时间，最后往往以一句"敬请广大顾客光临"等客套话收结。总之，启事的正文要根据不同的种类来安排内容。关键在于具体、明确。启事由于内容简短，所以通常不另结尾，全文大多只设一段文字，如具体事项较多，也可分条目逐一表达。

（三）落款

正文之后右下角写上启事的作者和成文日期。如果标题中已写明作者，这里可省略。刊登在媒体上的启事，往往省略成文日期。

四、实例文选

××酒店集团公司诚聘中高层管理人员

××酒店集团公司是一家致力于内地饭店连锁经营管理及饭店网络协作销售的专业公司，现已在内地投资建立了三家高星级饭店，规划近几年内在主要城市新建多家高星级饭店。因经营发展需要，诚邀饭店业精英加盟。

总经理：35～45周岁，大专以上，三年以上高星级酒店副总以上岗位管理经验，思路清晰，创新能力强，熟悉酒店经营、成本控制、服务质量管理及人力资源开发，有良好的经营业绩。

营销总监：28～40周岁，大专以上，三年以上高星级酒店公关营销部管理经验，公关策划能力强，熟悉企业VI管理、善沟通，营销理念超前，有良好的营销管理实绩，英语口语良好，长于市场调研者优先。

人力资源总监：30～45周岁，大专以上，中型企业三年以上人力资源部管理工作经验,精通劳动人事法规,稳重成熟,有较好的亲和力,良好现代人力资源管理理念和实务操作能力,有质检管理经验者优先。

前厅部经理:28～35周岁,大专以上,气质佳,形象好,至少三年以上高星级酒店前厅管理经验,英语口语流利,服务意识,经营意识及协作意识强,业务精熟,旅游专业毕业优先。

行政管家:28～35周岁,大专以上,形象较好,三年以上高星级酒店同岗位工作经验,细致认真,了解现代酒店客房规划和服务的新形势,有开拓创新精神,英语口语能力强,旅游专业毕业优先。

康乐部经理:28～35周岁,大专以上,形象较好,三年以上高档酒店康乐管理经验,有亲和力,掌握宾客服务心理,精通服务程序,了解康乐服务的发展方向,能设计、策划最新最优的康乐服务项目。

工程部经理:30～45周岁,大专以上,三年以上酒店工程部管理经验,掌握酒店工程部最新管理理念,擅长节能管理,设备设施选型、保养、维修经验丰富,有高星级饭店更新改造及装修管理经验者优先。

装修工程总监:30～45周岁,大专以上,了解酒店各区域各项目安装、装修和空间利用的先进理念,现场施工管理经验丰富,精通装修的质量标准、要求,熟悉各种材料的性能价格,有较好的预决算经验和工程进度、质量、费用控制能力,善于沟通,懂土建、安装及设备选型调试者优先。

报名时间:截至6月15日

报名地址:××市延安路447号董事会办公室

邮编号码:×××××××

电　　话:×××××××××

传　　真:×××××××××

E-mail:zj-hotel@hotmail.com

联系人:赵小姐　郑小姐

第八节　专用书信

一、基本知识

（一）专用书信的定义

专用书信是指用于某种特定场合、针对某种特定事物作专门用途的书信。

（二）专用书信的分类

1. 信表类，如介绍信、证明信、申诉信、公开信、表扬信、感谢信、推荐信、求职信、咨询信、商洽信、问答信、慰问信、邀请信、贺电（信）等。

2. 书表类，如决心书、倡议书、建议书、说明书、保证书、悔过书、检讨书、报捷书、请战书、挑战书、聘书等。

3. 申请类，如入党申请书、入团申请书、入学申请书、住房申请书、辞职申请书、困难补助申请书等。

二、写作要求

（一）内容要真实

专用书信的内容必须真实可靠、实事求是，来不得半点虚假编造。只有真实性，才能经得起历史的检验。

（二）语言要得体

专用书信的种类颇多，有介绍性的、有说明性的、有祈求性的、有建议性的，等等。所以，在用语方面要适合内容的需要，不能千篇一律。

（三）手续要完备

有的专用书信需要具备一定的手续；有的应经领导审批，用单位名义发出的，要加盖公章；以众人名义发出的，要经参与者共同讨论和署名；具有凭证性质的，除盖章编号外，还要留有存根。

三、格式写法

专用书信的一般格式是：标题＋称呼＋正文＋结束语＋落款。

（一）标题

在第一行居中写上专用书信的类型，如"介绍信""申请书"等。

（二）称呼

在第二行顶格写上受文单位名称或受文个人的姓名，然后加冒号。

（三）正文

一般围绕开头、主体、结尾的结构来写。

（四）结束语

一般有结束语，写上敬意或祝愿的话。如"此致""敬礼"等。有时也可以省略结束语。

（五）落款

在正文之后右下方写上作者和成文日期，如果是单位所写，要视情况加盖公章。

（六）实例文选

1.证明信

证　明　信

××学院：

　　贵院财会专业×××同学于×年×月×日至×年×月×日来我所毕业实习。在此期间，该同学认真学习，遵守纪律，工作负责，掌握了财会工作的基本技术，具备了独立工作能力。

　　特此证明。

××会计事务所(印章)

××××年×月×日

2.贺电(信)

××大学：

　　欣悉贵校举办首届"挑战杯"大学生科技节，我谨代表××市委、市政府并以我个人的名义，向科技节表示诚挚的祝贺！

　　多年来，××大学坚持党的教育方针，大力推进教育改革，发挥自身优势，教、科、研并举，培养输送了大批符合现代化建设要求的合格人才，为全省特别是××市的经济社会发展做出了重要的贡献，赢得了社会各界的广泛赞誉。

　　世纪之交，继往开来。当今世界竞争日趋激烈。科技和人才的竞争已成为经济腾飞的关键因素。大学是培养和造就高素质、创造性人才的摇篮。举办大学生科技节活动，对于引导大学生树立崇尚科学、锐意创新的精神，促进教科研结合具有积极的推动作用。相信贵校一定能够在跨世纪发展的历史进程中，坚持教育改革发展的正确方向，继续发挥科技兴×、科技兴×的生力军作用，不断开创人才培养、知识创新的新局面，为我省、我市改革开放和现代化建设提供更多的人才支持和知识贡献。

　　预祝科技节圆满成功！

中共××市委书记×××

××××年×月×日

3. 入党申请书

入党申请书

尊敬的党组织：

今天，我郑重向党组织递交申请，志愿加入中国共产党，真诚希望在党组织的领导下为共产主义、为党和人民的事业奋斗终生。

这个愿望在我心中由来已久。我在淳朴的家庭中长大，父亲是老党员，母亲是典型的劳动妇女，我从他们那里得到的是脚踏实地的人生态度和勤劳朴实的性格。父亲在他的本职工作中默默无闻地尽心尽力了三十多年，2012年光荣退休。他的精神感动了我，他一直是我心目中的榜样。从小学到中学，我先后顺利地入队、入团，在少先队和共青团里我热情工作，始终保持一种荣誉感，也正是在少先队、共青团的教育下，我开始懂得中国共产党是一个光荣伟大的组织。就在那个时候，我便萌发了长大后做一名党员的愿望。

进入大学后，通过参加党章学习小组学习，我对中国共产党的性质有了更深刻的认识。中国共产党是中国工人阶级的先锋队，是中国各族人民利益的忠实代表，是中国社会主义建设的领导核心。这已为中国社会的历史和现实所印证。近一个世纪以来，中国共产党领导中国人民经过艰苦卓绝的奋斗，推翻了压在中国人民头上的"三座大山"，取得了新民主主义革命的胜利，发展了社会主义的政治、经济、文化，今天正领导中国人民为建设中国特色的社会主义而奋斗。党的最终目标是建立共产主义的社会制度，就是要把未来社会建设成为无剥削、无阶级差别、各取所需的社会，实现无产阶级和全人类的彻底解放，在那里，每个人的自由发展是一切人自由发展的条件。中国共产党的历史使命是伟大的、神圣的，能成为一名党员为完成这一使命而奋斗是无上光荣的。这样，伴随着对党认识的深化，我要求入党的愿望愈益强烈了。

大学生活一年多来，我在党组织的领导和帮助下，各方面取得了不小的进步。我在抓紧功课的同时，做了大量的社会工作，努力为同学服务。比如组织晚会、编写刊物等，每接受一项任务，我都尽心尽力地去做，直到自己满意为止，这样以负责的精神完成一项任务我会感到莫大的欣慰，因为我感到为集体做了点事情。当然，我知道自己还有很多缺点和不足，比如处理某些问题过于急躁，欠考虑不冷静，有时太自信，过于主观等等。我真诚地希望能够加入党组织，在党组织的严格要求下，努力克服缺点和不足，不断完善自己。

今后，我决心更加认真学习马列主义毛泽东思想，学习建设中国特色的社会主义理论，学习科学、文化和业务知识，努力提高为人民服务的本领，在各方面发挥先锋模范作用。

请党组织在实践中考验我。

此致

敬礼！

申请人：×××

××××年×月×日

第九节　求职资料

一、基本知识

（一）求职资料的定义

求职资料，也叫求职书，是大中专毕业生和无业、待业、欲转岗就业者向单位求职而自我推荐的书面材料。

（二）求职资料的特点

1.求职的自荐性。求职的方式有他人推荐，也有自我推荐。求职资料用于求职者阐明自己的专长和技能，向用人单位推荐自我。

2.内容的综合性。求职资料的内容是较广泛的，不仅有基本情况、求职意向、教育背景、主修课程、工作经历，还需包括相关证书复印件等。只有内容综合，才能较全面反映一个人的面貌。

3.行文的独特性。求职是面对单位，求职资料不是个人与个人的专用书信交往，而是个人向单位发出的一种专用书面材料，这是求职资料的显著特点。

二、写作要求

（一）评价要客观

求职资料是以自己介绍自己的方式，向用人单位推荐自己，所以要客观、如实地介绍自己的能力、特点、学习成绩等，这是对自己负责，也是对用人单位负责。

（二）态度要诚恳

求职的目的是希望用人单位能聘用自己，所以撰写求职资料态度要诚恳热切，不可狂妄自大，这是求职应有的态度。

（三）语言要简洁

求职资料的内容较多，但语言必须简洁，否则文字过多、过繁，会影响用人单位的阅读。

三、格式写法

求职资料的格式是：标题＋正文（基本情况＋求职意向＋教育背景＋主修课程＋工作经历＋能力特长＋获奖情况＋自我评价）＋有关证书复印件。

求职书的写法：简明扼要地把各部分内容撰写清楚。

四、实例文选

求职资料

基本情况	姓名	×××	性别	男	（照　片）
	民族	汉族	籍贯	××××	
	政治面貌	团员	出生年月	××××年×月	
	学历	大专	联系方式	××××××××	
求职意向	办公室文员				
教育背景	2007.9—2010.6 就读于××爱德外国语学校； 2010.9—2013.7 就读于××科技职业学院文秘专业。				
主修课程	1.高中课程：语文、数学、英语、政治、历史、地理； 2.大学课程：秘书理论与实务、秘书口语、秘书写作、文书与档案、速记速录、形体与礼仪、办公自动化、会务管理、公共关系等。				
工作经历	1.2012 年暑期在××超市工作； 2.在校学生会工作。				
能力特长	1.在写作、主持、美术方面有特长； 2.大学英语三级、计算机二级； 3.秘书三级。				
获奖情况	1.获××市优秀"五四"青年称号； 2.××市微电影大赛优秀创作奖； 3.在大学期间获一等奖奖学金 3 次,获二等奖奖学金 2 次。				
自我评价	本人性格开朗、乐观、执着、真诚,勤奋好学、积极向上。践行着"踏踏实实工作,老老实实做人"的原则,对待工作认真负责,有较强的组织和协调能力,更有一颗火热的心和无私奉献的精神。				

第十节　会议方案

一、基本知识

(一)会议方案的定义

会议方案是指在大中型重要会议召开之前,由会议筹备机构或指定人员就会议计划的有关事项拟订的文字材料。

(二)会议方案的特点

1.请示性。会议方案所涉及的会议规模、议程、议题、经费等一系列事项,都需要得到本级领导或上级机关审查批准后方能实施。

2.预想性。会议方案本身也叫会议预案,这说明它是针对即将召开的会议所作的预想性部署和安排。

3.保障性。制订一套周密完善的会议方案,是会议筹备阶段的一个重要环节,也是会议能够顺利举行并达到预期目的的基本保障。

(三)会议方案的分类

1.法定会议方案。这也可以称为代表会议方案,例如党代会、人代会、政协会、职代会等。这类会议都是依据法律规定或法定程序召开的,参加人数较多、开会时间较长、会议规格较高,通常还有媒体的直接报道,因此,会议程序十分严格。这类会议方案比较复杂。

2.专题会议方案,即针对特定目的召开,并只涉及一个特定专题的会议而拟订的会议方案,例如总结性会议、表彰性会议、动员性会议、纪念性会议、新闻(产品)发布会议等。这类会议方案所包含的内容,在参加人员、会议时间、地点选择、会场布置、财务与物资准备等方面,都要做好相应的筹划。

3.工作会议方案。各单位日常召开的工作会议比较频繁,参加的人员和会议的时间、地点、程序等相对比较固定,因此,会议方案的拟订要求不是十分严格,也可以适当简化,只要将主要内容写清楚就行。

二、写作要求

(一)事先要领会领导意图

制订会议方案,是辅助领导通盘考虑会议组织的辅助性工作,而不是决策行为。为此,事先要充分听取领导意见,领悟领导的办会意图。

（二）内容要周密

制订会议方案，必须站在领导的角度，从全局出发，综合考虑各方面因素，力争在内容安排上周密务实，尽最大努力杜绝疏漏。

（三）表达要清晰

制订会议方案，内容比较广泛，各方面要考虑的事情较多，所以在撰写时表达要清晰，条理要清楚，语言要简明。

三、格式写法

会议方案的格式：标题＋正文＋落款。

（一）标题

会议方案的标题一般由会议名称＋文种两部分构成，如《××市经济技术开发区建设与发展研讨会方案》。

（二）正文

会议方案的正文根据会议类型、规模等情况有很大差别。以下所列项目可参考选择。

1. 会议主题和议题。

2. 会议时间和地点。

3. 会议参加人员。

4. 会议议程和日程。

5. 会场布局、座次排列和主席台布置。

6. 会议材料起草安排。

7. 会议组织工作安排。

8. 会议接送站、食宿、交通、音响设备、生活用品安排。

9. 会议宣传报道安排。

10. 会议医疗、安全保卫安排。

11. 会议有关证件准备（如代表证、工作人员证、车辆通行证等）。

12. 会议考察安排。

13. 会议经费预算。

14. 注意事项。

15. 有关附件。

（三）落款

会议方案的落款一般写明署名和成文时间。

四、实例文选

××市经济技术开发区建设与发展研讨会方案

一、会议主题

贯彻落实中央经济工作会议精神,重点是研讨××市经济技术开发区建设与发展问题。分析经济技术开发区前期建设中存在的问题,分析原因,理清思路,明确发展重点,提出可行对策,确保经济技术开发区的建设和发展健康、稳定、有序地进行。

二、时间地点

拟定于××年×月×日至×日在××会议中心召开。×月×日下午报到。

三、会议人员

1.出席人员(市政府和相关部门领导),××人。

2.特邀嘉宾和顾问人员××人。

3.会务筹备(含服务人员)××人。

以上共计××人。

四、会议议程

会议由市长×××、副市长×××分别主持。

第一天大会,由市长×××主持,听取市政府相关职能部门和开发区管委会主任就开发区建设和发展问题的报告。安排与会人员参观考察开发区。

第二天大会,由副市长×××主持,听取特邀嘉宾×××和顾问×××就开发区建设与发展方面的专题报告。围绕会议规定的题目研讨发言。

第三天上午大会,由副市长×××主持,继续围绕会议确定的题目研讨发言。下午大会由副市长×××主持,市长×××作会议总结,市委书记×××讲话。

五、会议材料

1.市长、市委书记讲话材料的准备。

2.嘉宾和顾问人员的讲话,事先沟通,告知本人准备。

3.会议日程表、参会人员名单、主席台座次安排、研讨题目拟订等。

六、组织工作

会场服务、设备用品、食宿安排、交通保障等,由市政府办公室统筹负责(具体分工情况略)。

七、经费预算(略)

八、有关附件

1.会议通知(略)

2.会议邀请函(略)

3.会议日程表(略)

4.与会人员名单(略)

××市人民政府办公室

××××年×月×日

例评要求:1.以上例文是怎样安排结构的?
　　　　　2.以上例文的表达有什么特点?

第十一节　会议流程文件

一、基本知识

(一)会议流程文件的定义

会议流程文件是指会前拟订的用来指导和管理会议正常运行的文件。会议流程文件一旦确定或通过,无论是会议主持人还是参加人员,都必须遵守会议流程的规定。

(二)会议流程文件的特点

1.程序性。会议流程文件严格按照一定的程序制订,是会议能够有条不紊地进行的重要保障。流程所包括的内容相对固定,凡是经过审定通过的会议流程,均应严格执行。

2.超前性。会议流程文件是会议方案的重要组成部分,必须在会前拟订,避免朝令夕改。

3.时效性。会议流程文件只适用于会议期间,其作用具有明显的时效性。此外,文件内容都包含具体时间要素,时间安排要科学、合理。

(三)会议流程文件的分类

会议议程、会议日程、会议程序是会议管理过程中产生的既有联系又有区别的文件。

会议议程是对会议所要通过的文件、所要解决的问题按照一定顺序的概略说明,相当于会议任务的总体安排;会议日程是指会议内容按照一定时间顺序的具体安排,一般将会议内容分别固定在会议期间每天上午、下午、晚上三个单元里,使人一目了然;会议程序则是将日程分解后,在一个单位时间内(如大会开幕式程序)对会议具体环节的进程安排。

由此可见,会议议程必须体现在妥善安排的日程中,也就是说,议程较概略,日程较议程具体,程序则是较议程更加具体的会议环节的安排。

有些会议如代表大会的议程需经大会通过。大型的、会期较长的会议,必须将会议议程、日程、程序划分清楚;小型的、会期很短的会议则将三者合而为一,统称之为议程。

小型会议议程可由主持人掌握或宣布,大中型会议议程则应当印发给主席团成员或参加会议的全体人员。

二、写作要求

(一)程序要依规通过

每一种会议流程文件拟定之后,都必须得到主办单位领导的审批,有的还要经过预备会议等批准通过,以确保会议流程文件的合法有效。

(二)内容要精心安排

由于会议性质的不同,会议流程文件的内容安排差别较大。为此,要缜密思考,精心安排,以确保完成会议的各项任务。

(三)表达要简洁明了

会议流程文件的结构一般采用分条列项,表达方式一般采用说明。所以,在撰写会议流程文件时要条理清晰,表达简明,把要求说清楚,便于工作人员做好事情。

三、格式写法

会议流程文件的格式是:标题+正文。

(一)标题

文件流程文件的标题一般由会议名称+文种两部分构成,如《第十一届全国人民代表大会第五次会议议程》。

(二)题记

题记即在标题之下的圆括号内注明通过议程等的会议日期和会议名称。有的会议可不写。

(三)正文

正文一般分条列项撰写会议内容的安排。

四、实例文选

1. 会议议程

第十一届全国人民代表大会第五次会议议程

(2012年3月4日第十一届全国人民代表大会第五次会议预备会议通过)

一、听取和审议国务院总理温家宝关于政府工作的报告。

二、审查和批准2011年国民经济和社会发展计划执行情况与2012年国民经济和社会发展计划草案的报告。

批准2012年国民经济和社会发展计划。

三、审查和批准2011年中央和地方预算执行情况与2012年中央和地方预算草案的报告。

批准2012年中央预算。

四、审议全国人民代表大会常务委员会关于提请审议《中华人民共和国刑事诉讼法修正案(草案)》的议案。

五、审议全国人民代表大会常务委员会关于提请审议《第十一届全国人民代表大会第五次会议关于第十二届全国人民代表大会代表名额和选举问题的决定(草案)》的议案。

六、审议全国人民代表大会常务委员会关于提请审议《中华人民共和国香港特别行政区选举第十二届全国人民代表大会代表的办法(草案)》的议案。

七、审议全国人民代表大会常务委员会关于提请审议《中华人民共和国澳门特别行政区选举第十二届全国人民代表大会代表的办法(草案)》的议案。

八、听取和审议全国人民代表大会常务委员会委员长吴邦国关于全国人民代表大会常务委员会工作的报告。

九、听取和审议最高人民法院院长王胜俊关于最高人民法院工作的报告

十、听取和审议最高人民检察院检察长曹建明关于最高人民检察院工作的报告。

2. 会议日程

第十一届全国人民代表大会第五次会议日程

(2012年3月4日第十一届全国人民代表大会第五次会议主席团第一次会议通过)

3月5日(星期一)

上午9时　开幕会

1.国务院总理温家宝做政府工作报告

2.审查国务院关于 2011 年国民经济和社会发展计划执行情况与 2012 年国民经济和社会发展计划草案的报告

3.审查国务院关于 2011 年中央和地方预算执行情况与 2012 年中央和地方预算草案的报告

下午 3 时　代表团全体会议,审议政府工作报告

3 月 6 日(星期二)

上午 9 时　代表小组会议,审议政府工作报告

下午 3 时　代表小组会议,审议政府工作报告

3 月 7 日(星期三)

上午 9 时　代表团全体会议,审查计划报告和预算报告

下午 3 时　代表小组会议,审查计划报告和预算报告

3 月 8 日(星期四)

上午 9 时　第二次全体会议

1.听取全国人大常委会副委员长王兆国关于中华人民共和国刑事诉讼法修正案草案的说明

2.听取全国人大常委会副委员长兼秘书长李建国关于第十二届全国人民代表大会代表名额和选举问题的决定草案的说明

3.听取全国人大常委会副委员长兼秘书长李建国关于中华人民共和国香港特别行政区选举第十二届全国人民代表大会代表的办法草案和中华人民共和国澳门特别行政区选举第十二届全国人民代表大会代表的办法草案的说明

下午 3 时　代表小组会议,审议刑事诉讼法修正案草案、关于第十二届全国人大代表名额和选举问题的决定草案、香港特别行政区选举第十二届全国人大代表的办法草案、澳门特别行政区选举第十二届全国人大代表的办法草案

3 月 9 日(星期五)

上午 9 时　代表小组会议,审议刑事诉讼法修正案草案、关于第十二届全国人大代表名额和选举问题的决定草案、香港特别行政区选举第十二届全国人大代表的办法草案、澳门特别行政区第十二届全国人大代表的办法草案

下午 3 时　第三次全体会议

全国人大常委会委员长吴邦国做全国人民代表大会常务委员会工作报告。

3 月 10 日(星期六)

上午 9 时　代表小组会议,审议全国人大常委会工作报告

下午 3 时　代表团全体会议,审议全国人大常委会工作报告

3 月 11 日(星期日)

上午 9 时　代表小组会议,审议关于修改刑事诉讼法和决定草案、关于第十二届全国人大代表名额和选举问题的决定草案修改稿、香港特别行政区选举第十二届全国

人大代表的办法草案修改稿、澳门特别行政区选举第十二届全国人大代表的办法草案修改稿。

下午3时　第四次全体会议

1.最高人民法院院长王胜俊做最高人民法院工作报告

2.最高人民检察院检察长曹建明做最高人民检察院工作报告

3月12日（星期一）

上午9时　代表小组会议,审议最高人民法院工作报告和最高人民检察院工作报告

下午3时　代表团全体会议,审议最高人民法院工作报告和最高人民检察院工作报告

3月13日（星期二）

上午9时　代表小组会议,审议关于政府工作报告、年度计划和年度预算的三个决议草案

下午3时　代表团全体会议,审议各项决议草案和关于修改刑事法的决定草案建议表决稿、关于第十二届全国人大代表名额和选举问题的决定草案建议表决稿、香港特别行政区选举第十二届全国人大代表的办法草案建议表决稿、澳门特别行政区选举第十二届全国人大代表的办法草案建议表决稿

3月14日（星期三）

上午10时　闭幕会

1.表决关于政府工作报告的决议草案

2.表决关于2011年国民经济和社会发展计划执行情况与2012年国民经济和社会发展计划的决议草案

3.表决关于2011年中央和地方预算执行情况与2012年中央和地方预算的决议草案

4.表决关于修改中华人民共和国刑事诉讼法的决定草案

5.表决关于第十二届全国人民代表大会代表名额和选举问题的决定草案

6.表决中华人民共和国香港特别行政区选举第十二届全国人民代表大会代表的办法草案

7.表决中华人民共和国澳门特别行政区选举第十二届全国人民代表大会代表的办法草案

8.表决关于全国人民代表大会常务委员会工作报告的决议草案

9.表决关于最高人民法院工作报告的决议草案

10.表决关于最高人民检察院工作报告的决议草案

闭幕

3.会议程序

"××联会"开幕式程序

一、时间:×××年12月3日15:30—17:45

二、地点:中山纪念堂

三、参加人员:共3000人。其中海外嘉宾2700人,国家领导人、国家部委办领导、省领导、省直有关单位领导150人,地方代表150人。

四、主持人:×××副省长

五、主要程序:

1.×××副省长简介大会筹备情况,介绍到会重要嘉宾,宣布开幕式正式开始。奏国歌。(8分钟)

2.××省委副书记、常务副省长×××宣读中共中央政治局常委×××给大会的贺信。

3.××省委副书记、省长×××讲话。(15分钟)

4.国务院侨办×××主任讲话。(10分钟)

5.×××副总理讲话。(8分钟)

6.×××先生发言。

7.泰国×××、澳大利亚××两位海外嘉宾代表发言。(10分钟)

8.换场。撒主席台布置文艺演出舞台。期间播放《今日广东》短片。(20分钟)

9.文艺演出。(60分钟)

例评要求:1.以上例文是怎样安排结构的?
　　　　　2.以上例文的表达有什么特点?

第十二节　领导讲话稿

一、基本知识

(一)领导讲话的定义

领导讲话是指领导人代表本单位依照一定程序在有关会议上向与会人员所做的工作报告。领导讲话的内容往往成为会议精神的核心部分。

(二)领导讲话的特点

领导讲话稿与一般文章不同,也不同于普通公文。它既直接提供给领导者,又有特定的听众对象。所以,起草领导讲话稿既要考虑领导人的身份、地位、气质、才学等特点,又要照顾听众的情绪、兴趣、需要、反响等。领导讲话稿是具有特殊性质的文章形式。

1.公文性。在我国党政机关公文处理法规中,都未列有"领导讲话"。然而,领导讲话稿却在公务活动中大量使用,成为代表党政机关领导集体的意见,是领导处理相关公事的重要工具。有的领导讲话是领导人向法定机关所做的报告,表决通过后即被批准为具体法定效力的正式公文。因此,领导讲话稿实质上是以特定形式发布的一篇公文。

2.政论性。从总体性质上说领导讲话是领导人为了加强对公务活动的领导与指导、论证领导机关的政策主张、阐述政见而专门发表的政论文章。它具有直接的应用性、内容的公务性、文体的论说性,它既不同于一般事务性的应用文,也不同于反映科研成果的学术论文,而是直接应用于公务活动的政论文章。

3.权威性。领导者在不同场合就某项活动或工作发表的讲话,是领导和管理活动的重要组成部分,是领导者经常采取的为人们普遍认同的一种领导方式和手段。领导讲话在特定时空范围内,具有法定的权威性和现行效用。

(三)领导讲话的分类

领导讲话的种类很多,大都与会议类型相吻合。常见的领导讲话有以下几种。

1.代表大会讲话,如在党政机关、人民团体、学术组织依照法定程序定期召开的代表大会上,领导人所做的主题报告及反映会议内容、进程的其他重要讲话。

2.工作会议讲话,如在总结和部署本单位、本系统工作的会议上,领导人发表的具有指导意义的讲话。

3.纪念会议讲话,指在纪念重要人物、事件、活动的会议上,领导人发表的具有反思、悼念、缅怀、鼓动意义的重要讲话。

4.动员会议讲话,指在发动和号召人们参加某项活动的会议上,领导人发表的重要讲话。

5.座谈研讨会讲话,指在座谈、研讨某些重大问题或工作事项的会议上,领导人发表的具有主题性、归纳性或指导性意义的重要讲话。

6.经验交流会讲话,指为了总结、推广、交流某一地方、某一单位的全面工作或专门经验召开的会议上,领导人发表的具有表彰、决定、号召意义的重要讲话。

(四)领导讲话的作用

1.指导工作。开会是实现领导职能的重要形式。会议意图、主要精神以及重要决策事项,经常体现在会议上的领导讲话中。因此,领导讲话对于广大干部和群众领会大会精神,明确任务和努力方向,研究贯彻落实的思路,具有重要的指导作用。

2.宣传鼓动。在中国特色社会主义建设的伟大实践中,党和国家的路线、方针、政策的制定和完善,各级领导机关的重大决策精神,经常是以领导讲话的形式体现或传达的。领导讲话发挥着宣传鼓动干部群众,阐述党和国家的路线、方针、政策以及领导机关正确主张的功能。

3.增强凝聚力。领导讲话是直接面对听众宣讲的依据性材料,其现场针对性、语言表达方面的特色(特有的称谓用语、口语特色以及提示听众的词语)等,拉近了领导与听众的关系,沟通情感,增强凝聚力、号召力的功能十分明显。

二、写作要求

(一)讲话内容要针对性

领导讲话靠演讲形式传达信息,在讲话现场,领导人可以声情并茂地宣讲思想观点、政策主张,直接发布大量信息。因此,不仅讲话人心中要装着听众,起草领导讲话稿的人员,心里也要有听众。一篇真正高质量的领导讲话稿,是沟通讲话人与听众感情的纽带,不但能够以理服人,而且也能以情感人,真正讲到听众的心坎儿上,讲些听众真正需要的内容,这样才能深深地打动和征服听众。

(二)表达形式要多样性

领导讲话能够充分展示讲话人的艺术才华,在表达方式上非常灵活。根据内容需要,不仅经常采用叙述、议论、说明等表达方式,也可以采用抒情、描写方式,能容纳各种表达方式之长。例如:领导在动员性会议上的讲话,可以通过抒情方式增加感召力;领导在介绍先进事迹大会上的讲话,可以适当描写人物事迹,使先进人物的事迹在听众心中"活"起来;需要宣讲方针政策时,领导可以匠心独具地提出观点,摆出论据,展开论证。总之,领导讲话不是靠领导人的地位去震慑听众,而是凭借毋庸置疑的事理,说服教育听众,用语言艺术的力量感染听众。

(三)语言运用要适当口语化

领导讲话是直接讲给会场听众的,与传达文件有很大区别。准备领导讲话稿既要能让讲话人朗朗上口,又要使听众声的声入耳。因此,领导讲话稿的语言要适当口语化,通俗易懂,避免使用艰涩难懂的用语。在语句的使用上要特别注意以下几点。

首先,少用长句式。理论文章中长句子很多,结构严谨,逻辑性强。但如果领导讲话稿的句子长了,不仅讲话人说着费劲,也影响听的效果,使听众跟着受苦。

其次,少用倒装句。倒装句只适合视觉语言,不适合听觉语言。文学作品,特别是翻译过来的西方文学作品,用倒装句的情况较多。领导讲话稿非文学作品,宜少用或不用倒装句。

再次,少用冷僻词语。或许有人觉得使用冷僻词语显得有学问,其实适得其反。明明是面向大众的领导讲话,非要用只有少数人能懂的语言,岂不是有卖弄之嫌?而且冷僻词语说者绕口、听者费解。最好选择通俗易懂的词语。

最后,少用单音节词。单音节词虽然简洁,但是不容易上口。例如"在这次会上"不如"在这次大会上"读起来上口,"质量很好,且效益很高","且"字改为"并且"更适合于口语表达。另外,注意选择用声音响亮的词汇,便于讲出气势,讲出感情。例如"望各位努力,把工作做好",就不如改为"希望大家共同努力,不断创造新的、更大的成绩"。这样表达抑扬顿挫,效果会更好。

三、格式写法

领导讲话稿的格式是:标题＋署名和日期＋正文。

(一)标题

领导讲话稿的标题有两种写法。

1. 单标题,如《在全市财税工作会议上的讲话》。

2. 双标题,如《树立和落实科学发展观　加快建设旅游经济强省——在全省旅游发展工作会议上的讲话》。

(二)署名和日期

这里要写明讲话者和讲话日期。

(三)正文

领导讲话稿的正文一般由称谓＋开头＋主体＋结尾四部分构成。

1. 称谓。称谓用语是讲话人对听众的称呼,在正文之上左侧顶格标明。正式代表大会上一般称"各位代表";一般会议称"同志们";公开发表的广播电视讲话,可称"全国同胞们、同志们、朋友们";在有外宾和社会名流出席的大会上,习惯称"尊敬的各位来宾、女士们、先生们、同志们、朋友们";在正式的外交场合,要注意遵循国际惯例,依职位高低和女士优先的顺序排列,如"尊敬的主席先生、各国首脑阁下、秘书长先生、女士们、先生们、朋友们"等。使用称谓用语总的原则是:注意场合,区别对象,依照惯例,使用尊称,不用俗语。

2. 开头。古人对文章开头有"凤头"和"起句如爆竹"之说,一篇领导讲话稿想要抓住听众,深入人心,开个好头很关键。常见有以下四种开头方式。

(1)开门见山,揭示主题。这样的开头落笔入题,简洁明快,是常用方式。

(2)设问启发,引起思考。如毛泽东在陕北瓦窑堡党的活动分子会议上做《论反对日本帝国主义的策略》的报告,开头就是一个振聋发聩的问题:"同志们！目前的政治形势已经发生了很大的变化。根据这种变化了的形势,我们的党已经规定了自己的任务。目前的形势怎么样？目前的形势的基本特点,就是日本帝国主义要变中国为它的殖民地。"

(3)轻松亲切,自然入题。毛泽东在他发表的题为《青年运动的方向》的演讲稿中,这样开头:"今天是五四运动的二十周年纪念日,我们延安的全体青年在这里开这个纪念大会,我就来讲一讲关于中国青年运动的方向的几个问题。"

(4)饱含真情,意味深长。毛泽东在陕甘宁边区劳动英雄和模范工作者大会上,做了《必须学会做经济工作》的讲话,开头是这样的:"各位劳动英雄,各位模范工作者！你们开了会,总结了经验,大家欢迎你们,尊敬你们。你们有三种长处,起了三个作用……你们有许多的长处,有很大的功劳,但是你们切记不可以骄傲。你们被大家尊敬,是应当的,但是也容易因此引起骄傲。如果你们骄傲起来,不虚心,不再努力,不尊重大家,不尊重干部,不尊重群众,你们就当不成英雄和模范了。"

3.主体。这是领导讲话的核心和主要内容,一般按照时间跨度和内容逻辑关系逐层展开。

(1)按照时间跨度可以如下进行。

第一层次:对过去的情况给予概括总结(说明主要成绩、主要经验、主要问题),接受与会者的监督评论。

第二层次:对目前形势和现状进行准确说明,使听众了解工作进展和本单位的优势、劣势等实际情况。

第三层次:阐明今后的工作方针、主要任务、工作措施和相关要求。这部分又是重中之重。

(2)按照内容逻辑关系可以如下进行。

代表大会讲话:前一阶段工作的总结—下一阶段工作的计划。

工作会议讲话:总结—认识(或经验)—任务—领导。

纪念会议讲话:追溯历史、阐述意义—新成绩、新经验—提出号召。

动员会议讲话:认识—任务—领导。

座谈研讨会讲话:过去情况—现状认识—建议或号召。

经验交流会讲话:对典型经验的概括与阐述—对先进学习的要求。

4.结尾。古人对文章的结尾有"豹尾"和"结穴和撞钟"之说,领导讲话的结尾也应当同样精彩。常见有以下六种方式。

(1)干脆精练,戛然而止。主体部分该讲的内容都讲清楚了,就不再安排一个形式的结尾,避免有拖沓的感觉。

(2)归纳全文,总结全篇。用要言归纳总结,有强调重点、加深印象的作用。

(3)照应开头,前后呼应。使讲话稿的结构更加紧密。

(4)发出号召,提出希望。有激励斗志,鼓舞人心的功能。

(5)抒发情感,展望未来。有感而发,唤起共鸣,增强讲话的感染力。

(6)引用名言,令人回味。给听众留有回味、思考、联想的空间,寓意深远。

四、实例文选

在全市财税工作会议上的讲话

××市市长 ×××

(××××年×月×日)

同志们:

这次全市财税工作会议的主要任务是:贯彻落实全省财税工作会议精神,总结去年工作,部署今年任务,动员全市上下提高认识,加大力度,扎扎实实地做好财税工作,充分发挥财税杠杆对经济社会发展的重要调控作用。下面,我讲四点意见。

一、充分肯定去年我市财税工作取得的成绩

1.财政收入呈现新局面。(略)

2.财源建设开拓新领域。（略）

3.统筹发展迈出新步伐。（略）

4.参谋作用走出新路子。（略）

5.规范管理取得新成效。（略）

二、充分认识财税调控作用对促进经济社会发展的重要意义

1.要注重发挥财税杠杆对经济发展的调控作用,促进经济结构优化升级。（略）

2.要注重发挥财税杠杆对收入分配的调节作用,促进社会和谐发展。（略）

3.要注重发挥财税杠杆对政权建设的保障作用,促进财政实力的增强。（略）

三、突出重点,抓住关键,确保完成全年各项财税任务

1.要在提高"两个比重"上求突破。（略）

2.要在深化改革上求突破。（略）

3.要在监督管理上求突破。（略）

四、加强领导,搞好配合,形成齐抓共管财税工作的强大合力

1.各级党委、政府要加强对财税工作的领导。（略）

2.各级部门要积极支持财税工作。（略）

3.各级财税单位要加强自身建设。（略）

同志们,今年财税工作的任务艰巨而又繁重。希望各级财税部门要以科学发展观为指导,振奋精神,开拓创新,埋头苦干,扎实工作,为建设经济强市、促进全市经济社会全面协调可持续发展做出新的更大的贡献。

例评要求:1.以上例文是怎样安排结构的?
　　　　　2.以上例文的语言有什么特点?

技能训练

一、名词解释

事务文书、计划、总结、调查报告、规章制度、简报、启事、专用书信、求职资料、会议方案、会议流程文件、领导讲话稿。

二、填空题

1.事务文书具有_____、_____、_____特点。

2.计划具有_____、_____、_____特点。

3.总结具有_____、_____、_____特点。

4.调查报告具有_____、_____、_____特点。

5.规章制度具有_____、_____、_____特点。

6.简报具有_____、_____、_____特点。

7.启事具有_____、_____、_____特点。

8.专用书信具有_____、_____、_____特点。

9.求职资料具有_____、_____、_____特点。

10.会议方案具有_____、_____、_____特点。

11.会议流程文件具有_____、_____、_____特点。

12.领导讲话具有_____、_____、_____特点。

13.事务文书主要可分为_____、_____、_____、_____、_____、_____六类。

14.计划按名称可分为_____、_____、_____、_____、_____等。

15.总结中最常用的是_____、_____。

16.调查报告可分为_____、_____、_____三类。

17.简报按内容可分为_____、_____等。

18.领导讲话稿最常用有_____、_____、_____、_____、_____、_____六种。

19.计划具有_____、_____、_____作用。

20.总结具有_____、_____、_____作用。

21.简报具有_____、_____、_____作用。

22.计划正文的主体部分有_____、_____两种结构方式。

23.总结的正文一般由_____、_____、_____三部分内容构成。

24.反映情况的调查报告的主体结构方式是_____,介绍经验的调查报告的主体结构方式是_____,揭示问题的调查报告的主体结构方式是_____。

25.简报正文的主体部分写作体式常见有_____、_____、_____、_____四种。

26.领导讲话稿的正文一般由_____、_____、_____、_____四部分构成。

三、简答题

1.计划有哪些写作要求?

2.总结有哪些写作要求?

3.调查报告有哪些写作要求?

4.规章制度有哪些写作要求?

5.简报有哪些写作要求?

6.启事有哪些写作要求?

7.专用书信有哪些写作要求?

8.求职资料有哪些写作要求?

9.会议方案有哪些写作要求?

10.会议流程文件有哪些写作要求?

11.领导讲话稿有哪些写作要求?

12.总结与计划有哪些区别？

13.调查报告与总结有哪些区别？

14.工作总结与经验总结在写法上有哪些区别？

四、语言分析题

修改下列各句中不适当的地方。

1.他们渡过了一道又一道难关,终于取得了成功。

2.他们工作不负责任,以至造成严重的后果。

3.考虑到加强财务管理的需要,我们公司拟制订《会计人员业务操作规范指南》。

4.最近一段时间以来,我们局里经常接收到你们公司一些群众的来信来访。

5.我国当前的经济形势出现让人忧愁情况,基本建设规模如燎原之势;房地价格如入云天;三农问题更是堆积如山,已到了非下狠心不可的地步!

五、习作题

1.为自己撰写一份本学期学习计划。

2.为班级撰写一份本学期总结。

3.利用暑假活动,撰写一份调查报告。

4.为班级撰写一份《班级公约》。

5.为近期班级活动编一份简报。

6.为学校某社团,写一份招聘人员启事。

7.根据自身情况,制作一份规范的求职资料。

8.为某一重要会议,撰写一份会议方案。

9.为团代会,制作一套会议流程文件。

10.为某项活动撰写一份领导讲话稿。

11.评析下面这份个人总结,谈谈存在哪些问题?

本学年个人总结

炎日当空,天上无一丝云彩,火辣辣的太阳简直叫人不敢出门,空中没有一点风,只有知了在树上不停地叫着,好像在说:"放假啦,放假啦。"又一学年过去了,我应该利用暑假对这一学年的学习情况作一些总结,以迎接新学年。

在这一学年里,我学习了成本会计、管理会计、审计原理、经济法、计算机应用、外贸会计、大学英语、应用文写作、体育、职业道德、概率论等课。其中成本会计82分,管理会计86分,审计原理77分,经济法89分,计算机应用90分,外贸会计90分,大学英语72分,应用文写作68分,体育是中,职业道德是优,概率论是中。总的来说,成绩还是可以的,在班上属中等水平。其中计算机应用和外贸会计成绩好些,而大学英语、概率论和应用文写作差些。下一学期,我要继续努力,力争取得更好的成绩,最好都在80分以上,这样就可以获得奖学金,减轻家庭的经济负担,更可以在择业时增加自己的实力。

×××

第四章　财经文书写作

学习目标

- 基本了解财经文书及各文种的定义、特点、分类、作用和写作要求
- 重点掌握经济活动预测报告、经济活动分析报告、可行性研究报告、财务分析报告、商业广告、商品说明书、招标书、投标书、意向书、合同书的格式和写法
- 体味例文，培养撰写财经文书的能力

第一节　财经文书概述

一、财经文书的定义

财经文书是在财经领域活动中形成和发展的、为财经活动服务的、具有特定惯用格式的应用文书。

二、财经文书的特点

（一）专业性

财经文书是用来反映财经工作情况，解决财经活动中的实际问题，因此带有鲜明的财经专业特色。在内容上，财经应用文是反映财经部门的工作和业务活动的；在表达形式上，财经应用文往往运用大量的专业术语，如投资、利润、预算、决算、询盘、报盘等。

（二）政策性

我国目前实行的是社会主义市场经济体制，一切财经活动都是在党和国家财政方针政策的指导下，在国家允许的法律范围内，遵循客观经济规律进行的。作为反映、研究、指导财经活动的应用文，必须以党和国家的路线、方针、政策、任务和颁布的经济法律、法规、条例、章程为准则去分析经济现象，解决经济问题。

（三）时效性

为了及时地解决和处理现实生活中的具体问题，改善财经工作和经营管理，提高经济效益，财经文书的写作要求一定的时效性。像商业广告、外贸函电、索赔理赔文书、招标投标文书等大部分的财经文书都要讲求时效。否则，便会影响工作的正常进行，甚至

造成重大损失。

三、财经文书的分类

财经文书非常广泛,常见的种类如下。

(一)财经管理类文书

这类文书是指按照一定的工作程序,采用特定的工作方法,对财经管理工作进行周密调查,在深入分析、科学评估之后形成的财经应用文,如经济活动预测报告、经济活动分析报告、可行性研究报告、审计报告等。

(二)财经会计类文书

这类文书是指按照特定的要求,对财务会计工作进行计划或总结之后形成的财经应用文,如预决算报告、财务计划编制说明书、财务分析报告等。

(三)财经营销类文书

这类文书是指在经济活动中,促进商品经营销售而形成和使用的财经应用文,如商品广告、商品说明书、市场营销方案、招标投标文书、合同等。

(四)财经涉外类文书

这类文书是指在对外贸易和对外经济合作中所形成和使用的财经应用文,如外贸函电、涉外合同、索赔理赔文书等。

第二节　经济活动预测报告

一、基本知识

(一)经济活动预测报告的定义

经济预测是依据调查获得相关资料、数据,以正确理论为指导,运用科学的方法,对未来一定时期内的经济变化及其发展趋势、特点所进行的测算和推断。经济活动预测报告便是反映经济预测的分析研究及其结论的书面报告。

(二)经济活动预测报告的特点

1.预见性。预见是对未来一定时间内的趋势做出符合事物发展规律的判断。正确的预见是经济活动预测报告的根本任务所在。

2.科学性。经济预测不是主观想象,而是采取科学的预测方法,以科学的理论为指导,由此及彼,由表及里,由已知推断未知,由现实推断未来。科学性是经济活动预测报告正确的保障。

3.时效性。经济活动预测报告有一定的预测时限,其导向作用便具有时效性,它往往只在预测期内发生影响,过了预测期限就不一定适用。

(三)经济活动预测报告的分类

1.按预测时间分,可分为近期(一年内)、中期(2～5年)和长期(5年以上)三类经济活动预测报告。

2.按预测空间分,可分为宏观(全国)、中观(省、市)和微观(企业)三类经济活动预测报告。

3.按预测范围分,可分为经济活动综合预测报告和专题预测报告。

4.按预测内容分,可分为市场预测报告、销售预测报告、资源预测报告、生产预测报告、财政收入预测报告、技术发展预测报告、银行信贷预测报告等。

(四)经济活动预测报告的作用

1.有利于领导机关做出正确的决策。正确的经济决策不是凭空而来的,它来源于对各种经济信息的分析研究,来源于对客观经济规律的探寻和认识。经济活动预测报告可以提供来自各个方面、各个渠道的经济信息,领导机关可以据此了解经济活动的情况和趋势,从而做出正确的经济决策。

2.有利于企业发展生产和提高效益。对于企业来说,经济活动预测报告能为他们提供各种必需的经济信息,如市场需求、产品质量、价格水平、商品信誉等。对这些情况的掌握可以使管理者具有战略性的眼光,发扬长处,改进不足,以获得更大的经济效益。

3.有利于发挥计划指导和市场杠杆的作用。国家和企业制订经济计划都要对未来经济发展作合理的设想,都需要有科学的预测,否则经济的发展会陷入盲目。因此,撰写经济预测报告对于发挥计划的指导作用有重要的意义。另一方面,我国很大一部分经济活动是靠市场调节,企业的生产活动也要根据市场的需要组织安排,这也需要加强经济预测,以掌握市场的供求变化和规律性,起到市场的杠杆作用。

二、写作要求

(一)预测目的要明确

预测目的是开展预测活动、写作预测报告的出发点,它对于预测工作和预测报告的写作都具有确定方向和决定成败的作用。要写好经济活动预测报告,首先必须明确预测的目的,这样才能根据目的需要来确定预测什么内容,搜集和选用哪些预测资料,运用什么预测方法,从而保证预测工作顺利开展,保证预测报告有充实的写作内容和较强的现实针对性。

（二）预测方法要科学

选用科学的方法对经济活动进行预测，是做出正确预测的基础。常用的科学预测方法有以下两种。

1.定性预测法，也叫直觉经济预测法、调查研究预测法。它是通过调查研究当前经济形势，取得预测对象相关因素的历史资料和现实资料，对这些资料进行加工整理和分析研究，以判断和推测对象未来情况的预测方法。这种方法适用于数据还不充足和发展还不稳定的对象。定性预测法常用有以下几种。

（1）专家意见法。向经济领域的专家征求预测意见，得出预测结果。

（2）经营人员意见法。经营人员直接面对市场，掌握第一手材料，听取他们所掌握的市场情况，汇总预测意见。

（3）用户意见法。这是调查了解用户需要情况的方法，可以直接向用户调查，也可以发函或打电话调查。

2.定量预测法，也叫客观分析预测法、数学模式预测法。它是根据过去的统计资料，借用数学方法，建立数学模型，对经济的未来发展做出量的预测的方法。这种方法适用于比较完备的经济资料，运用一定的数学方法，来进行科学的计算和预测。定量预测法常有以下几种。

（1）时间数列法。这是通过研究某个变量的时间数列，从过去的变化趋势，来预测未来的经济情况的预测方法。

（2）指数函数法。这是通过拥有率和饱和率的概念而建立起来的预测方法。

（3）抽样统计法。这是通过对相关数据的抽样统计，求出概率，用以推测经济现象的发展与变化趋势的预测方法。

总之，定性预测法是根据已掌握的材料，凭经验进行预测。因此，它就不免有主观上的局限，会受到一些主观因素如业务知识、分析能力等影响。定量预测法是运用一定的数学方法，进行科学的计算。相对定性预测法来说，它比较客观，不受预测者主观倾向的影响，但是社会对经济的诸多影响有时不是仅有数据就能反映出来的。所以，在经济预测时，最好是兼顾上述两种预测方法，综合分析，才会取得较好的预测效果。

（三）结构安排要合理

撰写经济活动预测报告一般采用"指出问题—分析预测问题—解决问题"的结构，要做到条理清楚、层次分明，使人一目了然。

（四）语言运用要得体

经济活动预测报告要本着冷静、科学、客观的态度来写，所以专有名词、术语和数据的运用一定要准确无误，这样才具有可信性。另外，经济活动预测本身就是超前的想法，所以有时可用些模糊语言，如"一些地区""不久""估计""基本上"等，这样更切合实际。

三、格式写法

经济活动预测报告的格式是：标题＋正文＋落款。

（一）标题

经济活动预测报告的标题有两种写法。

1.公文式标题。其由时间＋区域＋内容＋文种四部分构成，如《2012年杭州市电脑需求量预测》。有时可省略时间或区域。

2.新闻式标题。其有单、双标题形式，如《轻工业市场走向何方》《春风将度玉门关——2012年我国B股市场走势展望》。

（二）正文

其由前言＋主体两部分构成。

1.前言。写明预测原因，交代有关情况。如简要介绍预测的时间、地点、对象、目的，说明预测的主旨和采用的方法。

2.主体。其由基本情况＋预测分析＋建议三部分构成。

（1）基本情况。主要运用资料和数据，对预测对象的历史、现状做回顾和说明。

（2）预测分析。对调查研究中所取得的资料、数据进行认真分析，要写明预测的依据，要写清各种社会因素对预测对象的影响。

（3）建议。要根据预测分析的结果，为决策者提出实际的、有价值的、值得参考的建议。

（三）落款

上报的经济活动预测报告，正文后要署名并写上成文时间。公开发表的经济活动预测报告，署名写在标题下方，不写成文时间。

四、实例文选

××××年全国轿车需求量预测

随着我国国民经济发展的持续向好，轿车和住房一样被分列为刺激消费扩大内需的重大商品，市场需求较之以前有所增加，但轿车市场依然面临很多困难，各大厂商间的竞争势必日益激烈。

一、概况

纵观××××年各月销售轨迹，出现4次起伏，销售不均，传统的销售旺季不旺，市场变化使人难以捉摸。××××年全年累计销售56万辆，实现年初确定的预测目标，增长10％，但期末库存压力依然很大，厂家的库存5万余辆，如果连同红旗、奥迪、捷达和桑塔纳总经销商的库存,则总库存近10万辆。

具体来看,现有车型结构存在矛盾,车型市场需求发展不平衡,上海×××和广州×××市场看好,××××和××××接近或基本达到调整后的销售目标,原先市场份额较大的上海×××和天津×××,由于相对基数大,市场扩容较难。

二、分析预测

××××年下半年起国民经济发展出现的一些积极变化,预计在××××年将会持续,经济发展环境总体上趋好。扩大内需、增加农民收入、国企改革作为中心环节、继续执行积极的财政政策、积极增加进出口等等,被作为××××年经济工作指导思想和总体要求的重要组成部分。××××年国务院有关部门,为规范汽车收费、减轻车主负担,把汽车与住房列为刺激消费扩大内需的重大商品,还将研究扩大汽车消费的有关措施。这些为××××年培育汽车市场提供了有利环境。

但面对WTO及世界经济贸易回升,汽车工业的压力也是较大的。××××年轿车市场面临的困难与矛盾依然相当突出。消费需求的扩张受到诸多不利因素的制约,居民收支预期不看好的态势尚未扭转;短缺经济时期把轿车作为奢侈品加以限制的某些政策和地方上设置的乱收费,至今仍无多大松动;现行的轿车消费政策正成为制约轿车市场活跃的一个重要"瓶颈"。

根据10年来国产轿车的销量,对历年数据用3次曲线进行拟合,进而预测×××年轿车市场需求为62万辆。

根据我们了解的信息,主要轿车品牌生产企业的预期目标,中高级轿车12.5万辆、中级轿车24万辆、普通级轿车14.6万辆、微型轿车18.5万辆,还有一些以轻客名义生产的两厢式小汽车也有上万辆之多。进口小汽车可能较××××年增加1.5万辆。加上××××年生产厂家包括厂家经销商的库存近10万辆,这样市场资源的总供给不会低于80万辆。就我们所预测的需求而言,××××年依然是个供过于求的买方市场年。

三、建议

尽快调整汽车消费政策,取消不合理收费及尽量减轻合理收费,推动轿车生产成本降低,达到规模经济,形成产销的合理衔接和良性循环,已是推动我国轿车产业及国民经济增长的切实需要。

××汽车销售总公司

××××年××月××日

例评要求:1.以上例文是怎样安排结构的?

2.以上例文的语言有什么特点?

3.以上例文采用了哪些预测方法?

第三节 经济活动分析报告

一、基本知识

(一)经济活动分析报告的定义

经济活动分析报告是经济部门或企业,以计划指标、会计核算、统计核算和调研情况等为依据,运用科学的方法,对一定范围、时间内经济活动状况进行分析研究后写成的书面报告。

(二)经济活动分析报告的特点

1. 定期性。经济活动分析报告是对一定时期里已完成的生产经营、销售或其他经济活动的分析与总结,一般在年终或一段经济时间后进行,具有明显的定期性。

2. 对比性。经济活动分析报告以数据对比分析为主。不同的经济活动有不同的经济技术指标,有不同的分析要求和计算方法,专业技术性强。检验每一项经济指标的完成情况以及相关因素等,必须通过数字对比(包括图表等)来加以表示、说明。有比较才有鉴别,才能明辨得失优劣,确定方向。

3. 指导性。分析过去只是手段,指导今后工作才是目的。经济活动分析报告着重分析经济情况产生的原因,总结成功的经验,找出薄弱环节,提出解决的建议等,具有承前启后的功效,指导性很强。

(三)经济活动分析报告的分类

1. 按时间分,可以分为定期分析报告、不定期分析报告和季度分析报告、年终分析报告等。

2. 按范围分,可以分为全面分析报告和专题分析报告。

3. 按内容分,可以分为生产形势分析报告、统计分析报告、财务分析报告、税收计划执行情况分析报告、成本分析报告、库存分析报告、资金运转情况分析报告等。

(四)经济活动分析报告的作用

1. 反映现有经济状况,进行科学评价。通过对各种经济指标完成情况的汇总分析,可以考核本期计划的执行情况,而经过与历史、与先进等横向纵向的比较,更可以比较客观地、全面地认识现状、地位,既总结成绩与经验,又看到不足与危机,从而对一定范围、一定时间内的经济活动做出实事求是的科学评价。

2. 分析主客观因素,明确努力方向。对影响或决定经济活动的各种主客观因素的分析研究,能找出主要矛盾及决定因素,如完成计划或没有完成计划的原因,一方面肯定成绩,表扬先进;另一方面揭露矛盾,解决矛盾,进一步挖掘各方面潜力,提出合理的意见或措施,明确前进的方向。

3.发挥管理功能,提高管理水平。经济活动分析是经济管理工作的重要组成部分。计划、核算、分析三个既联系又独立的环节,反映了经济管理的整个过程。计划是事先控制,重在预定目标;核算是事中控制,重在反映和监督计划的执行过程和结果;分析是事后控制,根据核算资料对计划执行情况进行分析。三者构成了经济管理的有机统一整体,有效促进管理水平的提高。

二、写作要求

（一）方针政策要掌握

我国的一切经济活动都是在党和国家的方针、政策指导下,在一定的经济环境中进行的,并随着经济形势的变化而变化。因此,掌握党和国家的经济政策,掌握有关经济法令和规章制度,了解经济发展动态,是写好分析报告的前提。

（二）分析方法要科学

选用科学的方法对经济活动进行分析,是做出正确结论的基础。常用的科学分析方法有下列两种。

1.比较分析法,也称对比分析法。它将两组或多组具有可比性(如时间、内容、项目和条件、标准等相同或相近)的数据资料放在同一基础上进行比较,以鉴别高低、找出差异、查明原因、提出改进措施。一般可从以下几方面比较。

（1）比计划。以本期各项指标的实际数与计划数对比,这是最基本的比较。其作用有二:其一说明本期执行计划的实际情况,找出差异的原因;其二能检验计划指标是否合理、实际,是否需要修订。

（2）比历史。以本期的实际完成数与上期、上年度或历史同期最高水平比较,看其增减之幅度,以反映经济活动的发展变化及趋势。

（3）比先进。将本期的实际完成数与国内外同行业基本条件相似相同的先进企业同期完成数对比,以考察本企业各项经济指标的高低层次,既能对本企业状况合理定位、准确评估,也可以学习先进,找出差距,扬长避短,明确努力方向。

2.因素分析法。它是探求影响某一经济指标完成情况的各种因素的分析方法,它要将造成差异、问题的各种主客观因素综合分析,在错综复杂的矛盾中找出最本质、最关键,起决定作用的因素。比较分析法着重于数据和情况的对比,因素分析法则侧重于事实的说明和特点、原因的剖析。运用因素分析法,应注意以下几点。

（1）要重点分析主要因素。经济分析必须要抓住主要问题的主要因素作重点分析。这样才能突出中心,给人以鲜明的印象,切忌面面俱到,贪大求全。

（2）要注意分析潜在因素。某些因素目前看起来无足轻重,但从发展趋势看,很可能成为具有影响力的重要因素。因此,必须要注意某些带有倾向性的因素。对某些因素的潜在发展趋向,在分析时应及时指出,加以强调,以引起领导及有关部门的重视。

(3)要顾及主客观两个方面的因素。既要重视对客观因素的分析,也要重视对主观因素的分析。在分析客观因素时,不能掩盖主观因素所造成的影响。

除了以上两种方法外,还有动态分析法、预测分析法、平衡分析法、时间分析法、指数分析法、差额分析法、相关分析法等,分别从不同角度进行经济活动分析。在具体选择时,可依据资料内容、性质、分析对象和目标,采用一种或几种分析方法。

(三)各种材料要充分

材料是分析的依据,没有充分可靠的材料,就不可能进行全面、深入的分析。因此,在撰写分析报告之前,必须进行调查研究,充分地掌握各项技术经济指标和经济活动的事实材料,并充分利用计划、报表、账本、凭证等有效资料,使分析建立在坚实的事实和材料基础之上。

(四)语言运用要中肯

经济活动分析报告的用语除了准确、简洁外,还要中肯,即探讨现状的用语要得体,分析原因的用语要恰当,提出对策的用语要适度。

三、格式写法

经济活动分析报告的格式是:标题+正文+落款。

(一)标题

经济活动分析报告的标题有两种写法。

1.公文式标题。其由单位+时间+内容+文种四部分构成,如《××卷烟厂×××
×年上半年经济效益分析报告》。有时也省略单位或时间。

2.新闻式标题。其有单、双标题形式,如《要从削价损失中吸取经验教训》《服务出效益——××酒店×××年经营情况分析报告》。

(二)正文

正文由前言+主体两部分构成。

1.前言,主要概述分析报告的内容、范围、对象、目的和背景等。此部分有时也可省略。

2.主体,主要阐释经济活动"怎么样(状况)—为什么这样(原因)—应该怎么办(建议)"等内容,一般由基本情况+原因分析+建议三部分构成。

(1)基本情况。写出现状。

(2)原因分析。找出主客观因素,给予恰当评价。

(3)建议。有针对性地提出合理的建议,以指导实践。

（三）落款

落款一般只写明成文时间,因为署名往往在标题中已出现。

四、实例文选

××卷烟厂××××年上半年经济效益分析报告

一、××××年上半年经济效益状况

××卷烟厂是近年来新建的地方国营卷烟厂,现有职工600人。建厂几年来,生产逐年上升,但利润增长较慢,远低于生产的增长。本年上半年利润略有下降,有关资料如表1所示。

表1　××××年上半年经济效益表

经济活动项目	经济活动时间						
	上年度上半年	本年度上半年计划	本年度上半年实际	本年度与上年度对比		本年度与计划对比	
				差异	比值/%	差异	比值/%
产量(万箱)	3.8	4.2	4.2	+0.4	+10.5	0	0
销售产品量(万箱)	3.8	4.2	4.0	+0.2	+5.3	-0.2	-4.8
销售收入(万元)	2000	2000	2060	+60	+3	-140	-6.4
销售利润(万元)	90	100	86	-4	-4.4	-14	-14
单箱利润(元)	23.68	23.92	21.5	-2.18	-9.2	-2.42	-10.1

从表1看,本年度上半年实际产量与上年度同期对比,产量继续上升,增长10.5%,销售量增长5.3%,销售收入增加3%,但销售利润却下降4.4%,单箱利润下降9.2%。若与计划对比,除产量计划完成外,其他指标都未完成,特别是销售利润指标比计划下降14%,单箱利润下降10.1%。

经济效益差,这是我厂需要重点分析研究的重大问题。

为了分析这一问题,现搜集有关经济效益的数据资料和情况,以及国内同行业的有关资料,如表2所示。

从表2可以看到,与同行业先进水平比,我厂各项指标都相差很远。与全国平均水平相比,本厂各项指标都有不小差距。这足以说明本厂的人力、物力、财力利用效果欠佳,生产耗费过多,利润减少,经济效益差。

表 2　上年度有关指标对比表

指　　标	同行业先进水平	全国平均水平	本厂	与先进水平对比		与全国平均水平相比	
				差异	比值/%	差异	比值/%
劳动生产率(箱/人)	400	240	221	−179	−44.8	−19	−7.9
产品合格率(%)	99.9	99.5	98.1	−1.8	−1.8	−1.4	−1.4
单箱消耗烟叶(hy)	51	56	58	+7	+13.7	+2	+3.6
煤(吨)	18.9	19.2	21.1	+2.2	+11.6	+1.9	+9.9
电(度)	0.3	8.9	10.9	+4.6	+73	+2	+22.5
百元产量占用流动资金(元)	2.7	9.8	10.4	+7.7	+285.2	+0.6	+6.1
单箱利润(元)	52.20	25.10	23.2	−29	−55.6	−1.9	−7.6

二、生产差距的原因

1.职工队伍素质较差,技术力量薄弱

我厂是新建厂,除少量老工人是兄弟厂支援来的外,大部分是近年来进厂的新工人。目前全厂工人技术水平等级为1.9级,有的车间平均只有1.05级。职工队伍文化素质较低,又没有进行严格培训,劳动纪律松散,不按规程操作。相当一部分人顶不了岗,定员超编,劳动力浪费,这使得劳动生产率不高,不仅与国内先进水平相差甚多,比全国平均水平还低7.9%;产品质量欠佳,合格率比全国平均水平还低1.4%。

2.采购无计划,验收不严格

烟叶是卷烟工业的主要原料,约占卷烟成本的80%以上。但我厂采购无计划,盲目购进大量烟叶,积压严重。仅甲级烟叶库存量,按目前生产用量计算,即可用4年多。超额贮存,从而大量占用储备资金,使资金周转减慢(由上年的40天周转一次减慢为今年的56天),百元产值占用流动资金指标也上升较多。另外,烟叶收购入库无严格的验收手续,缺斤短两,混级变质,既增加了烟叶的采购成本,又影响卷烟质量。

3.消耗无定额,成本上升

由于各项规章制度不健全,生产用料无严格定额的核算,材料和能源的消耗偏高。从表2可看出,上年度每箱卷烟消耗烟叶58公斤,比全国平均超过3.6%,消耗煤和电也分别超过9.9%和22.5%,本年度上半年仍无下降趋势,使成本降低计划难以完成,从而利润计划也没有完成。

4.追求产量,忽视质量

近年来香烟一直畅销,卷烟生产指标层层加码,以致片面追求产量,忽视了质量。加上新工人增加,技术力量薄弱,卷烟质量逐步下降,上年度卷烟质量合格率为98.1%,比全国平均水平低1.4%,本年度上半年与去年同期对比,一级品率下降,次品烟和废品烟比重上升,以致单价略有降低,使销售收入受到影响。

三、提高经济效益的对策

根据上述分析,我厂今后应在如何提高经济效益方面多做些努力,具体来说应从以下几个方面进行改进。

1.积极抓好职工队伍的培训工作,提高他们的文化素质技术水平。同时大力整顿劳动纪律,制定各项岗位责任制。

2.加强计划管理工作,健全各项规章制度,使采购有计划,消耗有定额,费用开支有预算,材料和成品进出库有严格的验收手续。

3.努力提高产品质量,搞好市场调查,以销定产。

4.搞好经济核算,加强经济活动分析工作,及时总结经验教训、发扬成绩,改进不足,争取不断进步。

×××× 年 × 月 × 日

例评要求:1.以上例文是怎样安排结构的?

2.以上例文的语言有什么特点?

3.以上例文采用了哪些分析方法?

五、文种辨析:经济活动分析报告与一般工作总结

经济活动分析报告与一般工作总结的性质和功能在本质上是一致的,即都是以马克思主义的认识论为指导,以党和国家的方针、政策为依据,在掌握丰富材料的基础上,进行深入的分析,探索事物的规律,指导今后的实践。但其区别有两点:(1)写作要求不同。经济活动分析报告以指标数据为核心展开分析,从数量的增减为出发点评价得失成败,分析原因也要对具体的数量变化做出具体的剖析,都要落到实处;一般工作总结则要求把实践上升到理论,注重对现象进行概括和抽象,寻找事物的发展规律,忌讳就事论事。(2)分析角度不同。经济活动分析报告侧重于定量上分析;一般工作总结则侧重于定性分析。

第四节　可行性研究报告

一、基本知识

(一)可行性研究报告的定义

可行性研究报告是对投资项目、技术方案、工程建设、生产经营的经济有效性、技术合理性、项目风险性、实施可能性等方面进行科学的论证和分析,提出可行的建议方案的书面报告。

国家计委颁发的《关于建设项目进行可行性研究的试行管理办法》规定,利用外资的项目、技术引进和设备进口项目、大型工业交通项目(包括重大技术改造项目),都应进行可行性研究,写出可行性研究报告。其他建设项目有条件时,也应进行可行性研究,具体编制范围由各部门、各地区自行确定。所以,可行性研究报告是项目建设前必备的文书。

(二)可行性研究报告的特点

1.科学性。可行性研究报告是任何重大项目的开发,必需的工作步骤,是项目开发的决策依据。树立科学的理念和发展观,进行广泛深入的调查研究,对获得的资料和材料本着科学的态度进行分析,才能客观、冷静地得出结论,避免不必要的失败和浪费。

2.真实性。这主要是针对资料和材料而言的。可行性研究报告必须对拟建项目有影响的各方面情况予以调查、分析、研究,得到的数据和材料必须是真实可靠的,这是能否客观、全面地做出分析和判断的最为重要的前提,也是判断拟建项目的重要依据。

3.系统性。可行性研究报告的论证要全面、系统,对拟建项目的各种因素应做出全面、系统的调查、分析和研究,在分析研究中应采用较为系统的方法和手段,既要注重现在也要关注未来,既要注重静态和动态分析相结合,又要注重定量分析与定性分析的全面综合,只有这样,才能得出正确的结论。

(三)可行性研究报告的分类

1.按照报告内容,可分为经济活动型可行性报告和行政事务型可行性报告。

2.按照拟建项目性质,可分为兴建项目可行性研究报告、扩建项目可行性研究报告、技改项目可行性研究报告、引进先进技术设备可行性研究报告等。

3.按照分析论证结果,可分为可行性研究报告和弥补性可行性研究报告。

(四)可行性研究报告的作用

1.它是建设项目论证、审查、决策的依据。

2.它是编制设计任务书和初步设计项目的依据。

3.它是筹集资金,向银行申请贷款的重要依据。

4.它是与项目有关的部门签订合作、协作合同或协议的依据。

5.它是引进技术、进口设备和对外谈判的依据。

二、写作要求

(一)认真组织,合理分工

由于项目可行性研究是一项复杂的系统工程,参加研究和编制报告的是一个专家群体,他们要进行分工,各自从不同方面进行研究,编制一系列分项报告和文件,然后再组装成总的报告。因此,编写项目可行性研究报告必须认真组织,合理分工,严谨务实,一丝不苟。具体来说,包括四个方面:一是认真组织班子,广泛搜集资料;二是深入细致,预测准确;三是客观公正,科学可靠;四是简明扼要,完整规范。

(二)讲求科学,坚持原则

在大量调查资料的基础上展开客观、科学的论证是可行性研究的主要特点。因此,编写项目可行性研究报告,必须排除干扰,坚持实事求是,按设计情况进行论证和评价。具体来说,要遵循三条原则:一是要尊重客观事实和各种资料数据;二是要公正地分析项目的经济效益;三是客观地进行多方案比较研究。

(三)重点突出,脉络清楚

必须抓住典型材料、关键依据、重点环节、本质规律进行谋篇布局和运笔行文,使决策者把握问题的关键,做出正确决策。

(四)语言准确,格式规范

可行性研究报告是针对具体项目的研究和论证,其写作质量的好坏直接影响到项目的成败。所以,撰写可行性研究报告时,必须注重语言表达的准确性和写作格式的规范化,以确保研究报告的质量。

三、格式写法

可行性研究报告的格式是:封面+目录+正文+附件。

(一)封面

其封面一般由标题+编制单位+编制时间三部分构成,如《台州科技职业学院建设工程项目可行性研究报告,浙江省经济建设规划院、台州市经济建设规划院,××××年×月》。

(二)目录

可行性研究报告一般都比较长,涉及的内容也较多,因而需要列有目录。

(三)正文

这是可行性研究报告的主要部分。从内容上看,它要解决三个问题:一是进行市场研究,以解决项目建设的必要性问题;二是进行工艺技术方案的研究,以解决项目建设的技术可能性问题;三是进行财务和社会经济分析,以解决项目建设的合理性问题。从结构上来看,它一般由前言+主体+结论三部分构成。

1.前言。这部分要求对可行性研究的总体情况进行说明,包括两部分内容:一是项目名称、项目主办单位及负责人、可行性研究工作单位、可行性研究报告的技术负责人(注明技术职称或技术职务)、经济负责人(注明行政职务或经济职称)和参加人员(注明职业、职称);二是交代项目提出的背景和依据、实施该项目的意义、实施单位的简要情况及可行性研究的大致结论、建议等。

2.主体。这是可行性研究报告的重点,由可行性研究报告的基本内容构成。由于可行性研究的内容很多,涉及面广,加之不同的项目可行性研究报告各有侧重,具有不同的特点,可行性研究报告中的论证内容和方法难以局限于某种固定的模式。例如,技术改造项目的可行性研究报告与新建项目可行性研究报告的主要内容就略有不同。技术改造项目可行性研究报告的主要内容有:

(1)项目概要说明;

(2)承办单位的基本情况与条件;

(3)产品规划;

(4)燃料、动力、原材料和有关协作配套条件的规划;

(5)技术与设备的选择;

(6)结论及推荐最佳技术改造方案的意见;

(7)生产组织和人员培训的意见;

(8)环境保护和污染防治的方案;

(9)项目实施计划;

(10)资金概算及来源;

(11)经济效益分析。

新建项目的可行性研究报告的主要内容有:

(1)总论,如项目的背景、历史、概要及承办人的基本情况;

(2)市场预测及拟建规模;

(3)资源、原材料及主要协作条件;

(4)建厂条件和厂址方案;

(5)项目技术方案;

(6)环境保护和污染防治的方案;

(7)工厂的机构、管理和定员;

(8)项目实施计划的进度要求;

(9)项目投资和资金筹措方案;

(10)不确定性分析;

(11)经济评价。

3.结论。这是项目可行性研究报告的归纳结束部分,即通过主体对项目的论证,得出可行性或不可行性的结论。如果得出可行性的结论,还要指出存在的问题,并提出建议。

（四）附件

一些必要的依据,不宜放在正文中,就以附件形式列出,主要包括规划图、资金来源证明、选址报告、各种技术测试数据等。

四、实例文选

兴办中外合资××电子有限公司可行性研究报告

一、基本概况

（一）合营企业情况

合营企业名称：××电子有限公司。

法定地址：××市××街××号。

（二）合营各方基本情况

中方：××实业总公司，中国注册。

法定地址：××市××区××街××路××号。

法定代表：××，职务：总经理（工程师），国籍：中国。

外方：美国××有限公司，美国注册。

法定地址：美国××市××路××号。

法定代表：××，职务：董事长，国籍：美国。

（三）合营企业投资总额，注册资本，出资比例及出资方式（略）

（四）合营期限及利润分配，亏损分担

合营期限为20年，合营期内的盈利和亏损均按各方出资比例，分配利润或承担亏损。

（五）项目建设书的审批文件

合营双方经过充分协商，本着平等互利原则，于××××年××月××日签署了"意向书"。

上述协议大项目建设书报经××市计划经济委员会，于××××年××月××日以"××计〔××××〕××号"文件批复立项。

（六）可行性研究报告的技术、经济负责人

经济负责人：××实业总公司，总经理（工程师）××。

技术负责人：美国××有限公司，××。

可行性研究报告咨询编制单位：××会计师事务所。

中国注册会计师：××。

助理人员：××。

二、产品安排及其依据

（一）产品名称、售价（略）

（二）国内外市场情况（略）

（三）产品产量及内外销比例（略）

三、物料、能源的用量和依据

（一）原料：生产所需原材料及辅助材料在质量和价格上相当或优惠的条件下，优先在国内购买；其余部分，委托外方从国外购买。

（二）动力能源：年生产所需电××万度，水××吨，煤××吨，均由中方提供，合营企业有偿使用。

（三）交通运输安排：合营企业购入各种车辆×台，可以完成原料和产品的短途运输。外销产品，用火车或汽车，由××港离岸。

四、项目地址选择及其依据

（一）设厂地址：××市××区××街××号。此地交通便利，环境净化程度较高，适宜生产，并能满足上述产品的环境卫生要求。

（二）合营企业占地××平方米，包括厂房、办公室及附属设施建筑。

五、工艺方案和技术设备的选择与依据

由外方负责提供国外先进技术和管理经验，按建厂投资计划加以安排。主要生产设备及其零配件由外方代合营企业选购。该项目工艺技术是美国同类产品现行的工艺，便于操作，保证质量。

六、生产组织安排和工资测算与依据（略）

七、环保、工业卫生和生产安全设施的安排及其依据（略）

八、建设方案和进度安排（略）

九、财务数据与估算（略）

十、项目的企业经济评价（略）

十一、不确定性分析（略）

十二、结论

本项目采用的生产设备工艺较为先进，原材料、能源供应充足，生产条件较好，产品有销售市场。

在经济效益上，本项目投资少，盈利能力强，回收期较短，资金较为充足，有支付能力，创汇高，合营××年可结余外汇××万美元。从不确定性分析上看，可承受较大幅度的波动，风险较小。

总之，本项目在技术上、经济上是合理的、可行的。

附件：（略）

例评要求：1.以上例文是怎样安排结构的？
　　　　　2.以上例文的语言有什么特点？

第五节　财务分析报告

一、基本知识

（一）财务分析报告的定义

财务分析报告是指运用科学的方法，通过剖析会计报表等有关资料，对财务整体或某一方面做出结论性评价的书面文件，又称财务情况说明书、财务活动分析。

（二）财务分析报告的特点

1.依法性，即按照有关财务会计法规，对一定时期内企事业单位的偿债能力、营运能力、盈利能力等财务状况进行分析，不能随意分析。

2.说明性。财务分析报告是在分析财务计划完成情况的基础上概括而成的说明性文件。

3.总结性。财务分析报告是如实反映财务计划完成情况，肯定成绩，指出不足，以达到总结经验，吸取教训，强化管理的目的。

（三）财务分析报告的分类

1.按结构组成不同，可分为只用文字、数据或简图说明，不附加财务报表的财务分析报告和由文字、数据说明及若干财务报表共同组成的财务分析报告。

2.按中心内容不同，可分为财务综合分析报告、财务专题分析报告、财务简要分析报告、财务对比分析报告和财务典型分析报告。

（四）财务分析报告的作用

1.检查情况。通过财务分析报告所分析的情况，可以检查企业或经济实体的财务活动是否符合党和国家的政策，是否遵守财经制度、财经纪律；可以检查各项财务计划完成情况或进度，从而提高财务管理水平。

2.改进管理。通过财务分析报告的分析，可以找到财务管理中的差距，找出潜力，针对差距和潜力提出改进的意见，从而进一步提升财务管理的水平。

3.揭示规律。根据财务分析报告的分析，能够揭示生产、经营、资金运转、收支管理、财务成果以及它们之间的关系，从而把握财务工作的规律，取得工作的主动权。

二、写作要求

（一）充分占有资料

掌握充分的资料是进行财务分析的基础。因此在进行财务分析之前必须认真调查研究，尽可能搜集有关的资料，包括与财务活动有关的统计资料、会计核算资料、其他业务核算资料以及上级的有关文件和典型调查资料。另外还要全面掌握企业经营活动的情况，及时了解影响主要财务指标变动的因素。这样才能得心应手地写好财务分析报告。

（二）如实分析财务情况

财务分析报告应根据真实可靠的资料来编写，不能随意编造数字和情况；有关指标应按照规定的公式进行计算；运用的分析方法要科学合理，所作评价要恰如其分，使财务分析报告能真正地说明问题,为决策者提供依据。

(三)抓住主要矛盾

编写财务分析报告时要运用科学的经济理论,综合分析财务活动中存在的问题,抓住其中的主要矛盾,解决重点问题。在财务活动中,资金的筹集与使用、消耗与收回、增值与分析、成本的大小与利润的高低等之间存在着矛盾,对这些矛盾要认真分析,分清主要矛盾和次要矛盾,从而抓住主要矛盾,解决重点问题。

(四)必须恰当而准确地运用数字

财务分析报告离不开数字。数字必须运用得当,以下几点值得特别注意。(1)定数与约数不能在同一句子中使用。定数是表示肯定的数,如 2、10、1/3、4 倍、半等;约数是表示不肯定的数,如"20 左右""30 上下""约 70"等。(2)倍数只能用于增加,不能用于减少,如"2 倍""3 番"等。分数既能用于增加,也能用于减少,如"3/4""6⅝"等。(3)增加"到"与增加"了"的倍数不相等,必须正确使用,如增加到过去的 2 倍,表示过去为 1,现在为 2;增加了 2 倍,表示过去为 1,现在为 3。(4)"以上""以下"是限制数字的词,运用时要明确说明是包括本数还是排除本数。如 30% 以下(包括 30%)或 30% 以下(不包括 30%)。

三、格式写法

财务分析报告的格式是:标题＋正文＋落款。

(一)标题

财务分析报告的标题一般由单位＋时间＋文种三部分构成,如《××公司××××年财务分析报告》。有些也省略单位或时间。

(二)正文

其正文由开头＋主体＋结尾三部分构成。

1.开头。扼要介绍经营和财务的基本情况,为下文展开分析作引导。这一部分要使人形成对报告的总体印象,所以要简明,突出重点。

2.主体。这是财务分析报告的中心部分,即全文的重点所在,它要对财务状况分条列项进行分析,然后从中总结成功的经验和失败的教训。

一份综合性财务分析报告,需要对以下财务情况进行分析:

(1)财务指标完成情况分析;

(2)财务盈亏和利润分配情况分析;

(3)资金增减和周转情况分析;

(4)资金结构及变动情况分析;

(5)其他必要情况的分析。

财务分析报告的特色重在分析、探究财务变化的原因。一般地说,综合分析报告需要对各项重要财务指标进行逐项分析;专题分析报告,应突出重点分析;进度分析报告,应针对变动情况进行分析。在表达形式上,无论是哪一种形式的分析报告,都应把文字阐述和数据资料结合起来。

3.结尾,要得出结论并针对性地提出今后应努力的方向。这部分内容要简明、具体、不要空发议论。

(三)落款

落款要写明单位和成文时间。如果单位在标题中已出现,这里就可省略。

四、实例文选

××公司××××年度财务分析报告

××××年,由于公司进行了一系列的内部改革及技术改造,并完成了产品结构的局部调整,生产经营情况和财务状况明显好转。工业总产值达×××万元,比上年增加××%;产品销售收入为××××万元,比上年增加××%;人均创利润达到×万元,比上年增加1倍。

一、利润情况分析

本年公司实现利润×××万元,比上年增加××%,净增××万元。产值利润率达××%,销售收入利润达到××%,创历史最高水平。

(一)属于增加利润的因素如下,共使利润增加×××万元。

1.经公司主管部门和物价部门批准,提高了部分产品价格,因而比去年增加利润××万元。

2.由于产品销售量增加,比上年增加利润×××万元。

3.企业技术改造之后,品种结构发生变化,增加新产品7种,增加利润××万元。

4.由于减少了外协加工部件,因此比去年减少亏损×万元。

5.由于部分物资消耗定额比去年略有降低,从而使部分产品成本降低了×万元。

6.营业外收入比去年增加××万元。

7.由于财务费用下降,比上年增加利润×万元。

8.投资收益比去年增加××万元。

(二)属于减少利润的因素如下,共使利润减少×××万元。

1.由于销售成本增加,利润比去年减少×××万元。

2.由于价税分离,销售收入中扣除增值税因素,而增值税税率比去年提高,致使利润减少×万元。

3.销售费用上升,比去年减少利润××万元。

4.由于外卖材料亏损,减少利润××万元。

5. 管理费用上升,减少利润××万元。

6. 营业外支出增加,相应减少利润××万元。

二、资金情况分析

本年应收款周转率为×××‰,比去年降低××‰,主要是产品赊销情况较多,货款不能及时回收所致;存货周转率为×××‰,比去年降低××‰,主要原因是产品结构调整后,库存钢材金额有所增加,原积压材料又未能及时处理;流动资金周转天数为××天,比去年增加×天;流动比率为×××‰,尚属正常;速动比率×××‰,低于常规水平。

以上情况表明,公司存货积压现象较明显,流动资金紧张,周转情况欠佳。

三、成本情况分析

本年公司全部商品总成本为××××万元,可比产品成本××××万元,按上年平均单位成本计算为×××万元,上升×‰。

(一)原材料价格变动,影响成本上升×××万元。其中:

1. 部分钢材价格上调,影响成本上升×××万元;

2. 灰铸铁价格上调,影响成本上升×万元;

3. 铜材价格上调,影响成本上升××万元。

(二)燃料、动力及运费提价影响成本上升××万元。其中:煤炭提价××万元,电提价××万元,运费提价×万元,水提价×万元。

(三)工资及附加费××万元。

(四)通过"双增双节",部分产品的原材料消耗定额降低,成本下降××万元。

(五)本年通过切实增收节支措施,废品损失比上年减少××万元。

四、费用情况分析

本年管理费用×××万元,比去年增加××万元;销售费用××××万元,比去年增加××万元。主要由汽车、铁路、航空运费普遍涨价及按国家政策调升员工工资所致。

财务费用××万元,比去年减少×万元,系归还银行贷款,从而减少利息支出所致。

五、需说明的问题

(一)固定资产盈亏报废情况

按规定,公司以11月末财务账面数为准,对固定资产实物进行盘点,处理盘盈资产××万元,处理盘亏资产××万元,报废清理固定资产××万元。

(二)坏账损失处理情况

共处理坏账××笔,金额×万元,其中债务人破产造成坏账损失×万元,债务人调离或死亡造成的坏账损失×千元。

综上所述,本年公司经济效益良好,这是对企业进行技术改造,调整产品结构所产生的结果,也是公司内部改革逐步深化及开展"双增双节"活动所带来的好处。但是,也应看到，由于受整个市场形势影响，大量货款不能收回，企业内部库存物资清理工作没有很好地开展，导致资金大量占用在应收账款及存货形态上，这势必会严重影响企业的生产经营活动。按目前的财务状况至少需补充××××万元的流动资金，才能确保生产经营的良性循环。现在，公司技术改造工作已局部完成，并已发挥作用，但若想彻底进行技术改造还需筹集大笔资金。在明年的工作中，建议公司加强销售收入回收及存货清理、管理工作，完成产品结构的全面调整及技术改造工作，加强财务管理，提高资金使用效率，使公司经济效益更上一层楼。

××××年×月×日

例评要求：1. 以上例文是怎样安排结构？

2. 以上例文的语言有什么特点？

第六节　商业广告

一、基本知识

(一)商业广告的定义

《中华人民共和国广告法》第二条规定，商业广告是指"商品经营者或服务提供者承担费用，通过一定媒介和形式直接或者间接地介绍自己所推销的商品或者所提供的服务"。它是一种传播活动。

从广告的定义我们可以看出它所包含的一些基本要素。

1. 广告主。这是指广告的发布者，即商品经营者或服务者，由其承担广告创作宣传的费用。

2. 广告媒介。这是指广告主用以将广告信息传达给目标受众的一种信息载体，包括报纸、杂志、广播、电视、路牌、橱窗、车体等。

3. 信息。这是指通过广告所要表达的内容，即要传递的有关商品或服务的信息。

4. 目标受众。这是指广告主根据自身的广告战略目标所选定的广告信息的接受者。目标受众的不同直接影响传播媒介和信息的选择。

(二)商业广告的特点

1. 真实性。真实是广告的生命。广告一定要实事求是，不可弄虚作假，哗众取宠。《中华人民共和国广告法》规定，广告不得含有虚假的内容，不得欺骗和误导消费者。否则，一旦查处，该广告应立即停止发布、公开更正消除影响，并处以罚款；情节严重构成犯罪的，要依法追究刑事责任。

2.艺术性。艺术是广告成功的关键。因此,广告一般有好的创意、好的文采、好的构图、好的色彩,采用文字、音乐、美术等各种艺术形式进行宣传,以期产生强烈的艺术魅力。因此,广告被人们称为人类文明的"第八艺术"。

3.宣传性。没有哪个商家做广告只是为了做一个艺术作品,那样的话就不叫广告了,所以广告的内容最终还是要落到宣传的目的上。有的广告宣传的是商品本身,有的广告宣传的是服务内容,等等。广告的表现手法各种各样,有的广告内容完全是公益性质的,但也要让人知道是谁在做广告。

(三)商业广告的分类

根据不同的分类方法,可以把商业广告分成不同的种类。

按目的分,有营利性广告、非营利性广告;按内容分,有产品介绍广告、业务介绍广告、服务介绍广告;按表现形式分,有文字广告、以图为主的广告、图文并茂的广告;按生产阶段分,有开拓期广告、竞争期广告、维持期广告;按覆盖区域分,有全球性广告、全国性广告、地区性广告等。

但广告最主要的是按传播媒介来分,其有以下七类。

1.印刷广告。它是以报纸、杂志、画册、电话本、挂历、传单等为媒介的广告。这种广告易于保存,可反复查看,复读率高,渗透力强。

2.声像广告。它是以电视、广播、网络、电子显示屏等为媒介的广告。这种广告声图并茂,生动感人,能产生强烈的效应。

3.户外广告。它是以公路高架、屋顶、外墙、霓虹灯、灯箱、橱窗、商店或饭店招牌等为媒介的广告。这种广告场所固定,信息简洁,复读率高。

4.交通广告。它是以车站、车体、路牌、交通栏杆等为媒介的广告。这种广告设置在人流量较大的场所,复读率高。

5.邮件广告。它是以明信片、邮件传单、邮件样本、推销信等为媒介的广告。这种广告以特定的组织、人员为诉求对象,针对性强,通过邮递而发。

6.赠品广告。它是以各种小巧价廉的馈赠品,如打火机、钥匙圈、购物袋、雨伞等为媒介的广告。

7.其他媒介广告,如以飞艇、气拱门、模特儿等为媒介的广告。

(四)商业广告的作用

1.推介商品,诱发购买。"商品不做广告,就像姑娘在黑暗处向小伙子递送秋波。"(著名经济学家布里特言)商业广告通过各种形式、各种媒体,从时间或空间多个层面去宣传商品功用,宣传服务内容,宣传企业形象,从而诱发人们的消费欲望。

2.交流信息,扩大市场。通过广告能为供求双方取得联系提供信息,从而开辟市场,扩大产品销售,最终促进市场经济的繁荣和发展。

3.带动潮流,影响风尚。正是因为现代社会中广告无孔不入,所以广告能潜移默化地影响人们的思想和行为。广告与时尚是紧密相关的,人们能从广告中知道当代社会的时尚生活是怎样的,并且追赶潮流。广告与人们的价值观也是紧密相连的,广告者会将自己的价值观体现在广告中,能影响大众的价值观。

二、写作要求

设计商业广告,首先要听取广告主的意见,然后进行市场动态预测、消费者心理研究和商品特点分析,在此基础上进行广告策划和设计。

(一)主题鲜明、定位合理

主题,就是广告主向消费者介绍、说明商品或服务的意愿。主题的内容要鲜明,使消费者一目了然;主题的定位要合理,适合消费者需求;主题的数量要单一,不能面面俱到。

美国广告大师雷斯曾提出独特的消费主张。其要点是说:每则广告必须向消费者"说一个主张",必须说出其独特之处,集中打动消费者。这个理论使得成千上万的广告人获得成功。例如宝洁公司依仗它产品的独特性,占领了中国洗涤用品较大一部分市场。其各个品牌都只有一个主张:海飞丝去头皮屑;飘柔洗发、护发二合一,令头发飘逸柔顺;潘婷含维生素 B_5,令头发健康亮泽。

(二)创意独特,感觉新颖

广告的创意是对广告主题的创造性表现。闻名全球的 DDB 广告公司的首脑威廉·伯恩巴克说:"创意是广告的灵魂,是赋予广告精神和生命的活动。"写广告不能不重视创意,不少广告人的成功都是从创意开始的。独具匠心的创意,才能使人耳目一新,心驰神往。如强生(中国)有限公司成立广告的创意是一份婴儿出生证明,其与公司经营的系列婴儿护理用品相吻合,令人过目难忘。

(三)形式多样,生动活泼

广告要适应丰富多彩的经济活动的需要,就必须具有多种多样、生动活泼的形式。广告不仅可以运用说明体、叙述体、议论体、抗辩体、提要体、摘录体、证书体、问答体、问卷体、对话体、专用书信体、新闻体、祝贺体等文章类广告形式,而且可以运用诗歌体、散文体、故事体、童话体、寓言体、对联体、格言体等文字类广告形式,更可以用歌曲广告、戏剧广告、说唱广告、相声广告、快板广告、电视广告、广播广告等文艺类广告形式,将广告做得丰富多彩,美不胜收。

(四)图文并茂,协调美观

广告不论文字、图画都要协调美观,给人以一气呵成之感。一则广告,从形式确定、画面选择、装饰陈列,到层次结构、字体大小、色彩浓淡,都要根据商品的特点、消费者的心理等因素加以考虑,精心构思,合理布局,这样才能取得最佳的传播效果。

三、格式写法

商业广告的宣传形式和传播媒介多种多样,但无论是哪一种广告,几乎都离不开语言文字。广告的语言文字部分就是广告文案,也称广告文稿、广告文。有资料显示,广告效果 50%～70% 来自广告中的语言文字,因此广告文案实际上是广告作品的核心。

广告文案的格式是:标题＋正文＋随文。

(一)标题

英国广告大师奥格威认为,读标题的人平均为读正文的人的 5 倍。所以,一则优秀的广告的标题,应是一下子就能抓住读者,诱发其对广告产生兴趣。

广告的标题一般有两种写法。

1.直接标题。这是指揭示广告文案主题或点明广告文案主要内容的标题,人们一看标题,就清楚明白地知晓广告的主要信息是什么。拟写这种标题可采用以下几种方式。

(1)商品名称式,如"小白兔高级儿童牙膏"。

(2)服务项目式,如"全球通手机 WAP 上网"。

(3)企业名称式,如"浙江黄岩石鑫水泥制品有限公司"。

直接标题的特点是:直截了当,开门见山,常以商标、商品和企业名称作为标题来命名,简明扼要,信息容量大。但其比较平淡呆板,缺少特色,容易雷同和一般化,故吸引力和感染力不强。

2.间接标题。与直接标题相反,间接标题不正面揭示广告文稿主题或具体介绍企业、商品或服务,而是运用耐人寻味的艺术化语言,以迂回曲折的方式来吸引消费者的注意和兴趣,引导消费者进一步了解广告文案正文中的信息。撰写这种标题可采用以下几种方式。

(1)提问式,如"今年暑假何处去"。

(2)新闻式,用一行、两行或三行形式撰写标题,如"蜂花液体香皂(正题),使你头发根根柔软,令你的肌肤寸寸滑嫩(副题)"。

(3)广告语式,即将广告语作为标题来用,如"利民皮鞋走天下,一路风光一路情"。

间接标题的特点是:生动活泼,富有艺术想象力和创造力,给人以咀嚼和回味的余地,留下深刻难忘的印象。但应把握住分寸,力避故弄玄虚,否则容易让消费者费解,达不到广告宣传的目的,甚至引起消费者的反感。

(二)正文

正文是广告的中心和主体,广告的绝大部分信息要靠正文来传达。

1.结构。广告正文一般是三段式,即开头、主体和结尾。

2.内容。正文的内容受到创意的约束,可长可短,可偏可全。总体有以下四方面的内容。

(1)信息,即要提供商品、服务或企业的有关信息,诸如商品的名称、商标、型号、规格、性能、特点、用途、获奖情况等;服务的内容、形式、质量、特点、优势、信誉、承诺等;企业的性质、规模、级别、历史、现状、设备、产品、技术力量、服务宗旨、企业文化、获奖情况等。

(2)说明。具体说明商品或服务能给广大消费者带来的利益,引发消费者购买的欲望。一般采用两种方式：一种是理性诉求方式，即通过试验、比较、证明、事实、数据、提醒、忠告等，说服消费者做出理智的选择；另一种是感性诉求方式，即通过富有感情色彩的语句打动广大消费者，或用联想、象征、暗示的方式引发消费者的潜在欲望，做出购买的选择。

（3）承诺。对广大消费者做出明确的承诺，让消费者买得放心，用得舒心，消除后顾之忧，并以此来塑造和树立商品、服务或企业的良好形象。

（4）其他。包括商品的使用方法、维护方法、禁忌、售后服务和服务的宗旨、服务对象、有关注意事项等。

3. 体裁。正文体裁一般有陈述体、对话体、新闻体、小说体、诗歌体和戏剧体等。不同的体裁适合不同的创意的内容。选择好适当的体裁，对广告的效果至关重要。

4. 写法。常见有五种基本类型。

（1）叙述型。以叙述为主要表达方式，把人物的经历、言行和事物发生、发展、变化的过程介绍出来。这是一种最基本的、使用频率最高的表达方式，在广告文稿写作中也运用得最为广泛。叙述型广告文稿采用第一人称或第三人称，需要交代清楚人、事、时、地、因、果六个要素，主要回答"做什么"的问题。用事实说话，强调"以事显理"，常用来记叙企业的发展历程、新产品的研制过程或某商品畅销的情况。例如《四十年风雨兼程路，看轻骑马到成功时》：

一家公私合营的小厂，一步步发展成为一个现代化的国家特大型企业，中国轻骑集团走过了40年的艰辛路程——

从生产出中国第一辆轻骑型摩托车，到拥有8个系列60多个品牌，产品适应着国人步入现代富足生活的多样化需求；

从被确定为国家级企业技术中心，到获得ISO 9001国际质量体系认证，昂首跨入世界级优质供应商的行列；

从建立遍布全国的3000多个销售网点和1000多个维修服务站，创造出国内同行业产销第一的骄人佳绩，到成立10多家国外销售公司、产品出口30多个国家和地区，综合实力进入世界同行业前五强……

今天的轻骑，已从艰苦磨炼中探索出一条振兴中华民族企业的必由之路，不断借鉴和吸收世界最新技术潮流，积累丰富的专业化经验，以多样化的产品、出色的营销和完美的服务，确立在国内市场的主导地位；同时，勇敢地跨出国门，以世界级的优秀品质参与国际竞争，创立中国的世界名牌，振兴中国的民族企业！

中国轻骑，任重而道远。

（2）描写型。以描写为主要表达方式，用生动形象的语言，对人物、事件、景物、环境及其形态、特征等进行具体的描摹和刻画，使读者产生一种如见其人、如闻其声、如睹其物、如历其事、如临其境的感受。描写型广告文稿将商品或服务的情状，即"什么样子"告诉消费者，多见于旅游、房地产、宾馆、娱乐场所、新潮服装、美容化妆品、装饰用品等题材，着重于对优美的自然环境、优越的设备条件等的描写。例如：

这是一片神奇的土地,一把龙王坐镇的石椅,一湖美人遗香的碧水,散发着远古不尽的幽思;这是一块祥瑞的土地,依山面海,龙脉绵延,白沙无限,雪浪拥岸,如瑶池仙境,似世外桃源,尽洗世间尘烟,这就是——香水湾。

(3)抒情型。以抒情为主要表达方式,可以直接抒情,也可以间接抒情,可以抒发对企业、商品、服务的赞美之情,也可以抒发对消费者的关心、爱护和感激之情,还可以抒发人与人之间的关切、呵护之情。总之,以情动人,以情感的诉求来打动用户、消费者的心弦。例如:

在浩瀚如烟的语汇中,有一个词的发音是最相近的,那就是每个婴儿在牙牙学语时就能牢记的:妈妈 MAMA(中文)、MUM(英文)、MAMA(德文)、MAMAN(法文)……

妈妈为我们的成长付出了所有的心血。我们长大、懂事、成熟后,妈妈却日见衰老,"多么想抚平您脸上的皱纹,多么想抹去您满头的银发",这是普天下子女共同的心声。

美国乐兰莎化妆品公司,为庆祝今年 5 月 9 日的母亲节,准备一份节日的厚礼。清纯柔和的乐兰莎化妆品系列,最能表达您的爱心:祝妈妈永远年轻,永远健康!

(4)议论型。以议论为主要表达方式,议论型广告文稿可采用第一人称或第三人称,一般包括论点、论据、论证三个要素,主题回答"为什么"的问题。它以理服人,通过叙述事实、讲清道理,使消费者心悦诚服地去购买某一商品或接受某一服务。例如《图书经营与决策一招制胜,不可不看〈中国图书商报〉》:

随着图书市场竞争的加剧,中国书业界将更加热闹更加精彩,图书经营与决策者在得到更多机会的同时,其承担的风险也逐渐加大。因此,随时了解图书信息的最新动态、掌握图书市场的风云变幻、制定切实可行的经营策略,也就成了出版、发行经营决策者的制胜法宝。《中国图书商报》紧扣图书市场脉搏,以传播党和政府有关出版发行的政策和法规、沟通图书信息渠道为己任,及时报道书业界重大新闻,追踪书业界热点问题,推出书业界新闻人物,分析图书产业走势,叙述图书选题思路,披露图书营销策略,评价最新上市新书,介绍环球书业最新现状……它将是图书经营决策者运筹帷幄,制胜于千里之外的理想"军师"。《中国图书商报》以处在图书市场第一线的十几万新华书店的职工构成其基本读者,所以它将是图书促销得力的传媒。《中国图书商报》以其清晰活泼的版面风格和丰富而实用的图专用书信息取胜,在出版发行界的影响日益扩大,因此它既是图书馆不可缺少的"参谋",又是广大读者朋友可靠的购书指南。

(5)说明型。以说明为主要表达方式。说明型广告文稿在各种广告的媒体中被广泛应用,不论是宣传企业,还是宣传商品、劳务,均可采用说明这一表达方式。它原原本本地介绍所宣传的企业、商品、劳务"是什么",将客观性、科学性、知识性、实用性、指导性、可读性有机地结合在一起,以达到教人以知、导人以用的目的。例如:

《中国书法》为中国书法家协会机关刊物,坚持"二为"方向,贯彻"双百"方针,指导普通读者,注重提高。开展学术争鸣,交流创作经验,传播书坛信息,继承传统,反映成就,促进创作。主要有:"现代名家""书法赏析""书坛中青年""书法批评""书学论坛""学者读书""展览巡礼""书艺广场""书法教育"等十余个栏目。

《中国书法》自××××年起增加彩版,刊登国内外收藏鲜见的古代书法珍品;增加黑白版,还辟有"中国书法教育"等栏目。

篆刻作品全部套红,并提高质量,改进设计,将更为赏心悦目。

《中国书法》定价为每册 8 元,半年定价 24 元(邮费另加 10%),全年定价 48 元(免费邮寄),未能在邮局订阅者,欢迎来我社函购。

(三)随文

随文,又称附文,它是对正文的必要补充和说明。一般包括单位名称、地址、银行账号、电话、电传和网址等。

随文一般安置在广告文稿正文的后面,但商标、厂标则多置于广告文稿的前面,或广告文稿标题的左前方。置于最突出、最显著的位置,旨在以特殊的印记和有效的方法加以强调,帮助广大消费者在同类商品、劳务或同类企业中识别出所做广告的商品、劳务或企业,不至于在付诸行动时做出错误的选择。

四、广告语

(一)广告语的定义

广告语又称广告词、广告标语、主题口号。它是广告制作者从长远销售利益出发,在一定时期反复使用的稳定的宣传语句,能给人以强烈的印象,具有鼓动和诱导人们行动的作用。

(二)广告语与广告标题的联系和区别

广告语和广告标题都是构成广告文案的重要成分,都是简短精练、引人注目的语句,都担负着有效传播广告信息的使命,它们之间有着密切的关系。在某些情况下,广告语和广告标题是交叉、叠合和合二为一的,即广告语就是广告标题,广告标题也就是广告语;有时二者可以互换,即广告语与广告标题相互易位;有时又是分开的,广告语对标题起陪衬、补充阐发的作用;有的广告文案既有大标题,又有小标题,而有时大标题或小标题却又与广告语重合。

如果将广告语和广告标题严格加以区分的话,二者的差异还是十分明显的。具体说,广告语与广告标题的区别主要有以下四个方面。

1.目的不同。广告标题是一则广告的题目,是广告文案乃至整个广告基本内容的高度概括和浓缩,目的在于引起广大消费者的注意,引导他们阅读广告文案;广告语是广告主在较长时间内反复使用的特定商业用语,是贯穿于一系列广告文案和各类媒体广告宣传中的某种共同宗旨、精神和行为准则,在一定程度上游离和超越广告文案乃至整个广告的基本内容之一,目的在于使广大消费者建立起一种思想观念,强化消费者对企业或商品、服务的印象,引导和指导消费者有目的地进行选择和行动。

2.位置不同。广告标题的位置是固定的,一般置于广告文案中最醒目的地方,即正文的前面,也就是广告文案乃至整个广告的上方,通常与商标、照片、插图等有机地结合在一起;而广告语安置的位置则相当自由,既可放在正文之前,又可安放在正文中,还可安放在广告文案的末尾,甚至安放在广告文案的中心或两侧,担负起平衡视觉和突出视觉中心的功能,还可孤立地出现在商品的外观装潢上,成为某一商品特殊的识别标志。

3.结构不同。广告标题是广告文案不可分割的有机组成部分,在实际运用上具有明显的依附性,即依附于正文、商标、照片、插图等,语句的结构形式可以是相对稳定的词组,如"中意电器""南山奶粉",而广告语并不是非有不可的,也不存在对正文、商标、照片、插入图的依附性,但它无论在广告文案中出现还是单独出现,都必须是一个完整的句子,表达出明确的概念,绝不允许只出现单独的词组或没有完整的语义的半句话。

4.时限不同。广告主可根据广告宣传的需要,经常更换广告标题。可从不同侧面,依据商品或服务的优点、特色,分别写出若干则广告文案,拟制不同的广告标题,连续发布;而广告语则是在相当长的时间内固定不变的,可以连续使用甚至无限期使用,尤其是那些成功的、已为广大消费者认同的广告语,更不宜轻易改变或放弃。

(三)广告语的写法

广告语的写法多种多样,常见的有鼓动式、赞扬式、抒情式、对比式、隐藏式、风趣式、建议式、引言式、标异式等。

1.鼓动式。运用鼓动性的语句,直接鼓动广大消费者购买某种商品或接受某种服务。这种广告往往集中为一句祈求、敦促、激励口吻的话,还有明显的呼请色彩。例如:

　　　　请喝可口可乐吧!(可口可乐公司广告语)

　　　　穿李宁鞋,踏成功路(李宁鞋广告语)

2.赞扬式。用广告语对企业、商品、服务加以赞扬,特别是赞扬商品的性能、特点、功用、优点等,将它浓缩成一句引人注目的简短语句,促使消费者行动。例如:

　　　　喝了娃哈哈,吃饭就是香!(娃哈哈营养液广告语)

　　　　家门口的上海专家医院(杭州虹桥医院广告语)

3.抒情式。用富有抒情色彩的语句来渲染商品或服务的优点、特色,以情动人,引发广大消费者产生美好的联想,进而付诸行动。例如:

　　　　冬天里的一把火。(取暖器广告语)

　　　　乐百氏奶,无言的爱。(乐百氏奶广告语)

4.对比式。采用对照、比较的方法,对商品本身或本商品与同类商品在性能、用途、质量、特色等方面进行对比,以显示和突出其优点。此类广告语两相对照,有着很强的感染力和说服力,例如:

　　　　古有毕昇,今有方正。(北大方正集团广告语)

花有牡丹,酒数春山。(春山酒广告语)

5.隐藏式。把企业、商品或服务的名称隐藏在广告语之中,以利于消费者加深记忆。例如:

承诺于中,至认于信。(中信银行广告语)

同是妙手,仁心首要。(同仁医院广告语)

6.风趣式。发挥丰富的想象和联想,运用幽默、谐趣的手法,强调商品的主要用途、特色,以激发广大消费者购买和接受服务的欲望。例如:

请到这里用餐吧,否则你我都要挨饿了。(小饭店广告语)

不打不相识。(打字机广告语)

7.建议式。站在广大消费者的立场,设身处地为消费者着想,用建议、咨询的口吻向消费者推荐某种商品或某种服务。这类广告语热情恳切、真挚自然,因而容易为广大消费者接受。例如:

吸烟或者健康,请您抉择!(法国戒烟广告语)

植物需要滋养,您的皮肤也不例外。(美容霜广告语)

8.引言式。引用俗语、谚语、成语、典故、古典诗词等,稍作改动,构成广告语。由于这些俗语、谚语、成语、典故、古典诗词等都是人们所熟知的,便于诵读、记忆,给广大消费者一种亲切感和贴近感,例如:

万里之行,始于足下。(南京皮鞋厂广告语)

路遥知马力,日久见"跃进"。(跃进牌汽车广告语)

9.标异式。故意标新立异,与众不同,以期引起广大消费者的好奇心,留下深刻难忘的印象。这类广告以反常、悖理取胜,但仔细思量,却又合乎情理,并不与人们的日常心理和基本常识相违背。例如:

一毛不拔!(上海梁新记牙刷广告语)

只要您敢来,没有"大"不了的。(美容院隆胸广告词)

五、实例文选

白马寺
中国第一古刹

白马寺,位于古都洛阳东十二公里处,北依巍巍邙山,南望清清洛水。在郁郁葱葱的古柏苍松中,隐隐透出峥嵘的殿阁和高耸的宝塔,给人以无限庄严、肃穆、神圣之感;每日钟声长鸣,法香远溢,呈现一派佛门"净土"特有的清幽气象。白马寺是中国佛教的发祥地,被中外佛教界公认为"中国第一古刹",在中国佛教史上占有独特的、极其重要的地位。

白马寺创建于东汉永平十一年(公元68年)。据史载:东汉永平七年(公元64年),汉明帝刘庄夜宿南宫,梦中见一金人,身高丈六,飞绕殿庭。第二天就召集大臣,告诉自己所梦之境,不知是何应兆?太史傅毅回答说:"臣听说西方有位佛,佛的形象同陛下所梦见的一样。"汉明帝听罢,立即派大臣中郎将蔡音、博士王遵等十八人,出使西域,拜求佛法。他们抵达大月氏国(即今阿富汗境至中亚一带),正巧遇到在此游化宣教的印度高僧摄摩腾、竺法兰两位大师。东汉使者诚恳邀请两位高僧东赴中土弘法宣教。永平十年(公元67年),汉使及两位高僧用白马驮载佛经、佛像同返国都洛阳。汉明帝对两位高僧非常礼重,亲自接待,并将他们安置在当时的国宾馆——鸿卢寺。翌年,明帝敕令在洛阳城西雍门外三里御道北兴建僧院。为了铭记白马驮经之功,便命名此僧院为白马寺。

佛教虽起源于印度,而发展却在中国。白马寺建成后,腾、兰二高僧移居其内,翻译佛典,讲经说法。他们在寺内清凉台上共同译出了中国第一部汉文佛经《佛说四十二章经》。汉明帝极为珍视这部佛经,敕令藏于兰台石室第十四间。因此,作为白马寺六景之一的清凉台,也是中国第一译经场。曹魏时期,印度高僧昙柯迦罗在白马寺译出了中国第一部汉文佛教戒律《僧祇戒心》,并立坛传戒,开震旦传戒之先河。当时中国第一个汉人出家和尚朱士行就是在白马寺出的家、受的戒。其后,佛教就在中国弘扬流布并日趋兴盛。佛教传入东土,不但在中国成为一大宗教,而且远播日本、朝鲜、越南等地,近代还相继传到欧洲和美洲。追本寻源,白马驮经之功,自是千秋不朽。腾、兰二高僧,被尊为东土佛教鼻祖,应是当之无愧;而洛阳白马寺作为世界著名伽蓝,尊为"释源"、"祖庭",自是理所当然。由此可知,白马寺在中国佛教史上的重要地位和重大作用。故有"祖庭十古"之说:即中国第一古刹白马寺、第一古塔齐云塔、第一次西天求经——永平求法、第一来华传教的印度高僧——摄摩腾、竺法兰、第一传入中国的梵文佛经——贝叶经、第一译经道场——白马寺清凉台、第一部汉文佛经——《佛说四十二章经》、第一部汉文戒律——《佛祇戒心》、第一座传戒道场——白马寺、第一位汉人出家和尚——朱士行。

白马寺作为首批全国重点文物保护单位和全国重点寺院,是重要的佛教圣地和旅游景区。2001年1月,经过评定验收,白马寺被国家旅游局批准为首批AAAA级景区。目前,白马寺旅游区占地面积达250亩。寺门前绿草如茵,开阔平坦。寺内,其主体建筑分布在由南向北的中轴线上。进入山门依次为天王殿、大佛殿、大雄殿、接引殿、毗卢阁五层殿堂。从前到后,渐次升高。中轴线两侧建设,左右对称。寺院内苍松翠柏,花香四溢,清净优雅的环境,安详静谧的佛门气氛,受到了中外旅客的好评。

中国第一古刹白马寺被佛教界奉为"释源"和"祖庭",到洛阳白马寺拜谒参禅是无数善男信女一生的追求,听白马寺钟声,增智慧、祛烦恼,是黎民百姓最大的愿望。每年洛阳举办的白马寺钟声迎新年活动都吸引众多海内外游人。在白马寺108下悠长的钟声里迎来幸福吉祥的新年。

洛阳旅游网:http//www.lyta.com.cn

旅游咨询热线:0379-4313824　4313825

例评要求:1.以上例文是怎样安排结构的?
　　　　　2.以上例文的语言有什么特点?

第七节　商品说明书

一、基本知识

(一)商品说明书的定义

商品说明书是介绍说明产品的性质、性能、构造、特点、用途、规格、使用方法、注意事项等,以帮助人们了解和正确使用产品的一种文字材料。

商品说明书一般随产品附送,其形式多样:简短的说明书就标明在产品的包装上;稍长的说明书就印在单页纸上;更长的说明书则制成小册子,图文并茂。

(二)商品说明书的特点

1.依附性。商品说明书是完全依附于产品本身的,可以说没有产品就不会有商品说明书。商品说明书的依附性体现在两个方面:一是内容上的依附性,即商品说明书的内容完全是对产品本身的说明和介绍,不能凭空杜撰,张冠李戴;二是形式上依附性,即商品说明书,一般不能独立存在,而必须依附于产品的存在。

2.实用性。商品说明书是为了消费者了解产品和使用产品而写的,是消费者认识和掌握产品知识产品用法的工具,因此具有实用性和可操作性。

3.说明性。说明性是商品说明书在表达上的特点,要求用浅显、明白、平实的语言,科学、准确的说明方法,对产品进行客观的说明和介绍,以指导消费者使用产品为目的。

(三)商品说明书的分类

1.按行业分,可分为工业商品说明书、农业商品说明书、科技商品说明书、商业服务说明书、全能保险说明书、旅游观光说明书、影视作品说明书等。

2.按表现形式分,可分为文字式说明书、图表式说明书。

3.按写作方式分,可分为条款式说明书、概述式说明书。

4.按包装方法分,可分为外包装式说明书、内包装式说明书。

(四)商品说明书的作用

1.传播知识。商品说明书会使消费者获得有关某一商品的知识,加深对产品的了解,为进而购买和使用产品创造便利条件。

2.指导消费。商品说明书通过对产品进行客观的介绍、科学的解释,可使消费者了解产品的特点,熟悉产品的性能,掌握产品的使用方法,进而采取合理的消费行为,避免因选择和使用不当而造成不必要的损失。

3.宣传企业。商品说明书在介绍产品的同时,也宣传了企业,因而它往往兼有广告宣传的性质。应当说,商品说明书在推介产品、扩大品牌知名度方面有着重要的作用。

二、写作要求

(一)事项要齐全

为使消费者对产品知识有全面的了解,在商品说明书中要将消费者需要了解的事项全部写入,而不能有任何遗漏。

(二)内容要准确

为使消费者对产品的实际用途和价值有准确的了解,在撰写商品说明书时要实事求是地介绍产品的真实内容,而不能弄虚作假。

(三)特点要突出

注意突出产品的特点,有两层含义:一是不同类型的产品有着不同的特点,在写作时要善于根据产品的特点确定写作的侧重点,以使内容有详有略,把消费者最需要了解的内容反映出来;二是与同类产品相比,该产品应有自己的特性,要善于把这种个性化的东西反映出来,以加深消费者对该产品的了解。

(四)语言要通俗

商品说明书的读者对象是广大消费者,有的是第一次接触该产品,因而商品说明书应尽可能把说明书写得明白、浅显,把深奥的专业知识尽可能介绍得简单、明了,让广大消费者都能读懂,并指导消费。

三、格式写法

商品说明书的格式是:标题+正文+尾部。

(一)标题

商品说明书的标题通常采用产品名称+文种,如《散利痛片使用说明书》。有时可采用省略式,只写产品名称或文种。

(二)正文

正文是商品说明书的中心和主体,这部分要写得内容完整,条理清楚。

1. 内容。不同产品的说明书,说明的重点不一,有的强调各种用途,有的强调优良性能,有的重点介绍使用方法。因此,商品说明书的正文,应根据不同的产品和写作目的来决定内容的取舍和写法。但"定法虽无,大法则有",商品说明书的正文,一般按照"是什么""怎么样""怎么用"的顺序来展开。

(1)开头部分交代产品"是什么",如产品的名称、产地、性能、特点、用途、设计目的等。

(2)中间部分说明产品究竟"怎么样",如产品的制作工艺、性能指标、主要技术参数、工作原理等。

(3)结尾部分介绍产品"怎么用",如产品的使用方法、维修保养方法、注意事项等。

2.写法。商品说明书可用条款式、概述式、问答式、表格等形式来写。其中条款式和概述式最为常见。

药品、服装和各种电器,一般都用条款式。这种说明方式的优点是:醒目、突出、条理清楚。概述式也叫短文式,多用于介绍性的内容说明,它相当于一篇说明文,不仅产品说明可用它,电影、电视、戏剧、图书等说明也可以用,这种说明方式的优点是简明、连贯。

(三)尾部

尾部一般要写出厂名、地址、邮编、电话、传真、网址等,以供联络之用。

四、实例文选

散利痛片
使用说明书

正名:散利痛片

英文名:Compound Propyphenazoni Tablets

成分:每片含对乙酰氨基酚(扑热息痛)250毫克,异丙安替比林150毫克,咖啡因50毫克。

性状:本品为白色片。

药理作用:本品为解热镇痛药,对乙酰氨基酚和异丙安替比林系通过抑制中枢神经系统的前列腺素的合成产生镇痛作用;解热作用系通过下视丘体温调节中枢而起作用。咖啡因能增强镇痛效果。

适应证:适用于头痛、牙痛、神经痛、月经痛、肌肉痛及风湿痛、发热等。

用法与用量:口服,成人每次1～2片,6岁以上儿童每次1/2～1片,一日3次。

不良反应:一般在常用剂量下可耐受,在极个别的情况下可引起皮肤过敏症(红疹,荨麻疹)。

禁忌证:严重肝肾功能不全,溶血性贫血及对本品某一成分过敏者禁用,学龄前小儿不宜服用。

注意事项:本品不宜长期或大剂量服用,服药期间应忌酒。

贮藏:遮光,密封保存。

包装:铝塑包装。10片/盒;20片/盒。

有效期:5年

批准文号:沪卫药准字(1995)第203001号

药物请勿放置于儿童容易接触之地方

制造商:上海罗氏制药有限公司
地址:上海浦东龙东大道1100号
邮政编码:201203
电话:021-50801888

例评要求:1.以上例文是怎样安排结构的?
　　　　2.以上例文的语言有什么特点?

五、文种辨析:商业广告与商品说明书

商业广告和商品说明书的相同之处:在介绍产品和服务项目时,都能起到宣传、告知的作用,均有吸引注意力、引导消费、提高品牌知名度之目的。但两者的不同之处有四点。(1)写作目的不同。商业广告的目的是诱导消费者购买商品,以促进销售;商品说明书的目的是帮助人们了解产品,掌握产品的用法。(2)写作重点不同。商业广告往往只选取最富有特征性的内容加以重点介绍,其他次要内容一般少写或不写;商品说明书往往全面地介绍产品的性能、特点、用途、规模、型号、使用方法、注意事项等,让消费者全面了解和使用产品。(3)宣传手段不同。商业广告一般由广告主委托广告专业部门策划、制作,单独出现在各种媒体上;商品说明书一般由生产厂家自己撰写,多写在产品的内、外包装上,与产品在一起。(4)表达方式不同。商业广告一般使用叙述、描写、议论、抒情等多种表达方式,往往配上图画、照片、色彩等,突出艺术性和感染力,以刺激消费者的欲望;商品说明书以说明为主要表达方式,行文朴素无华,冷静客观地说明产品信息,以帮助消费者正确消费。

第八节　招标书　投标书

一、基本知识

(一)招标书、投标书的定义

1.招标书,是指单位在兴建工程或经营业务时,事先把有关标准、价格、条件等事项公告于世,以期选择投标单位的一种文字材料。招标书又称招标公告、招标通告、招标启事、招标邀请书、招标说明书等。

2.投标书,是指投标者为了中标而按照招标单位提出的条件和要求所做出承诺的文字材料。投标书又称为标书、标函等。

(二)招标书、投标书的特点

1.规范性。招标书、投标书的制作过程和基本内容要符合《中华人民共和国招标投标法》的基本规定和要求。

2.公开性。招标和投标都要本着公开、公平、公正的原则进行。招标书必须公开发表或向所有投标者提供,中标结果也必须发表并向所有投标者通报,整个过程具有公开性和竞争性。

3.效益性。通过公开招标,让众多的投标人进行竞争,从而以最低或较低的价格获得最优的货物、工程或服务,取得最佳的经济效益。

(三)招标书、投标书的分类

1.按范围分,有面向系统内部的项目招标和投标,有面向本地区或外地区或国内的项目招标和投标,有面向全球的项目招标和投标。

2.按内容分,有工程建设项目招标和投标,有科研课题、科技开发项目招标和投标,有企业承包项目招标和投标,有劳务项目招标和投标等。

3.按方式分,有公开招标和投标,有邀请招标和投标。

(四)招标书、投标书的作用

1.有利于公开竞争。用公开招标的方法来开展经济活动,讲究公平竞争,可以打破垄断,避免以权谋私现象的发生。

2.有利于提高经济效益。招标方通过招标方式,可以从投标者中选择能使自己获得最大经济效益的投标人,使自己获得更大的社会效益。

3.有利于投标者水平的提高。要想获得中标的机会,投标者必须想方设法提高自身的竞争实力,这样可以促进投标者业务水平不断提高。

(五)投标、投标的程序

1.招标单位编制和报审招标文件,发表招标公告,出售标书。

2.投标者购买或领取标书。

3.招标单位组织投标者勘察设计现场,解答招标书中的疑点。

4.投标者填写投标书,并向招标单位报送。

5.招标单位对投标者的资格及信誉进行审查。

6.招标单位按时召开揭标会议,当众开标,公布标底、标价,评定中标单位,并发出中标通知书。

7.招标和中标单位签订合同,招标工作结束。

二、写作要求

(一)招标书的写作要求

1.程序要合法。应根据《中华人民共和国招标投标法》开展招标工作,招标程序合法,科学规划,切实可行。

2.内容要全面。介绍招标项目的内容要全面真实,招标的步骤要清楚具体,对投标人的要求应明确清楚。

3.语言要准确。招标书的格式要规范,对语言的表达更要准确,尤其是对招标的项目名称、技术规格、质量标准等应准确表达,不可含糊,以免影响招标工作的开展。

(二)投标书的写作要求

1.分析要全面。在拟订标书前,要仔细研究投标项目,认真分析招标文件中规定的各种条件,充分了解市场信息,结合自身情况制订详细的项目设计方案和项目总体实施计划,不遗漏必要的内容,以增强自己的竞争力。

2.内容要真实。投标书的写作,要求实事求是说明自己存在的优势和特点,不可弄虚作假。

3.拟写要及时。如果不及时拟写,超过了招标文件上规定的时限,招标人可以拒收。

三、格式写法

(一)招标书的格式写法

招标书的格式是:标题＋正文＋落款。

1.标题。其有三种写法。

(1)仅写文种"招标书"。

(2)由招标项目＋文种构成,如《图书馆建设工程招标公告》。

(3)由招标单位＋招标项目＋文种构成,如《台州科技职业学院图书馆建设工程招标公告》。

2.正文。其由前言＋主体＋结尾三部分构成。

(1)前言。主要写明招标的目的、依据和招标项目的名称。

(2)主体。一般写清下列内容:①招标项目的名称和编号。②招标项目的内容和要求。③投标方的资格和条件。④招标文件的获取方法与要求。⑤递交投标文件的时间与地点。⑥开标的时间与地点。⑦评标与定标方式。

(3)结尾。主要写明招标方的联系信息,如单位名称、地址和联系人、联系电话等。

3.落款。一般写明招标单位和成文时间。

(二)投标书的格式写法

投标书的格式是:标题＋主送单位＋正文＋落款。

1.标题。其有三种写法。

(1)仅写文种"投标书"。

(2)由投标项目＋文种构成,如《图书馆建设工程投标书》。

(3)由投标单位＋投标项目＋文种构成,如《台州科技职业学院图书馆建设工程投标书》。

2.主送单位,即对招标单位的称呼。

3.正文。其由前言+主体+结尾三部分构成。

(1)前言。介绍投标的目的或依据,并表明投标的意愿。

(2)主体。它是投标书正文的核心内容,主要包括三方面的内容:①写明投标项目的指标。②实现各项指标,完成任务的具体措施。③对招标单位提出希望与支持的要求。

(3)结尾。主要写明投标人的联系信息,如单位名称、地址和联系人、联系电话等。

4.落款。一般写明投标单位和成文时间。

四、实例文选

1.招标书

××职业技术学院采购卧式普通车床、铣床的招标公告

根据《中华人民共和国政府采购法》有关规定,为确保采购产品的质量,维护招、投标双方的合法权益,××荣信招标代理有限公司受××职业技术学院委托,就卧式普通车床、铣床的采购进行公开招标,欢迎国内合格的供应商前来投标。

一、招标项目编号:LSRX-××××

采购组织类型:分散采购委托代理

二、招标项目概况(内容、用途、数量、简要技术要求等)(略)

三、投标供应商资格要求

1.符合《中华人民共和国政府采购法》第22条规定;2.注册生产或经营标的货物,具有良好供货及今后服务能力;3.具有履行合同所必需的设备和专业技术能力;4.具有车床、铣床主机生产厂家的授权书(投标人为代理商的提供)。

四、招标文件的发售时间、地点、要求

时间:20××年12月19日至20××年12月28日(双休日及法定节假日除外)上午:8:30—12:00,下午:2:00—5:30。

地点:××市××街157号科技大楼四楼409室。

标书售价(元):每本500。

投标人购买标书时应提交的资料:1.企业营业执照副本复印件(加盖公章);2.法定代表人授权委托书(原件);3.受托人身份证(原件及复印件)。

五、投标时间与地点

投标截止时间:20××年1月8日上午9:00。

投标地点:××荣信招标代理有限公司开标厅(××市××街157号科技大楼四楼)。

六、开标时间与地点

开标时间:20××年1月8日上午11:00。

开标地点：××荣信招标代理有限公司开标厅(××市××街 157 号科技大楼四楼)。

七、评标与定标

被采购商将综合投标报价、质量保证、今后服务等情况充分商议后定标。

采购代理机构名称：××荣信招标代理有限公司

地点：××市××街 157 号科技大楼四楼

联系人：×××

联系电话：××××-××××××××

传真：××××-××××××××

招标人：××职业技术学院

地点：××市××街××号

联系人：朱老师　季老师

联系电话：××××-××××××××

××荣信招标代理有限公司

××××年×月×日

2.投标书

投标书

××建设工程招标管理处：

根据××市××局××建设工程招标管理处 20××年×月×日×发布的《××职业技术学院行政办公楼建设安装工程招标公告》，以及××省建筑设计院设计的设计图纸内容，我公司具备承包施工条件，决定对以上工程进行投标。

一、工程标价

预算总造价为××××万元，标价在预算总造价的基础上降低 1‰，即×××元(详见工程造价表)。

二、建设工期

在接到"中标通知书"后 15 天进场，做好开工前的一切准备工作，20××年×月×日正式破土动工，20××年×月×日施工，总工期为××个工作日(详见进度计划表)。

三、工程质量

根据图纸要求，保证工程质量达到优良级，保证质量安全的主要措施见"施工组织计划"。

四、施工措施(略)

五、建议

建设过程中如有设计变更、材料更换，双方协商处理。

```
投标单位:××××建筑安装公司
地址:××市××路××号
企业负责人:×××
联系人:×××
电话:××××-××××××××
```

××××建筑安装公司
××××年×月×日

例评要求:1.以上例文是怎样安排结构的?
　　　　2.以上例文的语言有什么特点?

第九节　意向书　合同书

一、基本知识

（一）意向书、合同书的定义

1.意向书,是指当事人双方或多方之间对某一重要合作项目在签订条约、达成协议之前,提出初步合作设想的约定性文书。

2.合同书。《中华人民共和国合同法》第 2 条规定:"合同是平等主体的自然人、法人、其他组织之间设立、变更、终止民事权利义务关系的协议。"

（二）意向书、合同书的特点

1.意向书的特点。

（1）临时性。意向书是双方临时共同协商的产物,它只是洽谈的初步成果,为今后的谈判作铺垫,也是今后协商的基础,在双方签署之后,仍然允许协商修改。一旦谈判深入,最终确定了合作双方的权利和义务,其使命就结束了。

（2）一致性。意向书的具体内容是经过双方一起协商一致同意的,能够表达双方的共同意愿。

（3）信誉性。意向书是建立在商业信誉基础之上的,虽然对各方有一定的约束力,但是并不具有法律的强制性,它讲究的是商业信誉。

2.合同书的特点。

（1）制约性。签订合同,必须遵守《合同法》。合同的签订及各项各款内容要合法,签订后必须严格遵守,不得擅自变更或解除。对违反合同的行为,当事人有权向仲裁或司法机关提出追究责任的请求,有关部门将依法予以处理。

(2)平等性。合同的各方,无论单位大小,无论是单位还是个人,都是平等的关系。订立合同是平等协商、自愿互利的,条款规定的各方权利、义务也是平等的,各方的权益都同样受到法律的保护。在合同面前,任何一方都不得享受特权。

(3)规范性。合同有固定的格式,其基本条款在《合同法》中有明确的规定。行业性质不同,合同格式也有差别。目前各行业主管部门和工商行政管理部门对各类合同一般都制作了规范的指导性文本,以便当事人使用。有的内容如在规范文本中不能涵盖,还可另签补充合同。

(三)意向书、合同书的分类

1.意向书的分类。

(1)单签式意向书,即只由出具意向书的一方签署表示合作意向,但文件一式两份,由合作的另一方在副本上签字盖章表示认可,交付对方。

(2)联签式意向书,即由双方经过商谈,达成合作意向后,双方联合签署,各执一份为凭。

(3)换文式意向书,即双方各在自己文书上签署,通过双方交换文书的方法表达合作意向。

2.合同书的分类。

(1)按订立方式划分,有口头合同、书面合同和其他形式合同。

(2)按写作形式划分,有条款式合同、表格式合同和条款加表格式合同。

(3)按有效期限划分,有长期合同、中期合同和短期合同。

(4)按当事人划分,有国内合同、涉外合同等。

(5)按内容范围划分,《合同法》规定有买卖合同、供用电(水、气、热力)合同、赠予合同、借款合同、租赁合同、融资合同、承揽合同、建设工程合同、运输合同、技术合同、保管合同、仓储合同、委托合同、行纪合同、居间合同15种。

(四)意向书、合同书的作用

1.意向书的作用。

(1)备案作用。用来向政府主管部门上报备案,作为立项的依据。

(2)约束作用。反映双方的业务关系,约束双方的行为,保证双方的利益。

(3)保障作用。为进一步正式签订协议奠定基础,是"协议书"或"合同"的先导,确保业务朝着健康有利的方向发展。

2.合同书的作用。

(1)有利于保护当事人的合法权益。合同依法订立,即具有法律效力。对不履行合同或故意破坏合同而造成经济损失的一方,就要以合同为依据,对照条款进行交涉,甚至诉诸法律,请求仲裁,这就从法律上保护了当事人的合法效益。

(2)有利于企业加强经营管理。一经签订合同,就要保质保量并如期完成合同所规定的任务,这就促使企业改善经营管理,加强成本核算,挖潜节能,提高产品质量,从而提高经济效益。

(3)有利于社会主义市场经济的发展。随着社会主义市场经济体制的建立和逐步完善,越来越多的经济关系和经济活动需要明确契约关系,以保证市场经济在法律的轨道上正常运转。合同,作为受法律保护的财经文书,自然成为发展市场经济不可或缺的工具。

二、写作要求

(一)意向书的写作要求

1.坚持平等互利的原则。签订意向书的双方或多方,不分单位大小和资本多少,都应一视同仁,平等对待;既不能迁就对方,也不能把自己的要求无原则地强加给对方。在协商与写作过程中,要坚持平等互利的原则;协商时,要彼此礼貌,互相尊重;写作时,也要尽量用商量的语气,不能带任何强制性。

2.讲究内容的灵活性。意向书不是合同或协议书,没有法律的约束力,是可以更改的,因此,要体现出一定的灵活性。意向书的灵活性主要在三个方面:一是可以随时对意向书的内容进行调整和补充。意向书的最后一个条款通常是"未尽事宜,在签订正式合同或协议书时再予以补充",便是意向书灵活性的体现,为修改合作意向留下了余地。二是在同一份意向书里可以提出多种方案供对方选择,或者对其中的某项某款同时提出几种意见或方案,让对方比较和选择。三是意向书仅仅是各方共同意向的记录,没有法律效力,一般不写入对各方有约束性的条文。

3.使用"意向性"的语言。意向书具有相互协商的性质,表述的内容也比较原则、笼统,需要为以后的谈判和正式签订合同留有余地。因此在行文中不要随便使用"必须""应该""否则"等规定性的强制性语言,要注意多用商量的语气,注重使用留有余地、富有弹性的语言,不要把关键问题的条款尤其是数字写得太具体、太精确。

(二)合同书的写作要求

1.内容要合法。合同的内容必须遵循合法性的原则,遵循平等互利、协商一致、等价有偿的原则。合同的内容不得违反国家的法律法规,不得破坏国家利益和社会公共利益,不得损害社会主义道德原则,要承担相应的权利和义务。合同内容的不合法,应被视为无效合同。另外,对合同的订立和履行、变更和解除、违法责任等,国家都以法规的形式作为规定。从合同的签署、履行到纠纷的调解、仲裁,都必须依法进行。

2.条款要完备。在合同中,当事人双方的权利、义务和责任都要分别写清,任何一种可能出现的情况都要顾及。条款要全面、周详,不能有遗漏,除了要写明主要条款和附则之外,有的条款还要根据标的物的特点尽可能具体化。如有需要,在合同中还可以另加附件,以避免引发日后的纠纷。

3.措辞要严密。为避免在合同的履行中产生不必要的争执,也为了避免留下漏洞,使别有用心者找到钻空子的机会,合同的语言要十分准确、严密,不能有模棱两可或含糊不清的情况出现。从实际情况来看,在合同的签订中,遣词造句确实是很重要的一环。一句话、一个词、一个字甚至一个标点符号用得是否得当,有时会涉及极大的经济利益,真可谓"一字千金"。

三、格式写法

(一)意向书的格式写法

意向书的格式是:标题＋正文＋落款。

1.标题。

其标题有三种写法。

(1)仅写文种"意向书"。

(2)由事由＋文种构成,如《关于兴建××娱乐城的意向书》。

(3)由合作单位＋事由＋文种构成,如《××公司、××公司关于合作经营钢材的意向书》。

2.正文。

其由开头＋主体＋结尾三部分构成。

(1)开头。一般交代签订意向书的各方名称、代表姓名、双方接触的简要情况与过程。最后通常以"达成如下合作意向"引出主体内容。

(2)主体。一般以条文的形式表述合作各方达成的具体意向,如项目的名称和地址、经营范围、合作期限、投资金额、双方责任、利润分配等。主体的最后一个条款通常写明"未尽事宜,在签订正式合同或协议时再予以补充"。

(3)结尾。一般写明意向书的文本保管、生效等情况。

3.落款。

落款一般要写上各方当事人的名称并盖章、代表人签字、签订日期。

(二)合同书的格式写法

合同书的格式是:标题＋当事人＋正文＋落款。

1.标题。主要用以明确合同的业务性质,即写明这是哪一类合同,如《贷款合同》、《建设工程合同》等。

2.当事人。当事人也叫立合同人。在这个部分,应写明签订合同的当事人(或单位)名称,名称应按营业执照上核准的全称来写,不应写简称,更不能写外人不了解的代称、代号。为了正文部分行文方便,可在括号中注明一方为"甲方",另一方为"乙方"。在贸易合同中,有的称一方为"供方",另一方为"需方"。无论哪一类合同,都不能将当事人称作"我方"和"你方"。

3.正文。一般由开头＋主体＋附则三部分构成。

(1)开头。简单说明签订合同的目的或依据。

(2)主体。这是反映合同的主要内容的核心部分,在此要逐条写明双方议定的各项条款。经济合同一般应具备以下主要条款。

①标的。标的是合同双方的权利和义务所共同指向的对象。它可以是某种实物或货币,也可以是某项工程、劳务、科技成果或专利权等等。没有标的或标的不明确,当事人的权利和义务就失去了指向和依据,合同就没有意义,因此也就不能成立。

②数量。数量是衡量标的的尺度,是确定双方的权利和义务大小的标准,是履行合同的具体条件之一。数量的规定要准确,法定计量单位要明确。

③质量。在合同中详细写明质量的技术要求和标准,对于保证和检验标的质量有着重要的意义。

④价款或酬金,又称标的的价金,是指取得对方产品或接受对方劳务等所支付的代价,通常以货币的数量来表示。除法律或行政法规另有规定外,以货币履行义务时,必须用人民币进行计算和支付;除国家允许使用现金支付的以外,必须通过银行转账或者票据结算。

⑤履行的期限、地点和方式。履行的期限要写具体,履行的地点和支持方式中应包括包装要求、费用负担、运输方式等各项内容。

⑥违约责任。这一项又称"罚则"。由于当事人一方的过错造成合同不能履行或者履行中出现事故,要由有过错的一方承担违约责任。此处要将制裁措施及违约金、赔偿金的数额写清。

⑦解决争议的方法。在这部分要写明如果出现争议将在何地、用何种方式加以解决等。

(3)附则。在这个部分主要写明合同的生效、保管、附件等情况。

4.落款。在落款处,主要应有以下两项内容。

(1)署名。当事人分别签署各自的名称,并加盖印章。如有鉴证机关,也应署名加印。

(2)日期。在署名的下方,应注明合同签订的日期。

四、实例文选

1.意向书

意向书

岳阳××公司(以下简称甲方)总经理××先生与法国××公司(以下简称乙方)董事长××女士,于岳阳华瑞大酒店就在岳阳经济技术开发区共同投资举办××有限公司等事宜,进行了深入的洽谈,达成如下合作意向:

一、企业名称:岳阳××公司。

二、注册地址:岳阳市××区××路××号。

三、投资总额:××××万元人民币;注册资本:××××万元人民币。其中,甲方出资人民币××××万元,乙方出资人民币××××万元。

四、经营范围:生产××产品。

五、合营年限:20年。

六、利润分配:各方按投资比例或协商比例分配。

七、合资企业自营出口或委托有关进出口公司代理出口,价格由合资企业定。

八、合资兴建公司的未尽事宜,在正式签订合同时予以补充。

九、本意向书一式两份,双方各执一份。作为备忘录,各执一份备查。

十、本意向书签字盖章后生效。

甲方:岳阳××公司(印章)	乙方:法国××公司(印章)
代表:(签字)	代表:(签字)
××××年×月×日	××××年×月×日

2.合同书

购销合同

合同编号:

立合同双方:

　　　××××××(供方)

　　　××××××(需方)

根据《合同法》和有关政策规定,经双方协商,签订本合同,以资共同信守。

一、产品的名称、型号、单位、数量、金额、交货时间:

产品名称	规格型名	单位	数量	单价/元	金额/元	交货时间
BET	树脂切片	吨	50	8000.00	400000.00	××年×月×日
聚乙烯		吨	50	7000.00	350000.00	××年×月×日
聚丙烯		吨	50	7000.00	350000.00	××年×月×日

总计金额(大写)壹佰壹拾万元整

二、产品质量标准:按国家标准验收。

三、交货地点、方式:在供方厂内仓库交货,需方委托供方代办运输。

四、包装要求:包装完好,包装纸箱由供方负责,不计价,不回收。

五、费用负担:由需方负担。

六、结算方法:合同生效之日,需方以银行汇票交付供方货款总额的10％;供方按合同规定交清数量后,需方在10日内以银行汇票结清。

七、违约责任:供方不能交货或需方退货时,向对方偿付不能交货或退货部分货款总值的 5％的违约金；供方不能按时交货或需方不能按时付款时，每迟一日，向对方偿付 500 元违约金。

八、附则：本合同双方签字盖章后生效；本合同双方各执一份。

供方单位：××××（盖公章）	需方单位：××××（盖公章）
代表人：×××（盖私章）	代表人：×××（盖私章）
开户银行：××××××	开户银行：××××××
账号：××××××	账号：××××××
电话：××××××××	电话：××××××××
邮编：××××××	邮编：××××××
地址：××××××	地址：××××××

签订时间：××××年×月×日

例评要求：1. 以上例文是怎样安排结构的？
　　　　　2. 以上例文的语言有什么特点？

五、文种辨析：备忘录、意向书与协议书、合同书；协议书与合同书

（一）备忘录、意向书与协议书、合同书

备忘录、意向书与协议书、合同书虽然都属于协议类文书，但它们之间有明显的区别。

1. 约束力不同。备忘录、意向书不具有法律效力，对合作各方不具有法律约束力，只有信誉的约束力；协议书、合同书都具有较强的法律效力，各方必须按规定履行责任与义务。

2. 签订时间不同。备忘录、意向书签订的时间较早，是在各方正式合作之前签订的，并不意味着进入实质性的合作；协议书与合同书则是意味着合作各方开始正式合作。

3. 写作要求不同。备忘录、意向书的内容较为原则、简略，没有特别规范格式的要求；相比较而言，协议书与合同书的内容比较具体，特别是合同，应严格按《合同法》的规定签拟，写作上也有较为规范的格式、语言运用方面的要求。

（二）协议书与合同书

协议书与合同书都是契约性文书，它们的用途、写法相近，都具有法定的约束力。但两者有明显的区别。

1. 适用范围不同。合同书主要运用在经济活动中，《合同法》对合同的种类作了明确的规定，合同的适用范围有一定的限制；相比之下，协议书的适用范围要比合同书广泛，不仅限于经济活动。

2.条款内容不同。《合同法》对合同书应具备的主要条款作了明确的规定,合同书的条款内容较为具体详尽;而协议书的内容一般比较原则。

3.规范程度不同。为了维护社会的经济秩序和当事人的合法权益,《合同法》对合同书的签订有严格的规定,规范程度较高;协议书的规范程度相对较弱。

技能训练

一、名词解释

经济活动预测报告、经济活动分析报告、可行性研究报告、财务分析报告、商业广告、商品说明书、招标书、投标书、意向书、合同书、定性预测法、定量预测法、比较分析法、因素分析法

二、填空题

1.经济活动预测报告具有＿＿＿＿、＿＿＿＿、＿＿＿＿特点。

2.经济活动分析报告具有＿＿＿＿、＿＿＿＿、＿＿＿＿特点。

3.可行性研究报告具有＿＿＿＿、＿＿＿＿、＿＿＿＿特点。

4.财务分析报告具有＿＿＿＿、＿＿＿＿、＿＿＿＿特点。

5.商业广告具有＿＿＿＿、＿＿＿＿、＿＿＿＿特点。

6.商品说明书具有＿＿＿＿、＿＿＿＿、＿＿＿＿特点。

7.意向书具有＿＿＿＿、＿＿＿＿、＿＿＿＿特点。

8.合同书具有＿＿＿＿、＿＿＿＿、＿＿＿＿特点。

9.经济活动预测报告的正文由＿＿＿＿、＿＿＿＿构成,主体部分又由＿＿＿＿、＿＿＿＿、＿＿＿＿构成。

10.经济活动分析报告的正文由＿＿＿＿、＿＿＿＿构成,主体部分又由＿＿＿＿、＿＿＿＿、＿＿＿＿构成。

11.财务分析报告正文主体部分一般对＿＿＿＿、＿＿＿＿、＿＿＿＿、＿＿＿＿进行分析。

12.广告按传播媒介可分为＿＿＿＿、＿＿＿＿、＿＿＿＿、＿＿＿＿、＿＿＿＿、＿＿＿＿、＿＿＿＿七类。

13.广告文案的格式由＿＿＿＿、＿＿＿＿、＿＿＿＿构成。

14.广告语的写作常见有＿＿＿＿、＿＿＿＿、＿＿＿＿、＿＿＿＿、＿＿＿＿、＿＿＿＿、＿＿＿＿、＿＿＿＿八种。

15.商品说明书的格式由＿＿＿＿、＿＿＿＿、＿＿＿＿构成。

16.合同书正文主体部分的主要条款是＿＿＿＿、＿＿＿＿、＿＿＿＿、＿＿＿＿、＿＿＿＿。

三、简答题

1.什么是财经文书?它有哪些特点和分类?

2.经济活动预测报告有哪些写作要求？

3.经济活动分析报告有哪些写作要求？

4.可行性研究报告有哪些写作要求？

5.财务分析报告有哪些写作要求？

6.商业广告有哪些写作要求？

7.商品说明书有哪些写作要求？

8.招标书有哪些写作要求？

9.投标书有哪些写作要求？

10.意向书有哪些写作要求？

11.合同书有哪些写作要求？

12.经济活动分析报告与总结有哪些异同点？

13.商业广告与商品说明书有哪些区别？

14.协议书与合同书有哪些区别？

四、语言分析题

（一）下列句子有错，请加以改正。

1.××厂一年的生产任务仅用六个月就完成了,时间缩短了1倍。

2.××公司,仅两年时间,上交的税利从10万元增加到50万元,整整增加了5倍。

3.××商场6月份销售额完成9万元,比5月份15万元降低了60％。

4.××厂去年亏损12万元,今年减少1倍,只亏损6万元。

5.超额完成月计划销售额10％以上柜组,每月每人发奖金200元;若超额20％以上,则按月每人发奖金400元。

（二）一则广告写道:"该厂生产的工业缝纫机,荣获国家名牌产品,欢迎来函来人订货"。请对这则广告用语上的失误予以改正。

（三）某市食品商店(甲方)与某县粮食局(乙方)签订了一份供应芝麻的合同,其中有一句:"乙方向甲方供应黄白芝麻共100吨"。这句话原意是品种为"黄白相间"的芝麻,可是乙方供货时,却是黄芝麻50吨,白芝麻50吨,闹出一场经济纠纷。你认为问题出什么地方？从中可吸取些什么教训？

五、习作题

1.做一次调查,为某商品撰写一份预测报告。

2.选择一个企业进行调查,就某一经济活动情况撰写一份分析报告。

3.搜集有关资料,撰写一份可行性研究报告。

4.搜集有关资料,撰写一份财务分析报告。

5.请你为××商业银行制作一份户外高架广告。

6.搜集有关资料,撰写招标书和投标书。

7.某某饮食服务公司经理李××对该公司下属红星饭店经理赵××说:"根据经济管理体制改革的精神,为调动广大职工积极性,公司决定将这家饭店租给你们经营,由你代表员工与公司签订一份承包合同。"请你以赵××的身份与公司草拟这份合同书。

第五章　策划文书写作

学习目标

- 基本了解策划文书及各文种的定义、特点、分类、作用和写作要求
- 重点掌握专题活动策划书、营销策划书、广告策划书的格式和写法
- 体味例文,培养撰写策划文书的能力

第一节　策划文书概述

一、策划的定义

"策划"一词语出《后汉书·隗嚣传》:"是以功名终申,策画复得。""画"与"划"相通。策划是一种策略、筹划、谋划或者计划、打算。策划是指人们为了达到某种特定的目标,借助一定的科学方法和艺术技巧,为决策、计划而构思、设计、制作策划方案的过程。

策划是经济生活中的一项重要工作,也是现代企业以最小的投入获取最大的经济利益的最有效手段之一。好的策划,能使各项活动达到最优化的效果,从而最大限度地节约成本,提高收益。

二、策划的特点

1.战略性。策划是对某一项活动进行系统整合和策划的过程,因而它要在战略层面上运筹。

2.全局性。策划对于未来的计划具有统领指导作用,因而它必须既要向前看,又要向后看,既要有前瞻性,又要有全局性。

3.策略性。策划的灵魂和核心是战略指导思想、基本原则和方向的确立,是决定"做什么"的问题;但一旦做出战略决定,就要有与之相匹配的可操作的、巧妙的战术和方法,就要同时制定出关于"如何做"的一系列策略。

4.动态性。策划要适应变化多端的未来环境和条件,应该是富于弹性的、动态的、有变化的。

5.创新性。策划是一项创新性思维活动。

三、策划的分类

1.从社会角度,可分为政治策划、军事策划、经济策划、文化策划、外交策划等。

2.从行业角度,可分为房地产策划、婚庆策划、新闻策划、游戏策划等。

3.从目的角度,可分为专题活动策划、营销策划、广告策划、项目策划等。

四、策划与计划的区别

计划是工作或行动以前预先拟定的具体内容和步骤。策划是有谋略的计划。策划的含义比计划精密,有更深一层的意思,特别强调谋划以后再做计划。

1.侧重点不同。计划是按事先预定的事项,按部就班地完成即可,处理的重点是程序和细部的问题;策划的重点是从全局出发,对事态进行把握,对事情的活动作前瞻性、全局性和系统性的准备,强调大局观和整体观。

2.过程不同。计划是相对静止的安排,强调对既定安排的实施,计划要求最好保持一致性,不能朝令夕改;而策划是动态的过程,要随着事态或活动的变化而进行不断的修正与调整,要应需而变,应时而变,不断调整。

3.要求不同。计划是规定性的,强调规定性;策划是创造性的,是为实现目标而进行的创造性思考和创造性实践。

五、策划文书的定义

策划文书是指在各类活动中对未来事态的发展与绩效寻求最大化利益而进行计谋安排的应用文书。其有多种叫法,如"策划文案""策划书""企划书""策划方案""方案设计"等。

六、策划文书的分类

策划文书种类较多,但主要有以下三类。

1.专题活动策划书,主要有接待策划书、考察策划书、开业策划书、庆典策划书、新产品发布会和订货洽谈会策划书、元旦活动策划书等。

2.营销策划书,主要有商品销售策划书、商品布局策划书、市场推广策划书、新产品开发策划书等。

3.广告策划书,主要有广告总体策划书、广告主题策划书、广告项目策划书、广告费用预算书等。

第二节　专题活动策划书

一、基本知识

(一)专题活动策划书的定义

专题活动策划书,是指为接待、参观、考察、开业、庆典、新产品发布和订货洽谈、元旦活动等专题活动寻求最大化利益而进行计划安排的文字材料。

（二）专题活动策划书的特点

1.主题性。专题活动必须有一个明确的主题，整个策划方案都要围绕这个主题来制订，任何内容的安排都不能喧宾夺主，从而确保活动效果。

2.周密性。专题活动短则半天或一天，长则一周甚至数月，内容有多有少，所以在整个程序的安排上一定要周密有序，特别是一些细节问题也要处理好。

3.灵活性。活动的本身是一个充满变数的事情，所以在策划方案中要留有余地，必要时要有应急预案。

（三）专题活动策划书的分类

根据专题活动策划的内容不同，可分为接待策划书、参观策划书、考察策划书、开业策划书、庆典策划书、会议策划书等。

二、写作要求

（一）调研要充分

我们都知道，要形成好的行动方案，离不开实地勘察。同样，要制订出切实可行的专题活动书，就必须认真、充分地做好前期调查研究工作。只有这样，才能做好专题活动的整体布局，才能有针对性地解决好存在的问题，只凭主观臆断是不能做出成功的策划的。

（二）主题要单一

在策划专题活动时，不能面面俱到，只有把一个最重要的主题传达给受众，才能引起他们关注，取得实效。否则，如果在一次专题活动中主题太多，既容易喧宾夺主，又浪费经费。

（三）内容要可操作

一个良好的创意策划，加上一支精干的执行队伍，才能举办成功的专题活动。而执行是否成功，主要取决于策划方案内容的可操作性。因此，活动方案不但要周密，还要考虑天气、民俗等情况，可操作性要强。

三、格式写法

专题活动策划书的格式是：标题＋正文＋落款。

（一）标题

标题一般由事项名称＋文种构成，如《江苏华荣集团"温馨一家"系列新产品发布会和订货洽谈会策划方案》。有时这部分可制成封面，由标题＋策划机构（或策划人）＋成文日期构成，后加目录。

（二）正文

正文一般由前言＋具体方案＋有关附件三方面构成。

1.前言。这里的前言又称活动背景，简略说明活动缘起和目的意义。

2.具体方案。一般包括下列内容：活动名称、活动目的、活动主题、时间地点、参加人员、活动内容、活动流程、场地布置、宣传方式、组织分工、筹备计划、经费预算、应急预案、注意事项等。这部分内容可根据专题活动的需要进行取舍。

3.有关附件。一般包括活动（会议）通知、邀请函、工作证和嘉宾证、签到表、有关人员讲话稿、主持词、线路图等。这部分内容可根据专题活动的需要进行取舍。

（三）落款

落款一般要写明单位署名和成文日期。如果封面上已写明，这部分可省略。

四、实例文选

江苏华荣集团"温馨一家"系列新产品发布会和订货洽谈会策划方案

一、活动背景

为了更好地服务客户，满足客户的多元化要求，江苏华荣集团特推出"温馨一家"系列新产品，并召开新品发布会和订货洽谈会。为了让此次活动顺利进行，特制订本方案。

二、活动名称

江苏华荣集团"温馨一家"系列新产品发布会和订货洽谈会。

三、活动目的

1.通过新品发布会进一步提高公司的知名度和美誉度；

2.通过新产品发布会响应广大顾客需求，答谢顾客对本公司的大力支持，增强与顾客的合作与交流；

3.通过媒体宣传，提升新产品的社会认知度，扩大影响力，在消费者中进一步树立好形象。

四、活动主题

展示新品　共谋发展

五、时间地点

1.时间：2016 年 10 月 25 日

2.地点：×××酒店会议中心

六、参加人员

1.公司上级有关部门的领导；

2.江苏华荣集团的客户；

3. 媒体记者。

总计约 150 人。

七、活动内容

1. 公司举行"温馨一家"系列新产品发布会；

2. 现场展示系列新产品；

3. 公司举行订货洽谈会。

八、活动流程

时间		内容	地点	联系人	联系方式	备注
10月25日	8:40—9:00	1. 工作人员检查会场； 2. 准备接待领导和嘉宾。	××酒店会议中心	×××	××××××××	
	9:00—9:20	1. 保安人员引导车辆至停车场； 2. 礼仪人员引导领导和嘉宾至签到处签到； 3. 礼仪小姐为领导、嘉宾佩戴胸花； 4. 礼仪小姐引导领导和嘉宾至指定位置。	××酒店会议中心	×××	××××××××	
	9:20—9:30	播放公司宣传片。	××酒店会议中心	×××	××××××××	
	9:30—9:40	主持人开场,宣布会议正式开始。	××酒店会议中心	×××	××××××××	
	9:45—10:00	总经理讲话。	××酒店会议中心	×××	××××××××	
10月25日	10:00—10:20	新产品研发部部长讲话。	××酒店会议中心	×××	××××××××	
	10:20—11:00	有关人员上台展示新产品;主持人并介绍新产品。	××酒店会议中心	×××	××××××××	
	11:00—11:20	播放新产品宣传片。	××酒店会议中心	×××	××××××××	
	11:20	午宴。	××酒店宴会厅	×××	××××××××	
	13:00—16:00	订货洽谈	××酒店会议中心	×××	××××××××	

九、场地安排

(一)文字说明

1. 外场区

(1)在会场门口设置气球拱门,并挂上横幅；

（2）在会场的主干道等显眼位置摆放指示牌，指引领导、来宾入场；

（3）停车处放置停车指示牌；

（4）电梯或楼梯口通往会场的中间通道铺上红地毯。

2.签到区

（1）会场入口拱门侧设置签到台，签到台后方为公司宣传海报；

（2）摆放"签到处"的指示牌；

（3）安排两名礼仪小姐为领导和来宾发放宣传资料。

3.主席台

（1）在主席台及两侧的台阶上铺上红地毯；

（2）主席台设置背景屏幕，并显示"江苏华荣'温馨一家'新产品发布会和订货洽谈会"；

（3）主席台前摆放盆栽、花束；

（4）主席台右前方设置发言席，摆放花束和麦克风。

4.嘉宾区

（1）场地布置红地毯；

（2）主席台正前方划分座位图，并放上指示牌；

（3）嘉宾席中间及两侧位置为摄像机机位。

（二）会场布置图

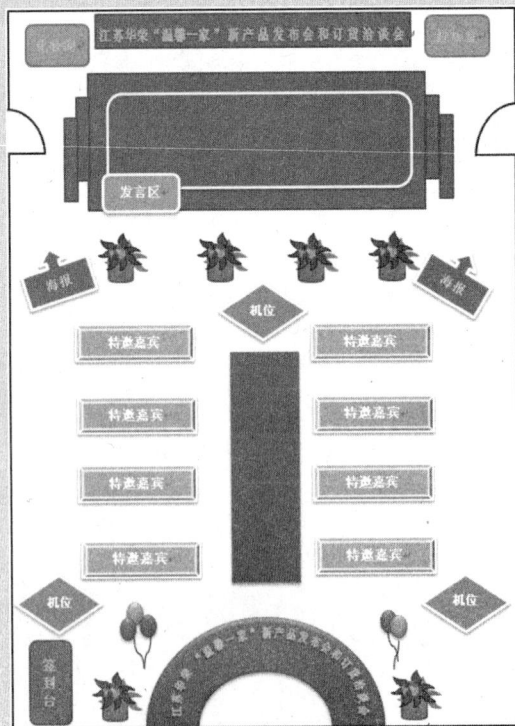

十、宣传方式

（一）广告宣传

1.在当地主流电视台做滚动字幕广告；

2.在各大报刊刊登活动具体情况。

（二）网络宣传

1.在公司网站、官网站发布活动具体事宜；

2.通过 QQ、微信、微博发布新闻动态。

（三）资料宣传

1.在活动现场分发宣传册子、宣传单等资料；

2.在活动现场悬挂宣传标语、横幅等，力求全方位宣传。

十一、组织分工

为了更好地完成本次活动，故设筹备领导小组。×××为领导小组组长，×××、×××为领导小组副组长，×××、×××、×××、×××为领导小组成员。筹备领导小组下设各工作小组，具体分工如下。

（一）秘书组

组长：×××组员：×××、×××、×××

具体项目	具体任务	负责人	联系方式	备注
文稿撰写	负责撰写活动的策划方案，起草会议通知并发出。	×××	×××××××××××	
证件制作	负责制作工作证、嘉宾证。	×××	×××××××××××	
邀请函制作	负责制作邀请函并呈送。	×××	×××××××××××	
名签制作	负责制作领导、嘉宾的名签，并摆放到位。	×××	×××××××××××	
资料收集	负责活动前、中、后的资料收集。	×××	×××××××××××	

（二）会务组

组长：×××组员：×××、×××、×××

具体项目	具体任务	负责人	联系方式	备注
现场布置	按照策划方案的会场，对会场进行布置。	×××	×××××××××××	
主持人	负责活动期间的主持工作。	×××	×××××××××××	
外联	负责联系外部的现场活动需要的模特及展示人员。	×××	×××××××××××	
指示牌	负责制作指示牌，并分别摆放在酒店主干道、楼梯口、会场内、签到区等处。	×××	×××××××××××	

续表

具体项目	具体任务	负责人	联系方式	备注
座位安排	负责合理安排领导及嘉宾的座位。	×××	××××××××××××	
短信通知	负责在活动开始前两天进行短信通知活动的注意事项。	×××	××××××××××××	
鲜花摆放	负责会场的鲜花摆放。	×××	××××××××××××	
设备问题	负责活动期间的设备正常使用及维护。	×××	××××××××××××	
协调	负责协调工作人员,使活动有序进行。	×××	××××××××××××	

(三)宣传组

组长:×××组员:×××、×××、×××

具体项目	具体任务	负责人	联系方式	备注
文稿撰写	负责撰写活动的新闻稿、信息稿等。	×××	××××××××××××	
资料宣传	负责制作公司的宣传册、宣传片、幻灯片等。	×××	××××××××××××	
广告宣传	负责及时联系新闻媒体对活动进行报道。	×××	××××××××××××	
邀请媒体	负责邀请媒体人员,对本次活动进行报道。	×××	××××××××××××	
音乐准备	负责活动期间的音乐准备和各个环节音乐的播放。	×××	××××××××××××	
摄影摄像	负责邀请摄影师。	×××	××××××××××××	

(四)接待组

组长:×××组员:×××、×××、×××

具体项目	具体任务	负责人	联系方式	备注
签到	负责准备签到笔和签到本。	×××	××××××××××××	
礼仪人员	负责安排10名礼仪人员:酒店门口2名负责迎宾,楼梯口2名负责引导,签到区2名负责签到,活动场内4名进行服务会场工作。	×××	××××××××××××	
接待领导和嘉宾	负责专人接送领导、嘉宾。	×××	××××××××××××	
食宿安排	负责合理安排活动期间的食宿方面的事宜。	×××	××××××××××××	

（五）后勤组

组长：×××组员：×××、×××、×××

具体项目	具体任务	负责人	联系方式	备注
物品购买	负责购买矿泉水、鲜花等与活动相关的物品。	×××	××××××××××	
物品租赁	负责租赁会场、音响设备等。	×××	××××××××××	
车辆安排	负责安排接送领导、嘉宾的专用车。	×××	××××××××××	
停车场安排	负责合理划分停车场区域。	×××	××××××××××	

（六）保卫组

组长：×××组员：×××、×××、×××

具体项目	具体任务	负责人	联系方式	备注
维持现场秩序	负责维护现场秩序，使活动有序地进行。	×××	××××××××××	
活动保卫	负责活动主干道和现场的安保。	×××	××××××××××	
安全检查	负责活动开始前对会场进行安全检查工作。	×××	××××××××××	
疏散引导	出现紧急情况时负责及时引导与会人员疏散工作。	×××	××××××××××	
外围区保卫	负责外围区停车场的保卫。	×××	××××××××××	

（七）经费组

组长：×××组员：×××、×××、×××

具体项目	具体任务	负责人	联系方式	备注
经费预算	负责活动的经费预算，统筹申报合理安排经费。	×××	××××××××××	
经费管理	负责活动经费管理。	×××	××××××××××	

十二、筹备计划

序号	具体任务	负责组	负责人	完成时间	备注
1	完成活动策划书。	秘书组	×××	9月19日	
2	安排新产品展示彩排。	宣传组	×××	9月22日	
3	完成80份邀请函的制作并发出。	秘书组	×××	9月24日	
4	起草会议讲话稿、主持稿等。	秘书组	×××	10月1日	

续表

序号	具体任务	负责组	负责人	完成时间	备注
5	及时联系酒店安排住宿以及就餐等事项。	接待组	×××	10月3日	
6	完成企业文化宣传片、幻灯片、宣传册及横幅。	宣传组	×××	10月7日	
7	起草新闻稿和新闻软文的发布。	秘书组	×××	10月8日	
8	确认场地布置方案。	会务组	×××	10月10日	
9	制作工作证、嘉宾证。	秘书组	×××	10月13日	
10	负责安排车辆接送领导、嘉宾。	接待组	×××	10月14日	
11	完成横幅、拱门的制作并摆放到位。	宣传组	×××	10月15日	
12	落实会议主持人。	会务组	×××	10月16日	
13	落实会议摄影摄像师。	会务组	×××	10月16日	
14	完成名签的制作及摆放到位。	秘书组	×××	10月19日	
15	准备签到本及签到笔。	接待组	×××	10月20日	
16	音响设备到位。	会务组	×××	10月21日	
17	布置好公司门口、沿途、会议厅的装饰。	后勤组	×××	10月21日	
18	采购花篮、水果、矿泉水等物品。	后勤组	×××	10月22日	
19	检查各项工作是否全部落实到位。	×××	×××	10月22日	
20	在会议开始之前短信通知活动注意事项。	会务组	×××	10月22日	
21	检查会议现场准备情况	活动领导小组	×××	10月24日	

十三、经费预算

物品名称	数量	单价/元	合计/元	备注
资料费	200	5	1000	
邀请函	80	5	400	
证件	80	5	400	
横幅、拱门	10	50	500	
展板	10	300	3000	
宣传册	200	3	600	

续表

物品名称	数量	单价/元	合计/元	备注
会议厅租用费	1	3000	3000	
会场布置费	1	3000	3000	
音响设备	1	3000	3000	
摄影师	4	1000	4000	
主持人	2	1000	2000	
礼仪人员	10	500	5000	
车辆	10	500	5000	
餐费	15	1000	15000	
花篮	50	100	5000	
矿泉水	400	25	1000	
不可预计费用/元			3000	
合计/元			51900	

十四、应急预案

为了保证此次活动的顺利进行,及时应对突发事件,现制定应急方案如下。

(一)应急处置要求

1.遵循"安全第一"的原则;

2.一旦出现事故,立即启动应急预案,并及时通知相关部门主管;

3.确保紧急疏散通道畅通,避免无关人员围观。

(二)具体应对措施

突发问题	出现状况	应对方案
场地、设备问题	活动现场话筒、音响设备出现故障,影响正常使用。	1.提前检查设备,确保万无一失; 2.设备管理员到场。
人员问题	主持人、发言人因特殊原因或临时原因不能到场,影响活动的正常进行。	1.备有相关人员的联系方式,提前确认能否到场; 2.及时向活动领导小组汇报,临时由其他领导代替; 3.准备替补人员。
医疗问题	参加活动人员突发疾病	1.活动现场配备医务人员1~2名,以便及时救护; 2.现场备有急救箱,备好常用药物; 3.及时拨打120急救电话。
资料问题	活动现场宣传册等资料不够	多备一些宣传资料
安全问题	突发火灾等危险事件	1.加强会前检查和火灾等自然灾害的演练; 2.保持通道的畅通; 3.利用会场的监控系统,随时把握会场的方方面面,预防和及时处置各类突发事件。

十五、注意事项

1.活动工作人员于2016年10月25日前到达活动现场,严格按照分工检查落实工作。

2.做好短信服务提醒工作,通知与会人员路况、天气情况等。

3.活动进行时,工作人员要维护好现场秩序。

4.全体人员要注重仪容仪表,做好亲切礼貌稳重敏捷及时周到。

5.带好通讯录,保证手机畅通,保持密切联系。

6.各组人员之间相互配合开展各项工作,加强组与组之间的协调沟通,确保活动可以顺利进行。

7.发生突发事件要听从筹备领导小组的指挥,统一行动,严格按应急预案要求处理。

8.活动结束后,全体工作人员清扫活动现场。

十六、有关附件

1.江苏华荣关于举办"温馨一家"新产品发布会和订货洽谈会的通知(略)

2.江苏荣华关于举办"温馨一家"新产品发布会和订货洽谈会的邀请函(略)

3.江苏华荣关于举办"温馨一家"新产品发布会和订货洽谈会的工作证、嘉宾证(略)

4.江苏华荣关于举办"温馨一家"新产品发布会和订货洽谈会的签到表(略)

5.江苏华荣关于举办"温馨一家"新产品发布会和订货洽谈会的总经理讲话(略)

6.江苏华荣关于举办"温馨一家"新产品发布会和订货洽谈会的研发部领导讲话(略)

7.江苏华荣"温馨一家"系列新产品的资料(略)

例评要求:1.以上例文是怎样安排结构的?

2.以上例文的语言有什么特色?

第三节　营销策划书

一、基本知识

(一)营销策划书的定义

营销策划书是指为企业经营活动寻求最大化利益而进行计划安排的文字材料。

(二)营销策划书的特点

1.目的性。做事要有目的,而营销尤其讲究目的,因为花费了一定的财力、物力和人力,一定要有相应的结果。当目的发生变化时,策划方案也必须做出相应的调整。

2.整体性。营销策划作为一个整体方案,是由几个彼此联系和作用的要素所构成。各个要素既讲究独立性,又讲究联系性;既讲究局部性,又讲究全局性。

3.可行性。营销策划的责任是把当前还不够明确的事项抽丝剥茧地告知决策者,但绝不能为了哗众取宠而欺骗决策者。评价营销策划书的优劣,最终要落实在可行性上。

（三）营销策划书的分类

根据营销策划的内容不同,可分为商品销售策划书、商品布局策划书、网点布局策划书、营销定位策划书、促销活动策划书、市场推广策划书、新产品开发策划书等。

二、写作要求

（一）策划有新意

要充分考虑产品和服务的实际情况,还要充分注意决策人的思维习惯和接受能力,将与众不同的策划创造出来,供决策人选择。

（二）重点要突出

营销策划的内容是非常丰富的,但在策划过程中要牢牢把握主题和重点,切忌面面俱到,否则营销策划很难成功。

（三）文案尽完美

市场调查要全面,分析研究要认真,推理判断要周密,活动安排要张弛有度。而且,在行文过程中应该不断倾听决策者及周围人们的意见,不断推敲修改,使文案尽善尽美。

三、格式写法

营销策划文书的格式是:标题＋正文＋落款。

（一）标题

一般由产品名称＋文种构成,如《"王老吉"的营销策划书》。有时这部分可制作成封面,由标题＋策划机构名称(或策划人)＋成文日期构成。

（二）正文

一般由以下五个方面的内容构成。

1.前言。简要介绍产品的性质和基本内容。

2.市场分析。一般包括企业营销的外部环境分析、企业营销的内部环境分析、SWOT 分析(SWOT 是英文 strength(优势)、weakness(弱点)、opportunities(机会)、threats(威胁)的缩写)。

3.营销战略。一般由一些具体的目标构成,如战略目标、营销目标、财务目标等。

4.营销策略。这是营销策划的重点内容,是对市场营销活动各道环节、各个方面工作的精心设计、周密安排和逐一布置与落实,是营销活动组织、开展的脚本。一般包括产品策略、品牌策略、定价策略、关系策略、促销策略等内容。

5.费用预算。这一部分记载的是整个营销方案推进过程中的费用投入,包括营销过程中的总费用、阶段费用、项目费用等,其原则是以较少投入获得最优效果。

(三)落款

写明营销策划单位的名称和成文日期。如果在封面上已写明,这部分可省略。

四、实例文选

驱尘仕产品营销策划书

一、产品简介

1.企业名称:东莞市尼的净化科技有限公司

2.品牌名称:驱尘仕

3.产品名称:驱尘仕黏尘器、黏尘垫

4.广告语:给您一个无尘的家

5.理念:驱尘仕产品以家庭环保无尘为理念

二、市场分析

1.同类产品分析

从目前的市场占有率来看,3M及其他品牌进入市场多年,家用产品品项齐全,家用系列产品多达3000多个单品。根据我们的调查,3M思高在同行的家用产品市场中,在消费者的心目中占了主导的地位,而且占了45％以上的市场份额。所以,我们的竞争对手是3M思高。

2.消费者分析

据了解,城市高收入上班族群应成为我们产品的目标消费群。因为这类人群普遍都是具备活力与进取心的白领,有健康意识、追求成就感和自我认同,他们注重生活质量,懂得环保无尘的重要性,希望给自己创造一个空气清新、呼吸自由的环境。

3.SWOT分析

优势:驱尘仕家用系列中的家用黏尘垫为我公司研发生产的新一代产品,目前市场未有同类型产品出现。产品采用环保材料精制而成,特点为任何经过胶面的鞋底将会最大限度地黏除尘埃。此为本产品推向市场的最大优势。目前市场上的同类产品采用传统结构包装,而本公司产品采用独特的产品结构包装,以产品组合方式出售,在短期内将达到最佳效果。

弱点:进入市场产品单一,新产品刚进入市场的一段时期内不能得到消费者的认可,消费者对此缺少品牌认识。产品定位于高端消费者,但这部分人群只占全国总人口的一小部分。现在市场黏尘产品太多,如果驱尘仕品牌进入市场后在一段时间内还不能占据市场的主导,还不能满足市场需求,将面临严重的滞销困境。新产品的营销渠道没有针对性,同类产品在市场上没有一个统一的流通渠道。

机会:在当前的市场背景下,新的环保除尘产品将进入一个崭新的时代。可以预见,一旦新一代家用环保除尘产品正式面市,该产品的身份与地位也将很快得到高端消费者的认可与接纳,品牌的形象将在市场得到一个较大的发展空间。新型产品技术革新将很快得到市场的认可。

威胁:从目前市场环境分析,其他品牌产品进入市场早,无论从市场占有、包装、价格方面,都比我们占有先机。而且3M思高、丰华"净得利"不断有新品进入市场,在中国北方市场已占据主导地位。在南方市场除国外品牌,还有许多如美丽雅等本土品牌将是我们主要的竞争对手。

三、营销战略

1.财务目标:尼的家用产品系列初期进入市场,第一阶段进入广东市场,广告费用3万～5万元,新产品的研发与生产费用为10万～20万元。剩下的资金用来作为资金的周转和促销产品时其他方面的用途。预计在投入市场3个月后,促销会发生一定的效果,同时实现利润点,在消费者心目中建立好的品牌形象,获得一定的消费者群体。

2.营销目标:计划期的总销售规模为5000～10000个产品组合,单品实现50000件。打开广东市场实现新产品在市场上的零突破。

四、营销策略

1.产品策略(略)

2.品牌策略(略)

3.定价策略(略)

4.促销策略(略)

五、费用预算(略)

××××公司

××××年×月×日

资料来源:本文选自百度文库。

例评要求:1.以上例文是怎样安排结构的?

2.以上例文的语言有什么特点?

第四节　广告策划书

一、基本知识

（一）广告策划书的定义

广告策划书是指为企事业单位在广告活动中取得更好效果，最终实现广告促销目标而进行计划安排的文字材料。

（二）广告策划书的特点

1. 指导性。广告策划是对广告活动中各个环节的工作进行具体筹划，它对广告活动具有指导作用。策划的结果就成为广告活动的蓝图，也是广告成功的前提。

2. 超前性。广告策划是一项立足现实、面向未来的活动，它对广告活动中所涉及的广告目标、对象、媒介、形式、经费等都要进行事先的周密考虑，只有做到超前性，才能有效地把握全局。

3. 独创性。广告策划的生命在于独创性，这种独创性可以体现在广告的定位、表现形式、广告语言等方面。一个成功的广告策划，要达到人无我有、人有我新的效果。

（三）广告策划书的分类

根据广告策划的内容不同，可分为广告总体策划书、广告主题策划书、广告项目策划书、广告费用预算书等。

二、写作要求

（一）目标要明确

要把广告策划文案的目标写得十分明确，这不仅有利于决策者下决心，也必将有利于工作者大胆实施和少走弯路。

（二）方案要多样

要根据企业的特点，提出若干个可供选择的方案或具体路径，供决策者考虑，有助于其在量力而行的同时有更多的选择。

（三）预算要合理

要合情合理地使用经费，既不能该用的不用，一味地节省，达不到效果；也不能该省的不省，过度开支，无节制地滥用。

三、格式写法

广告策划书的格式是:标题＋正文＋落款。

(一)标题

一般由产品名称＋文种构成,如《泡爽汽水广告策划书》。有时这部分可制作成封面,由标题＋策划机构名称(或策划人)＋成文日期构成。

(二)正文

一般由以下五方面内容构成。

1.前言。简要介绍广告对象、广告诉求重点和广告目的等内容。

2.环境分析。一般包括市场分析、产品分析、消费者分析、企业和竞争对手分析等,主要目的是通过大量的市场调查研究,比较出自身的优势和劣势,从而找到一种适合企业自身特点的广告策划。

3.广告战略。一般由一些具体的目标构成,如广告目标、广告地区、产品定位、消费者情况等内容。

4.广告策略。这是广告策划的重点内容,一般包括广告主题、广告诉求重点、广告创意、广告媒介等内容。

5.费用预算。主要包括广告策划创意费用、广告设计费用、广告制作费用、广告媒介费用等。

四、落款

落款要写明广告策划单位名称和成文日期。如果在封面已写明,这部分可省略。

五、实例文选

泡爽汽水广告策划书

一、前言

泡爽汽水是针对现代年轻人而设计的一款综合性果汁碳酸饮料,而目前泡爽汽水并不如可乐、果汁及其他饮料那样深入人心,从而要以品牌的形象来做广告。现在的年轻人更注重健康,纯品种的碳酸饮料热量过高,而纯品种的果汁饮料也无法满足现代年轻人的需求,故而果汁碳酸类饮料更符合现代年轻人的营养补充和热量需求。果汁碳酸类饮料的潜在用户还有很多,现在最重要的便是在年轻人心中把品牌树立起来,扩大知名度。因此本公司针对目前市场的普遍需要,推出泡爽汽水这类果汁碳酸饮料,使广大年轻人有更多的选择。

二、环境分析

(一)产品分析

1. 就泡爽汽水的种类来说,主要有苹果汁、奇异果汁、西瓜汁、柳橙汁、椰子汁、柠檬汁、哈密瓜汁、草莓汁、木瓜汁等口味。

2. 就产品的配料来说,它有别于可乐、醒目、芬达、雪碧等碳酸饮料和酷儿、果粒橙、鲜橙多等果汁饮料。泡爽汽水是以水果为原料经过物理方法如压榨、离心、萃取等得到汁液产品,同时富含碳酸水、柠檬酸等酸性物质的果汁碳酸饮料。

3. 就产品的广告主题来说,泡爽汽水的广告主题是"泡爽汽水,爽劲十足",它没有像雪碧汽水的广告"晶晶亮,透心凉"给受众一种精神上的享受,相反它更在于表现泡爽的定位。

(二)市场分析

1. 商品定位

泡爽汽水综合各层面人士意见认定,其饮料产品属于营养型,试销的空间与时间范围大;更属于兴奋型,适用于各个年龄、职业群体及社会生活的各种场合。

2. 消费特点

初次为冲动性购买,使用后若有好感则习惯性重复购买,对品牌加深印象后则选择性、固定性重复购买。餐饮业、娱乐场所、家庭、学校、单位购买受季节性影响较小。

3. 市场预测

在取得详尽的调查资料基础上区分层次,选择重点加以分析,按照购买力、营销能力、市场潜力等因素测算出综合指数,确定适宜的商品种类,根据不同地区、不同销售场所、不同消费群体的不同习惯,分别选择提供大瓶或小瓶、各种类型的饮料等等。

三、广告战略

(一)产品定位

泡爽汽水属于综合性的果汁碳酸饮料,这类饮料的宣传对象应以思想前卫、追求时尚的年轻群体为主,具体为15～35岁的年轻人。

(二)消费者分析

现阶段应以下述对象为主:

1. 思想叛逆、前卫的初高中生;

2. 有部分收入的大学生;

3. 年轻业务人员;

4. 高级职员;

5. 从事公关工作人员;

6. 城市个体户;

7. 其他有收入、追求时尚的人;

8. 来华旅游、出差的人。

（三）广告地区

本次广告将在全国范围进行，从市场的角度来说，中国是一个拥有十几亿人口的国家，拥有着强大的市场消费力；从季节的角度来说，我国夏天气温普遍较高，夏日饮料需求旺盛，泡爽汽水力争成为人们夏日首选饮品。

（四）广告目标

短期目标：通过一定阶段的广告宣传，增加泡爽汽水品牌的知名度和美誉度，巩固市场地位。

长期目标：以品牌形象带动产品宣传，凸显产品特性，提高促销度，逐渐步入国际市场。

四、广告策略

（一）广告主题

以泡爽品牌宣传为前提，针对不同层次的人群和媒体展开宣传，从而确定公众对品牌的认知度和忠诚度，稳定品牌形象。

（二）广告的诉求重点

旨在突出泡爽汽水系列，包装相对现在市面上的汽水来说有突破性的创新，最主要的是口味独特、高品质、高营养。

（三）广告创意

以时尚、充满活力的校园、公司场所为主，把泡爽汽水的优良品质和功能作用与现代时尚健康、活力相结合，突出泡爽汽水的功能和作用。

（四）广告媒体

1.车身：率先在华南地区（广东、浙江、江苏、福建）各大城市的公交车上登上广告；

2.地铁站：利用地铁站走廊两边的墙体做广告；

3.公交站：利用公交站的站牌做广告；

4.海报：在一些显眼的墙体挂海报做广告；

5.生活用品：在一些生活用品上印刷图片，例如塑料袋、日历等；

6.公众场所：在大型的公众场所做灯箱广告，如大型超市外墙。

五、广告费用预算

以泡爽汽水在华南地区投放的广告费用为基础预算，初步预算为600万元，费用随投放情况变动而变动。

××××公司

××××年×月×日

资料来源：本文选自"言小范文网"。

例评要求：1.以上例文是怎样安排结构的？

2.以上例文的语言有什么特点？

技能训练

一、名词解释

专题活动策略书、营销策划书、广告策划书

二、填空题

1. 专题活动策划书具有_____、_____、_____特点。

2. 营销策划书具有_____、_____、_____特点。

3. 广告策划书具有_____、_____、_____特点。

4. 专题活动策划书可分为_____、_____、_____等。

5. 营销策划书可分为_____、_____、_____等。

6. 广告策划书可分为_____、_____、_____等。

7. 专题活动策划书的正文由_____、_____、_____构成。

8. 营销策划书的正文由_____、_____、_____、_____构成。

9. 广告策划书的正文由_____、_____、_____、_____构成。

三、简答题

1. 策划与计划有哪些区别?

2. 专题活动策划书有哪些写作要求?

3. 营销策划书有哪些写作要求?

4. 广告策划有哪些写作要求?

四、语言分析题

(一)下面应用文常用词语中,书写完全正确的一组是_____。

1. 市场经济　情况反应　调查处理　奖罚分明

2. 综合分析　工作布署　颁部执行　依法惩办

3. 专此函告　即请查照　祈请即复　呈请批示

4. 制订方案　彻底追查　追究职任　蔓延扩大

(二)下面应用文常用词语中,书写有错误的一组是_____。

1. 兹派　批示　恳请　祈请

2. 酌定　尊照　委任　拟办

3. 鉴于　滞留　核减　钧安

4. 为荷　近悉　贻害　函达

五、写作题

根据以下内容,代某地政府部门分别写一份"柑橘节"活动策划书、"柑橘节"营销策划书和"柑橘节"广告策划书。

××县处沿海开放地区,历史悠久,物产丰富,气候温暖湿润,雨量充沛。这里盛产柑橘,是我国著名的柑橘之乡。其柑橘品质优良,风味独特,有着极高的营养价值,销售量逐年增长。许多外国柑橘专家说:"到中国,不到××,不算到过中国"。改革开放以来,每年都有 100 多人次的外国专家、教授来这里进行技术交流、考察访问。同时这里也先后派出 60 多人次去日本、美国、韩国、西班牙等国考察访问和交流。全县总面积 988 平方公里,人口 100 万余人,柑橘面积 13 万亩,常年产量 15 万吨,100%的乡镇,98%的村、97%的农户都有柑橘种植,柑橘产值达 2 亿元,柑橘已成为这里农业的支柱产业。

　　为了进一步占领柑橘市场,扩大柑橘影响,当地政府采取"文化搭台、经济唱戏"的战略措施,提出了"实施名牌战略,打造精品柑橘,弘扬柑橘文化"的发展方针,决定举办一次"柑橘节"活动,拟邀请有关人士参加此次活动,以达到进一步发展经济、弘扬文化的目的。

第六章 司法文书写作

学习目标

● 基本了解司法文书及各文种的定义、特点、分类、作用和写作要求
● 重点掌握起诉状、答辩状、上诉状、判决书的格式和写法
● 体味例文,培养撰写司法文书的能力

第一节 司法文书概述

一、司法文书的定义

司法文书的定义有广义和狭义两种解释。

广义的司法文书是指公安机关、国家安全机关、检察机关、法院、监狱等司法机关,律师组织、公证机关、仲裁机关、当事人及诉讼参与人依法制作的处理各类诉讼案件及非诉讼事件的具有法律意义的文书的总称。其中诉讼案件指刑事、民事(含经济)、行政三类案件;非诉讼事件指公证实务及仲裁案件。有法律效力指具有执行效力,如裁判文书;公证文书虽无执行效力但具有法律意义。

狭义的司法文书仅指司法机关即公安、检察、审判、劳改机关,在办理各类诉讼案件中依法制作的各类应用文书。

二、司法文书的特点

(一)合法性

司法文书的制作总是和一定的法律程序相联系的,有着严格的规定。什么情况下依据什么法律,应制作什么文书,制作的主体是谁,制作的内容和要求是什么,如何提交送达等,都必须有法律依据。任何单位和个人都不能随心所欲地进行制作。

(二)规范性

司法文书的每一文种都有规范化的格式和写法,必须包括若干基本要素,不能随意增删。另外,司法文书中的习惯用语和法律用语都有独立、确切的含义,具有规范性的特点,不能随意乱用。

（三）有效性

司法文书是处理司法实务的文字凭证，具有法律效力或法律意义。法律效力是指具有强制性的执行效力，如判决书一旦生效，判决就要执行；法律意义是指在处理诉讼案件或非诉讼事件中不可缺少的必经程序或必备手续，如检察人员的公诉意见书、辩护人的辩护词等。

三、司法文书的分类

（一）按制作主体分

按司法文书制作主体划分，可以分为机关司法文书、机构司法文书和个人司法文书三类。机关司法文书是指以国家机关或者机关工作人员名义制作的司法文书，包括公安机关的刑事、预审、户籍管理、交通管理等文书，检察机关的检察文书，人民法院的审判文书，监狱劳教部门的刑事执行文书，以及国家行政机关在行政执法中制作和使用的司法文书。机构司法文书是指法律授权的机关或组织制作和使用的司法文书，如仲裁机构的仲裁文书。个人司法文书是指公民或根据法律规定以个人身份出现的人（当事人、法人、法人组织等）制作和使用的司法文书，如诉讼文书等。

（二）按文书性质分

按照司法文书性质划分，大致可以分为侦查预审文书、检察文书、刑事裁判文书、民事裁判文书、行政裁判文书、狱政文书、公证文书、仲裁文书、律师业务文书、诉讼当事人递交的诉状等。

（三）按撰写形式分

按司法文书的撰写形式划分，可以分为表格式、书写式和记录式三种。表格式文书又称为填写式文书，是印就的文书形式，只要在空白处进行填写即可完成，如出庭通知书。书写式文书主要指根据规定的格式，既要叙述事实、说明情况，又要对案件涉及的有关问题进行分析判断，提出处理意见或者做出裁决，如侦查文书中的起诉意见书、检察文书中的起诉书，人民法院的判断书等。记录式文书指由办案人员将办案过程中出现的需要加以记录的情况记载下来而制成的文书，如询问笔录、法庭笔录等。

第二节　起诉状

一、基本知识

（一）起诉状的定义

起诉状是指在诉讼过程中，原告向人民法院陈述纠纷事实，阐明起诉理由，提出诉讼请求,要求依法裁判的法律文书。

起诉状可以由原告本人亲自具状,也可以由律师代书。

(二)起诉状的特点

1.明确性。明确性即起诉状应写明通过法律向谁提出诉讼。如果对方当事人为两人以上,应当分清其所承担责任的主次,要将主要被告列在前面。

2.具体性。诉讼要求是起诉当事人请求法院解决纠纷所要达到的目的,因此起诉要求必须明确具体,若有几项请求,应注明次序,逐项写明,不要笼统含糊。

3.依据性。在陈述事实的时候,要把纠纷的事实概述清楚,时间、人员、地点、事情的起因、经过和结果等都写清楚,不能有误。另外,援引法律法规政策条文要具体准确,引用原文必须一字不漏。

(三)起诉状的分类

起诉状根据其适用的不同性质的诉讼程序,可分为:民事起诉状,刑事起诉状、行政起诉状。

(四)起诉状的作用

1.当事人维护合法权益的武器。制作和提交起诉状,对维护当事人的合法权益有着切实的意义和作用,可以使国家、集体或个人的利益少受损失或免受损失,还可以制止某些别有用心者不当得利。

2.法院进行案件审理的基础。《民事诉讼法》规定:"起诉应当向人民法院递交诉状,并按被告人数提出副本。"这就是说,当事人向人民法院提交的起诉状,是人民法院解决纠纷、保护当事人合法权益、开始诉讼的必需程序,它是人民法院对案件进行审理或调解的依据与基础。

3.被告进行答辩的依据。原告写作起诉状,不仅能给人民法院的调解审理带来方便,也为被告的答辩提供了辩驳的范围和据理争取权利的机会。一般来说,被告的答辩书只需针对原告的提问答辩,无须回答其他问题。

二、写作要求

(一)起诉事实要真实可靠

"以事实为依据,以法律为准绳"是法院进行案件审理工作的基本原则。因此,在撰写诉状时,一定要实事求是地反映情况,把事情的真实情况原原本本地写出,既不能按照自己的需要加以取舍,也不能任意夸大或缩小。只有全面、客观地反映情况,所写诉状才能真正成为法院做出公正合理的裁决的依据。歪曲事实,弄虚作假,有碍于审判工作的顺利进行,要负法律责任。

（二）起诉理由要依据充分

阐明理由，讲清道理，提出主张，诉状必须依照有关法律或政策的规定进行撰写。引用具体法律条款或政策条文，一定要用得确切、合适，不能断章取义或牵强附会。在讲道理时，还要善于抓住问题的关键，突出重点，在主要理由的申诉上多用笔墨。

（三）写作体式要合乎规范

起诉状属于司法文书，而司法文书对体例格式的要求是非常严格的。撰写起诉状要严格依循有关格式的规定，不能随意增减项目，也不能随意安排结构，变动各项目的排列次序。在司法实践中，经常看到有人按一般专用书信或人民来信的格式写起诉状，这是不妥的，对这样的诉状法院是很难接受的。

（四）语言表达要准确得体

起诉状的语言运用，除了应用文语言运用的共同要求之外，还应特别注意以下三点：一是语句的使用要突出文种特色，在司法文书的使用中，许多用语已经固定下来，成为程式化的东西，对这些固定的说法，不能随意改动；二是要用具有肯定、判断等语义特征的句式及陈述性句式，以增强诉状的说服力，模棱两可、似是而非的语言，不宜用于司法文书当中；三是在事实的陈述中，要保持语言的客观、平和，尽量不用带有感情色彩或修辞效果的语句。

三、格式写法

起诉状的格式是：首部＋正文＋尾部。

（一）首部

首部由标题＋原告的基本情况＋被告的基本情况三部分构成。

1.标题，如《民事起诉状》或《刑事自诉状》。

2.原告的基本情况。写明姓名、性别、出生年月日、民族、籍贯、职业或工作单位和职务、住址、邮编、电话等。若原告是法人或其他组织的，应写明其名称、所在地址和电话等。

3.被告的基本情况。写法同上。

（二）正文

正文由诉讼请求＋事实与理由＋证据和证据来源、证人姓名和住址三部分构成。

1.诉讼请求。它是原告希望通过诉讼所达到的目的。各自独立的请求事项应分项列出，诉讼费用的负担通常也作为一项独立的请求在最后提出。诉讼请求应该明确、具体、全面、合法。

2.事实与理由。本项内容分为事实和理由两部分。写事实部分应写清楚当事人之间发生纠纷的缘由、纠纷经过和结果等基本情况,叙述要全面、真实并有所侧重;写理由部分先对前述事实中原告的合法正当的行为和被告的非法不正当行为进行提炼,再援引有关的法律条款、司法解释和政策法规,论证纠纷的性质和被告的法律责任,阐述原告诉讼请求的合法性,这部分理由的内容与诉讼请求的内容要一致。

3.证据和证据来源、证人姓名和住址。民事诉讼法规定,当事人对自己提出的主张,有责任提供证据。原告负有举证责任,应在诉状中列举证明案件的事实和支持自己诉讼请求的各种证据。根据文件规定,举证采用清单式列举的方法,即只需要依照一定顺序列举出证据和证据来源、证人姓名和住址,而不需要写出证据的具体内容,也不需要对证据进行分析。

(三)尾部

尾部由受诉法院名称+附项(副本和证据)+起诉人姓名或单位名称+起诉日期四部分构成。

四、实例文选

民事起诉状

原告:××市卷烟厂。

地址:××市南街32号。

法定代表人:李××,厂长,电话:×××××××。

被告:利达公司。

地址:××市石桥路90号。

法定代表人:何××,经理,电话×××××××。

诉讼请求

1.要求被告立即予以退货,退还货款30000元人民币并支付违约金2400元人民币;

2.本案诉讼费用由被告负担。

事实与理由

2009年10月19日,我厂与被告签订了一份《烟草过滤机买卖协议》(以下简称《协议》(证据1))。2009年10月29日,过滤机安装调试完毕,开始使用。前两周内运转比较正常,但从11月中旬起,过滤机频出故障,如停机、过滤效果差等。我厂通知被告后,被告派员来检修过,但过滤机仍旧无好转。经××市甲研究所检测,这三台过滤机为质量不合格产品,其中c、f两项技术指标达不到国家标准(证据2)。我厂根据《协议》19条的约定:"产品质量不合格,应向对方退款并支付货款总额8%的违约金",为此要求被告予以退货,同时退还我厂货款并支付违约金。但被告拒不同意。

根据《中华人民共和国合同法》第153条：“出卖人应当按照约定的质量要求交付标的物”。被告向我厂交付质量不合格产品，其行为已构成违约，应按《协议》将30000元货款退还我厂并支付2400元违约金。特提出诉讼，请贵院支持我厂诉讼请求。

证据和证据来源、证人姓名和住址

1. 烟草过滤机买卖合同
2. ××市甲研究所检测报告。
3. 证人×××，电话：×××××××。
4. 证人×××，电话：×××××××。

此致
××市海滨区人民法院

附：1. 本状副本1份。
　　2. 书证×份。
　　3. 物证×份。

××市卷烟厂
（盖章）
××××年　×月　×日

例评要求：1. 以上例文是怎样安排格式的？
　　　　　2. 以上例文的语言有什么特点？

第三节　答辩状

一、基本知识

（一）答辩状的定义

答辩状是指在诉讼过程中，被告或被上诉人针对起诉状或上诉状的内容，进行答复和辩解的一种法律文书。

答辩状可由被告、被上诉人自己写，也可请律师代写。

答辩的主要方法如下：(1)用正确真实的事例反驳错误荒谬的事例；(2)用正确充分的理由反驳错误荒谬的理由；(3)用正确适用的法律条文校正不正确不适用的法律条文。

（二）答辩状的特点

写作答辩状的目的是要通过答辩，让法院否定原告或上诉人在起诉或上诉状中提出的意见和主张、事实和理由，接受自己的意见和主张，认定自己提出的事实和理由，从而达到使对方败诉的目的。因此,答辩状最突出的特点是辩驳,具体体现在以下方面。

1.针对性。答辩状是针对起诉状或上诉状写作的文书,是对起诉状或上诉状做出的反驳。写作答辩状,最忌讳空发议论、自立命题,最讲究紧紧抓住对方提出的不完全、不可靠、不确凿的事实和证据以及不能成立的理由,予以逐条驳斥,进而证明对方的起诉请求或上诉要求是不合理的、不合法的。缺乏针对性的答辩状必然是无的放矢,也就达不到辩驳的目的。

2.说理性。答辩状在驳斥对方的事实和理由时,要注意把与原告或上诉人所提出的事实和理由相反的事实和理由摆充分,特别是对那些关键性问题要辩解清楚,切忌模糊混乱,似是而非。要以事实为依据,以法律为准绳,证明对方的意见和主张错误,证明自己的意见和主张正确。否则,就很可能会强词夺理,或危言耸听,失去应有的说服力。

3.程序性。按照法律规定,答辩有两种形式。一是一审程序上的答辩。根据《民事诉讼法》第113条的规定,一审法院受理案件后,应在5日内将原告起诉状副本转交给被告,被告应在收到起诉状副本后15日内向法院写出答辩状。二是二审程序上的答辩。根据《民事诉讼法》第150条的规定,二审法院收到诉讼,应在5日内将上诉状副本送交对方当事人,对方当事人在收到上诉状副本后15日内写出答辩状。上述法律规定的程序是不能违反的。

(三)答辩状的分类

根据审判程序可分为一审答辩状和二审答辩状。
根据法律适用范围可分为民事答辩状和行政答辩状。

(四)答辩状的作用

1.体现了被告或被上诉人的诉讼权利。被告或被上诉人使用答辩状,答复、辩驳原告或上诉人的诉讼请求,这是诉讼程序的一种法律行为,这一规定充分体现了诉讼当事人权利和义务一律平等的民主原则,体现了被告或被上诉人依法拥有的诉讼权利。

2.有利于保护被告或被上诉人的合法权益。被告或被上诉人使用答辩状,能够针对原告或上诉人提出的起诉或上诉的理由、根据和请求事项,有的放矢地辩驳,充分陈述有关事实,明确提出自己的主张和理由,维护自己的合法权益。

3.有利于人民法院公正、合理地裁判。人民法院能通过答辩状全面了解纠纷情况和诉讼双方当事人的意见和要求,以分清是非,对案件做出合理、公正的处理。在诉讼活动中,原告的起诉和上诉人的上诉对于法院来说,都是当事人的一面之词。俗话说得好:兼听则明,偏信则暗。要想对案情有全面的了解,就必须同时认真听取另一方的辩析。这样,才能为做出正确的判决创造条件。

二、写作要求

(一)抓住关键,据理力争

答辩状要特别注意针对起诉状或上诉状中所涉及的问题,明确指出自己承认哪些、否认哪些,否认的理由和根据是什么,据理力争,维护自己的合法权益,并针锋相对地阐明自己的理由、证据及具体要求。牢牢抓住争议的焦点,找出足以使对方败诉的"破绽",集中反驳。抓住重点关键,变防守为进攻。因此,写作答辩状,切忌不分主次,眉毛胡子一把抓,赘述案情,面面俱到,在枝节问题上大做文章。

(二)答辩理由的写法,一般多用反驳的方法

在理由中明确地回答原告、上诉人的诉讼请求,要准确、具体地阐明答辩人对案件的主张和理由。答辩理由在写法上,主要用反驳的方法,目的是使对方败诉。反驳的方法分三个步骤:第一,先抓住对方在起诉状、上诉状中所陈述的错误事实,或适用法律上的错误的关键之处,作为反驳的论点;第二,应由被告、被上诉人列出事实与证据,作为反驳诉讼请求的论据;第三,运用逻辑推理进行论证。在进行反驳时,要注意摆事实讲道理,不能空发议论,故意回避矛盾,切忌强词夺理、生硬武断、无理辩解。

(三)答辩意见的写法,一般多用立论的方法

答辩人根据可靠的事实和充分的理由,从正面提出对诉讼事实争执焦点的主张或看法,在反驳对方之后,集中力量,提出自己的答辩意见。立论的方法分三个步骤:第一,从整个事实中,归纳提炼出答辩的观点;第二,提出法律根据,举出客观证据列出事实凭据,作为立论的论据;第三,经过分析论证,得出结论,即自己的答辩意见。

(四)语言犀利,一气呵成

答辩状强烈的辩论色彩决定了它的语言必须是针尖对麦芒,犀利尖锐,势不可挡。无可争辩的事实加上犀利无比、一气呵成的语言,更能帮助答辩人在诉讼中变被动为主动。

三、格式写法

答辩状的格式是:首部＋正文＋尾部。

(一)首部

首部由标题＋答辩人的基本情况两部分构成。

1.标题,如《民事答辩状》或《民事上诉答辩状》。

2.答辩人的基本情况。与起诉状中当事人的事项写法相同。原告或上诉人的基本情况一般不写。

(二)正文

正文由案由＋答辩理由＋答辩意见三部分构成。

1.案由。一般写明对何人、何单位起诉或上诉的何案进行答辩。

2.答辩理由。这是答辩的核心,是胜诉或者败诉的关键所在,其基本思路如下:①指

出其指控所依据的事实有误或证据不实,并举出相反的事实、证据以澄清事实真相;②运用基本法学理论和有关法律适用的种种规则,从程序到实体针对所指控的罪名及要求答辩人承担的法律责任展开辩驳;③将对方隐瞒的或不为对方所了解的有利于己方答辩请求的事实做具体说明。

3.答辩意见。在充分阐明答辩理由的基础上,进行综合归纳,用简明的语句明确提出答辩意见。一方面指出对方当事人提出诉讼请求的谬误性,另一方面根据事实和法律提出自己对纠纷如何解决的主张和要求,请人民法院依法公正裁判。

(三)尾部

尾部由受诉法院＋附项(副本和证据)＋答辩人姓名或单位名称＋答辩日期四部分构成。

四、实例文选

民事答辩状

答辩人:××市利达公司,××市石桥路90号。

法定代表人何××,经理,电话×××××××。

兹就××市卷烟厂为合同纠纷对我公司起诉一案,特答辩如下:

我公司向原告交付的三台烟草过滤机无质量问题,是合格产品。

一、这三台过滤机是我公司从美国原装进口的,有经美国权威机构检测的质量合格证书(证据)。

二、原告依据的××市甲研究所的检测报告没有任何说服力。他们属于同一地区,不能保证检测的公正性。我公司要求贵院安排重新检测。

综上所述,我公司一直严格履行《烟草过滤机买卖协议》的约定,交付的过滤机质量合格。原告自己使用不当造成过滤机故障,一切后果应由其自行承担,与我公司无关。请贵院依法公正裁判,驳回原告无理请求。

此致

××市海滨区人民法院

附:1.本状副本1份。

2.过滤机质量合格证书。

答辩人:××市利达公司

(盖章)

××××年×月 ×日

例评要求:1.以上例文是怎样安排格式的?

2.以上例文的语言有什么特点?

第四节　上诉状

一、基本知识

(一)上诉状的定义

上诉状是指诉讼当事人不服第一审法院的判决,按照法律的规定,在上诉期内请求上一级人民法院撤销或变更原审裁决的法律文书。

上诉状可以由上诉人自己撰写,也可请律师代写。

提起上诉是民事案件、刑事案件和行政案件当事人的合法诉讼权益,是二审程序的开始。我国的《民事诉讼法》《刑事诉讼法》《行政诉讼法》都明确规定,诉讼当事人如果不服人民法院的第一审判决,有权向上一级人民法院提起上诉。上诉需要以下三个条件:一是必须在法定期限内提出上诉,逾期不予受理;二是必须向有管辖权的上一级人民法院提起上诉,不能越级上诉;三是上诉的内容必须明确,应针对一审法院所认定的事实和适用法律有错误的地方,要求上一级人民法院予以纠正。

(二)上诉状的特点

1. 平等性。上诉状显示了在各类诉讼活动中,诉讼当事人相互间、诉讼当事人与一审法院间的法律地位是完全平等的。通过上诉状提起上诉是诉讼当事人的合法权利。但刑事案件的被告人的近亲属和辩护人,须经被告人同意方可提出上诉。刑事附带民事诉讼的原告人和法定代理人只能就附带民事诉讼部分提出上诉。

2. 连续性。上诉状的提交,可以引起审判的第二审程序的发生,给诉讼当事人再次提供了保护自己合法权益的机会。

3. 期限性。上诉有法定的期限。民事、行政案件是在一审判决书和裁定书送达之日起 15 日内和 10 日内,刑事案件是在一审判决书和裁定书送达之日起 10 日内和 5 日内,可向上一级人民法院提起上诉。如果超过法定的上诉期限,一审裁决即产生法律效力,不能再行上诉。

(三)上诉状的分类

根据法律适用范围可分为民事上诉状、刑事上诉状和行政上诉状。

(四)上诉状的作用

1. 体现了法律的平等和民主原则。人民法院依法保障上诉状的递交、受理和上诉权的行使,体现了法律的平等和民主原则。对于合法的上诉,任何人不得限制和刁难。

2. 体现了人民法院慎重处理案件的精神。使用上诉状,对不服第一审的判决提出上诉,能加强上级法院对下级法院审判工作的监督,也能促使二审法院对案件进行全面的审理和正确的审判。

3.有利于保护当事人的合法权益。当事人只要认为第一审判决不符合事实和法律,就可以具状上诉,这对正确、合法、及时地解决当事人之间的争议,保护正当权益,具有重要意义。

二、写作要求

(一)指出错误要准确

上诉状的写作一开始就应该将原判与客观事实认真对照,针对原审认定事实的不实、不准、不清和不当的错误地方进行反驳,无论是部分还是全部否定一审判决,都要表述准确,根据和理由充分,不可含糊或笼统。

(二)引用法律要正确

上诉状还要针对原审运用法律上的疏漏,认真对照法律,正确地引用能证明上诉理由的法律条文,以利于二审法院做出正确判决。

(三)说明理由要充分

我国法律是两审终审制,因此上诉状事关重大,必须抓住重点,充分说明理由,力争达到上诉的目的。

三、格式写法

上诉状的格式是:首部+正文+尾部。

(一)首部

首部由标题+上诉人的基本情况+被上诉人的基本情况三部分构成。

1.标题,如《民事上诉状》。

2.上诉人的基本情况。写明姓名、性别、出生年月日、民族、籍贯、职业或工作单位和职务、住址、邮编、电话等。若上诉人员是法人或其他组织,应写明其名称、地址和电话等。在"上诉人"栏后面用括号说明其在一审中的身份。

3.被上诉人的基本情况。写法同上。在"被上诉人"栏后面用括号说明其在一审中的身份。

(二)正文

正文由案由+上诉请求+上诉理由三部分构成。

1.案由。一般写明对何案何判决不服进行上诉。

2.上诉请求。一般写明通过上诉要达到的诉讼目的。上诉请求的写法应明确具体。

但上诉人对原审判决关于诉讼费用负担不服的,不能单独提出对该项的上诉。

3. 上诉理由。主要是针对判决中的错误之处进行分析反驳,证明原审裁判的错误及上诉请求的合法性。上诉理由可从以下四个方面加以考虑。(1)事实方面。看原审定的事实是否真实,是否有证据证明。(2)证据方面。一看原审认定事实是否用了证据,所用证据是否真实有效,能否构成锁链;二看原审法院是否不恰当地确定了当事人的举证责任。(3)法律适用方面。法律适用方面有错误,通常是由于认定事实有错误,但也可能是单纯的法律适用错误。(4)程序方面。主要看程序上是否妨碍了当事人行使权利,是否影响了案件的处理结果。

(三)尾部

尾部由受诉法院名称＋附项(副本和证据)＋上诉人姓名或单位名称＋上诉日期四部分构成。

四、实例文选

民事上诉状

上诉人(一审被告):××市利达公司,××市石桥路 90 号,电话×××××××××,法定代表人何××,公司经理。

被上诉人(一审原告):××市卷烟厂,××市南街 32 号,电话×××××××,法定代表人李××,卷烟厂厂长。

上诉人因××市卷烟厂诉××市利达公司合同纠纷一案,不服××市海滨区人民法院 2010 年 5 月 8 日(2010)海民初字第 32 号民事判决,现提出上诉。

上诉请求

1. 撤销××市海滨区人民法院 2010 年 5 月 8 日(2010)海民初字第 32 号民事判决;

2. 二审诉讼费用全部由被上诉人负担。

上诉理由

一审法院依据××市甲研究所的检测报告,认定我公司销售给被上诉人的三台烟草过滤机质量不合格,判决我公司退还被上诉人货款 30000 元人民币和支付违约金 2400 元人民币,一审诉讼费用由我公司负担。

我公司认为,一审法院认定事实有误,我公司销售给被上诉人的过滤机质量合格。

一审法院认定这一事实的依据是××市甲研究所的检测报告,然而,××市甲研究所根本不具有检测烟草过滤机的资格和能力:

1. ××市甲研究所是××市轻工业局工业学校的附属研究所(证据1),与被上诉人属于同一系统的单位,其检测结果很难保证是公正的;

2.××市甲研究所主要从事新型包装材料的开发工作(证据2),与烟草过滤设备毫无关系,其根本不具备检测烟草过滤机的技术能力。

综上所述,甲研究所根本不具备检测烟草过滤机的资格和能力,一审法院却以这样一个单位的检测报告作为认定案件争执事实的重要依据,得出的结论必然是错误的。我公司恳请贵院指定检测此种设备的权威机构重新检测,还事实以本来面目。依据我公司和被上诉人之间的协议和《中华人民共和国合同法》的规定,我公司对被上诉人不承担任何责任。请贵院查明事实,依法公正裁判。

此致

××市中级人民法院

附:1.本状副本1份

2.××市甲研究所的材料

上诉人:××市利达公司

(盖章)

××××年×月×日

第五节　判决书

一、基本知识

(一)判决书的定义

判决书是人民法院代表国家行使审判权,依法对民事、刑事和行政案件就实体问题做出有法律效力的书面决定。

(二)判决书的特点

1.依法性。对案件做出的判决必须依法进行,所以,必须坚持"以事实为依据,以法律为准绳"的原则,公正办案,依法办案。

2.强制性。判决书一旦生效,不容许当事人有任何形式的抗拒行为,也不容许任何人随意撤销和变更。它具有法定的强制力和约束力。

3.准确性。准确性是指判决书用语要准确恰当。判决书的内容涉及当事人的切身利害关系,有的甚至和当事人性命攸关,所以不论叙事析理做出决定,还是遣词用字都必须准确恰当,慎之又慎。

（三）判决书的分类

根据诉讼程序可分为第一审判决书、第二审判决书和再审判决书。

根据案件所适用的不同性质可分为民事判决书、刑事判决书和行政判决书。

（四）判决书的作用

1.它是解决纠纷的有效载体。通过对民事、行政案件的判决，对于确认双方权利义务关系，制裁违法行为，保护国家、集体、个人的合法权益具有重要作用。

2.它是打击犯罪的有效平台。通过对刑事案件的判决，对于维护稳定，保护人民生命财产安全、建立和谐社会具有深远意义。

3.它是实施法律的重要工具。各类依法办理的判决书，是代表着国家的意志，是对法律的神圣实施。

二、写作要求

（一）注重事实的真实性

在判决书中，不论是对原告、被告双方争议的事实，还是对法院所确认的事实，都必须保持真实性，才能经得起历史的检验。

（二）注重法律的适用性

对案件的处理是依法判决，所以适用法律要特别注意三个问题：一是正确理解和运用法律条文，防止错引和漏引；二是正确使用条文顺序，应按照条、款、项、目的顺序来写；三是引用条文要明确具体。

（三）注重逻辑的严密性

判决书中要注意违法事实、判决理由、判决结论之间在逻辑上的连续性和一致性，做到观点和材料的相一致，不漏不杂，不自相矛盾。

三、格式写法

判决书的格式是：首部＋正文＋尾部。

（一）首部

首部由标题、案号＋诉讼参与人的基本情况＋案由、审判组织和审判方式三部分构成。

1.标题、案号。标题写成两行，第一行写法院全称，第二行写"民事判决书"，不标明审级。第一审判决书案号写为："(年度)法院代字民初字第×号，如(2013)海法民初字第25号"；第二审判决书案号用"民终"字。

2.诉讼参与人的基本情况。这部分要按顺序写明原告及原告的法定代表人或代表人、代理人,被告及被告的法定代表人或代表人、代理人,第三人及第三人的法定代表人或代表人、代理人的基本情况。

第二审民事判决书当事人的称谓要变。提起上诉的当事人称"上诉人",对方当事人称"被上诉人",括号内注明其在原审中的诉讼地位,如"一审原告""一审被告"。

3.案由、审判组织和审判方式。表明法院审理的合法性,具有引文的性质。

第一审判决书,可表述为:"'原告×××诉被告×××'经济纠纷一案,本院受理后,依法组成合议庭(或依法由审判员××独任审判),公开(或不公开)开庭进行了审理。×××、×××等到庭参加了诉讼。本案现已审理终结。"

第二审判决书,可表述为:"上诉人×××因××一案,不服××法院××××年×月×日民初字第×号民事判决,向本院提起上诉。本院依法组成合议庭,公开(或不公开)开庭审理了本案。上诉人×××、被上诉人×××、诉讼代理人×××、证人×××到庭参加了诉讼。本案现已审理终结。"

(二)正文

正文由事实+理由+判决结果三部分构成。

1.事实。第一审判决书应写明原告和被告争议的事实及理由、法院认定的事实及证据三方面内容。以"原告诉称""被告辩称"引出,分别写作两段,叙述双方进行诉讼的具体要求、争议的问题、各自的理由和证据。这些内容不一定都真实、合理、合法,但判决书中应如实反映,以保障当事人平等地行使诉讼权利。另起一段写法院认定的事实及证据,以"以审理查明"引出,是事实部分最有分量的内容,是经法庭调查属实的事实,不能认定的事实不要写进判决书,否则会影响法律的正确适用。

第二审判决书在事实陈述上,应针对上诉人提出的问题重点叙述,分四种情况:(1)原判决认定的事实清楚,上诉人又无异议的,可以简述或不述;(2)原判决认定的事实有错误,对改变的事实要详述,并写明证据;(3)原判决认定的事实有遗漏的应补述;(4)原判决认定的事实没有错误,但上诉人提出异议的,应把有异议的地方总汇详述,并论证异议不能成立。

2.理由。理由是判决书的依据,包括判决的理由和适用的法律两方面内容,采用"本院认为……,判决如下:"的行文格式。

第二审判决书的理由一定要有针对性和说服力,不要照抄原判理由。分三种情况:(1)原判正确,上诉无理的,要指出原判的法律依据和上诉理由的不能成立;(2)原判不当,上诉有理的,要指出原判错误所在和上诉理由成立的法律依据;(3)原判部分正确,上诉部分有理的,则写明支持或不予支持的理由和法律依据。

3.判决结果。判决结果是判决书的主体,是人民法院对案件的处理决定。可以说一字千钧,对当事人至关重要。必须体现"以事实为依据,以法律为准绳"的原则,做到准确、具体、完整。

第二审判决书在判决结果方面,应对当事人争议的实体问题做出终审结论,既要对原判决做出明确表示，又要做出具体的处理决定。分四种情况：（1）维持原判的，写作："驳回上诉，维持原判。"（2）全部改判的，写作："一、撤销××人民法院（年度）×民初字第×号民事判决"及改判的内容。（3）部分改判的，写作："一、维持××法院（年度）×民初字第×号民事判决第×项，即……；二、撤销××法院（年度）×民初字第×号民事判决第×项，即……"及部分改判的内容。（4）维持原判，又有加判内容的，写作："一、维持××法院（年度）×民初字第×号民事判决；"及加判的内容。

（三）尾部

1.第一审判决书要写清以下内容：对当事人权利义务的交代、审判人员署名、判决日期和印章，加盖"本件与原件核对无异"的条戳，书记员署名。

2.第二审判决书要写清以下内容：写上"本判决为终审判决"、审判人员署名、判决日期和印章，加盖"本件与原件核对无异"的条戳，书记员签名。

四、实例文选

1.第一审判决书

××市海滨区人民法院
民事判决书

（2010）海民初字第 32 号

原告：××市卷烟厂，××市南街 32 号，电话：×××××××。

法定代表人：李××，××市卷烟厂厂长。

被告：××市利达公司，××市石桥路 90 号，电话：×××××××。

法定代表人：何××，××市利达公司经理。

××市卷烟厂诉××市利达公司经济纠纷一案，本院受理后，依法组成合议庭，公开开庭进行了审理。原告法定代表人李××和被告法定代表人何××到庭参加诉讼。本案现已审理终结。

原告诉称，2009 年 10 月 19 日，其与被告签订了一份《烟草过滤机买卖协议》（以下简称《协议》），但被告交付的过滤机频出故障。被告派员来检修过，过滤机仍无好转。经××市甲研究所检测，这三台过滤机为质量不合格产品。原告为此要求被告接受退货，同时退还原告货款 30000 元及支付违约金 2400 元。

被告辩称，其向原告交付的三台烟草过滤机是合格产品。这三台过滤机有经美国权威机构检测的质量合格证书；××市甲研究所的检测报告不能保证检测的公正性，被告要求我院重新检测。

经审理查明，原、被告之间的买卖协议合法有效。被告交付给原告的三台过滤机自 2009 年 11 月中旬至今多次出现停机故障，过滤效果达不到一般使用要求。根据×

××市甲研究所的检测报告分析,过滤机有 c、f 两项指标达不到国家标准,因此这三台过滤机为质量不合格产品。

本院认为,被告没有按《协议》约定向原告提供质量合格的烟草过滤机,已构成违约。根据《中华人民共和国合同法》第 153 条、第 111 条,判决如下:

一、被告××市利达公司应在本判决生效之日起 15 日内接受原告××市卷烟厂三台过滤机的退货,并退还××市卷烟厂货款 30000 元人民币,支付违约金 2400 元。

二、诉讼费 1500 元,由被告负担。

如不服本判决,可在判决书送达之日起 15 日内,向本院递交上诉状,并按对方当事人的人数提出副本,上诉于××市中级人民法院。

审判长:×××

审判员:×××

审判员:×××

2010 年 5 月 8 日(印章)

本件与原本核对无异

书记员:×××

2.第二审判决书

××市中级人民法院
民事判决书

(2010)民终字第 6 号

上诉人(一审被告):××市利达公司,××市石桥路 90 号,电话×××××××,法定代表人何××,××市利达公司经理。

被上诉人(一审原告):××市卷烟厂,××市南街 32 号,电话:×××××××,法定代表人李××,××市卷烟厂厂长。

上诉人因××市卷烟厂诉××市利达公司合同纠纷一案,不服××市海滨区人民法院 2010 年 5 月 8 日(2010)海民初字第 32 号民事判决,向本院提出上诉。本院依法组成合议庭开庭审理,上诉人法定代表人何××和被上诉人法定代表人李××到庭参加了诉讼。本案现已审理终结。

原审认定:上诉人销售给被上诉人的三台烟草过滤机质量不合格,据此,判决:一、被告××市利达公司应在本判决生效之日起 15 日内接受原告××卷烟厂三台过滤机的退货,并退还××市卷烟厂货款 30000 元人民币,支付违约金 2400 元;二、诉讼费 1500 元,由被告负担。宣判后,利达公司不服判决,向本院提起上诉,诉称:原审法院认定过滤机质量不合格这一事实有误,请求撤销原审判决。被上诉人未作书面答辩。

经审理查明:××市甲研究所是××市轻工业局工业学校的附属研究所,其主要从事新型包装材料的开发工作,不具备检测烟草过滤机的技术能力。本院依法指定了检测烟草过滤机的国家权威检测机构——北京市××研究所进行检测。根据检测结果,上诉人销售给被上诉人的三台烟草过滤机质量完全符合国家标准。

本院认为:上诉人销售给被上诉人的三台烟草过滤机质量合格,无违约行为。根据《中华人民共和国合同法》和《中华人民共和国民事诉讼法》之规定,判决如下:

一、撤销××市海滨区人民法院 2010 年 5 月 8 日(2010)海民初字第 32 号民事判决;

二、一审诉讼费 1500 元和二审诉讼费 1900 元全部由××市卷烟厂负担。

本判决为终审判决。

审判长:×××

审判员:×××

审判员:×××

2010 年 11 月 1 日(印章)

本件与原本核对无异

书记员:×××

技能训练

一、名词解释

起诉状、答辩状、上诉状、判决书

二、填空题

1. 起诉状具有＿＿＿＿、＿＿＿＿、＿＿＿＿特点。

2. 答辩状具有＿＿＿＿、＿＿＿＿、＿＿＿＿特点。

3. 上诉状具有＿＿＿＿、＿＿＿＿、＿＿＿＿特点。

4. 判决书具有＿＿＿＿、＿＿＿＿、＿＿＿＿特点。

5. 起诉状的正文由＿＿＿＿、＿＿＿＿、＿＿＿＿构成。

6. 答辩状的正文由＿＿＿＿、＿＿＿＿、＿＿＿＿构成。

7. 上诉状的正文由＿＿＿＿、＿＿＿＿、＿＿＿＿构成。

8. 判决书的正文由＿＿＿＿、＿＿＿＿、＿＿＿＿构成。

三、简答题

1. 什么是司法文书? 它有哪些特点和分类?

2. 起诉状有哪些写作要求?

3.答辩状有哪些写作要求?

4.上诉状有哪些写作要求?

5.判决书有哪些写作要求?

四、语言分析题

请选择句后括号中恰当的词填入句中横线上。

1.我们要特别重视教育工作,_____争取尽快提高全民族的科学文化水平。(以其、以期、以利)

2.这次严重灾害发生后,各级部门立即运来大批救济物资,_____关怀。(以此、以示、以资)

3.本合同_____批准,方能见效。(必须、须经、尚需)

五、习作题

根据下面的案情,以原告人的身份写一份起诉状,以两被告人的身份分别写一份答辩状。

原告人:××市606户村民。

被告人:××市供种站。

被告人:××省水稻研究所原种场。

×年×月×日,供种站将从原种场购买的黄花一号早稻种子10080公斤,分别销售给606户村民播种。用种户按照原种场随种子提供的技术资料,对种植在1344亩责任田中的早稻实施田间管理,结果出现了抽穗不齐和早熟现象。经××市农业局高级农艺师核实:用种户的早稻亩产量只能达到240公斤,比原种场的技术资料中提供的最低亩产量数据少209公斤,减产损失达18万余元。经调查,原种场提供给供种站的10080公斤黄花一号稻种,是区域小面积试种品系,未经省农作物品种审定委员会审定。供种站称,稻谷出现抽穗、成熟不齐的现象后,供种站曾7次电告原种场派人来处理,但原种场均以种种借口未到现场处理。原种场称,606户村民使用的黄花一号稻种,是原种场培育的新品种,因为今年气候反常,606户村民未能采取相应的栽培措施,致使水稻减产。《种子管理条例农作物种子实施细则》第30条规定:"未经审定或未审定通过的品种不得经营、生产推广、报奖和广告";第40条规定:"生产商品种子实行《种子生产许可证》制度。"

第七章 传播文书写作

🕮 **学习目标**

- 基本了解传播文书及各文种的定义、特点、分类、作用和写作要求
- 重点掌握消息、通讯、评论、解说词的格式和写法
- 体味例文，培养撰写传播文书的能力

第一节 传播文书概述

一、传播文书的定义

传播是指社会信息的传递或社会信息系统的运行。传播文书就是信息传递的专用文字材料。"传播"一词译自英语 communication，源自拉丁语 communis（community）。该词的含义较广，涉及沟通、交流、通讯、传播、导游、解说、交际、交往、广告、宣传等领域的活动。信息（information）是传播的内容，传播是信息的共享。今天我们处于高度信息化的社会，随着报纸、广播、电视、网络、手机等现代化信息传播工具的迅速发展，信息传播的数量不断增长，质量不断提高，社会功用也越来越重要。

二、传播文书的特点

（一）真实性

真实是传播文书的生命，尊重事实、用准确无误的事实说话，是传播工作者所应具备的最起码的职业道德。传播文书中的人物、事件、数字、引语等都必须完全真实，不能有任何夸大或缩小的成分，更不能凭空想象或歪曲。虚假的传播不但不能起到应有的作用，而且会造成极坏的社会影响。

（二）新鲜性

传播文书要反映新鲜的事实，不要写陈旧的东西。传播作者要善于发现新人、新事、新成就、新气象，提出新问题、新见解，总结出新经验、新教训，指明新趋势、新方向，或从新的角度反映报道对象。

（三）倾向性

从根本上说，传播文书应为社会主义现代化建设服务，应坚持党性原则，应具有人民性，要能够引人向上，催人奋进。说得具体一些，传播文书要同党和国家在特定历史时期的方针政策相切合，要同整个国家经济发展的需要相一致，要能反映社会生活中的主流性东西。

三、传播文书的分类

传播文书种类较多，但主要有以下四种。

（一）消息

消息是传播的主要形式，其篇幅简短，报道迅速，适合于传递新鲜的、重要的事实，如《我国选手获得奥运会第一块金牌》。

（二）通讯

通讯是用于深度报道，以叙述、描写为主，兼用议论、抒情的表达方式，及时具体地报道新近发生的典型人物、事件、工作经验、地方风貌等的一种传播文体，如《史光芬：铁肩担道义》。

（三）评论

评论是就新近发生的重要事件或问题发议论、作分析、判别是非、评价得失的一种新闻文体，如《游客不玩了景点没辙了》。

（四）解说词

解说词是对人物、事物、画面、展品、景观等进行解释、说明、介绍的一种文字材料，如《××公司宣传片解说词》。

第二节　消　息

一、基本知识

（一）消息的定义

消息是以简短的篇幅、精练的语言，迅速及时地报道新近发生的有价值的事实。

（二）消息的特点

消息除具有新闻的真实性、新鲜性、倾向性特点外，还具有以下明显特点。

1.简短性。消息的篇幅大多简短,行文讲究简洁、精炼,这样可以传播快捷,在较短的时间内掌握更多的信息。有的短消息只有几十个字,有的是只有一句话的简明消息,甚至还有没有正文的标题新闻。

2.快速性。消息的传播常常争分夺秒,谁快谁就掌握了新闻报道的主动,赢得了读者,谁慢就会影响其发行量和市场占有率。现在的电台、电视台常常用直播的形式,同步播出消息实况,就是为了以更快的速度将消息传播给观众,以满足观众的需要,并以此取得更高的收视、收听率。

3.活泼性。消息要吸引读者、观众,还须写得生动活泼、引人入胜。在内容上,要抓住最新鲜、最精彩的事实;在形式上也要用最精彩的语言将其表达出来。

（三）消息的分类

1.动态消息。它是及时地报道国内外的新动态、新情况、新问题的消息文体。大到国家重大政策的颁布、国内外重大事件的发生,小到某个活动的开展,都在其报道范围之内。

2.典型消息。它是对各领域中一定时期内比较突出的单位、人物或事物进行重点报道,并从中引出具有普遍意义的经验和教训的消息文体,它具有较强的针对性和指导性。典型新闻报道的对象,它既可以是正面典型,也可以是反面典型。

3.综合消息。它是从各个侧面反映较大范围内或较长时间内的综合情况的消息文体。由于这种新闻涉及的面比较广、所用的材料比较多,因而,选择材料和安排结构的问题,就是写作中一个重要的问题。另外,撰写综合消息,还要注意点面结合,做到既有广度又有深度。

4.评述消息。它是介于消息与评论之间,把两者加以结合的一种消息文体。其特点是夹叙夹议,边述边评。它大多用于对形势的分析和展望,对动向的研究,对经验的总结,也用于对某一重大事件的评判。既有事实,又有评论,做到就事论理,以事为据,以理服人,从而帮助读者或听众加深对报道对象的理解。

（四）消息的作用

1.传播信息的作用。消息最主要的用途就在于传播大量的信息。在当今社会,信息就是资源,就是财富,谁掌握的信息多,谁就能在日益激烈的市场竞争中"克敌制胜",使自己立于不败之地。谁掌握的信息少,对市场情况不了解,对先进的技术浑然不知,谁就会随时被市场淘汰。

2.传播知识的作用。消息不仅传播大量的信息,同时还传播广泛的知识,如新技术的开发,投资策略、技巧和分析,购物的注意事项,生活基本常识等,使人在吸收信息时又得到了学习,扩大了知识面,提高了文化素质。

二、写作要求

(一)善于发现具有新闻价值的事实

初学消息写作的人,往往无从下手或因写出来的东西没有新闻价值而不被编辑采用。为此,要善于发现具有新闻价值的事实。所谓新闻价值,是指在新的事实中或在事实的新变动中所包含的新的信息的分量,以及能够引起读者普遍兴趣的程度。

(二)以叙为主,用事实说话

消息多用叙述型的语言,叙述应该真实、简练、清楚。通过叙述,把事实讲出来,把事实中有关的时间、地点、人物、事件和原因(即五要素)告诉读者,而且五要素要完整。消息一般不表露作者的主观情感,不出现如"努力吧""祝愿财经大会开得圆满成功"等语言。

(三)标题中一定要有动词

消息是新近发生的有价值的事实的报道,所以消息的标题中一定要告诉读者发生了什么事。事件一定包含了一个动作,所以消息的标题中一定要有动词,句式以动宾结构为主。这一点看似简单但初学者常会出差错。例如报道"泰坦尼克号"游轮沉没的消息标题,就一定要有"沉没"这个动词,最简单的新闻标题是《"泰坦尼克号"沉没》,或者复杂一些,写成《豪华游轮"泰坦尼克号"在大西洋撞上冰山沉没》也可,但是若写成《一艘豪华游轮"泰坦尼克号"》那就不是新闻标题,而是广告标题了。

三、格式写法

比较完整的消息格式是:标题+导语+主体+结尾。但并不是每一篇消息都必须有这四部分,除标题和主体外,其他部分视需要取舍。另外,消息撰写中也讲究背景材料,它的位置是自由灵活的。

(一)拟定标题

标题的制作要准确、鲜明、生动、简练,能突出主旨,抓人眼球。

标题有三种写法。

1. 三行标题。一般用于重要新闻的报道。第一行是引题,用来交代背景,烘托气氛,引出主题;第二行是主题,用来说明新闻中最重要的或是引人入胜的事实和思想,主题在整个标题中字号最大,位置最为显著;第三行是副题,用来补充交代较重要的新闻事实。例如:

培育本地特色　坚持科学发展　　　　　　　　　　(引题)

山东莒南农产品走出深山步入国际市场　　　(主题)

今年 10 个月自营出口创汇实现 1.32 亿美元　　　(副题)

2.两行标题。引题加主题或主题加副题。例如：

投入"硬件"　提升"软件"　　　　　　　　　　　（引题）

山海关打造靓丽旅游环境 　　　　　　　　　（主题）

我国自然保护区面积逐年扩大 　　　　　　　（主题）

占陆地国土面积 7.64％,超过世界平均水平　　　（副题）

3.一行标题。一般是概括或评价新闻的主要内容,简洁明了。例如：

第二届世界浙商大会召开 　　　　　　　　　（主题）

（二）写好导语

导语是主体的浓缩。导语是用简练而生动的文字表达新闻中最重要或者最精彩内容的:具有启发性或诱惑力的消息开头部分。运用导语的目的,在于使读者通过三言两语,迅速地了解消息的主要内容,吸引他们进一步阅读全篇消息。导语有两种写法。

1.直接性导语。它又称概括性导语,是目前用得最多,也较易掌握的一类导语。它以概括的、直接陈述的方式开门见山、简明扼要地叙述最新鲜、最重要的事实,或最有个性特色、最具有新闻价值的内容。其写作模式可按"何时、何人（或何地）、何事"来进行。

2.间接性导语。它又称延缓性导语,是相对于直接性导语的一种导语形式,即导语中曲径通幽、引人入胜,间接体现新闻主题,迂回舒展地引出新闻的核心事实或新闻要旨。其可分为描写式、引用式、对比式、设问式等。

（三）展开主体

主体是导语的扩展。消息主体是紧接在导语后面构成消息主要内容的部分,也叫新闻躯干。它对导语的扩展主要表现在两个方面:其一,解释和深化导语。就是说,对于导语中所涉及的内容,进一步提供细节和有关材料。其二,补充新的事实。新闻躯干部分往往要补充导语中未涉及的新闻内容,使新闻"五要素"(何人、何时、何地、何事、何因)得以完备。

消息主体的内容要讲清整个新闻事实。层次安排上可以按事物发生、发展的先后顺序,也可以根据事物之间的内在联系或逻辑关系。如消息写作中采用最多的"倒金字塔"结构,便是按从内容重要到次重要来组织材料,即重要的居前、次要的居后。

（四）收好结尾

结尾是消息的收尾,是最后一句或一段话。好的新闻结尾能起到深化主题、发人深思、耐人寻味的作用,常见的有小结式、启发式、展望式、引语式等。

无论用哪种形式的结尾,要根据消息的具体需要决定,简明扼要,新颖深刻,而不可强加上去,使文章不自然。如果主体部分已经叙述清楚了,也可不加结尾。

（五）注重背景

有目的、有选择地运用与新闻事件发生、变化有联系的背景材料,把它们组织到消息中去,能增加新闻的"厚度",更有说服力、穿透力,有助于读者更深刻地理解消息的主题。比如消息《春节财经投诉为零》中"往年春节一过,正是财经投诉高峰",就是背景。

消息写作中交代背景,要恰到好处,不要为交代背景而交代背景。消息背景的表述形式,可以是独立成段或单独成句,也可以是复合句中的从句,甚至是句子中的定语、同位语等附加成分。背景穿插的位置,可以在主体中间,也可以安排在末尾,有时候还可以安排在导语里。

四、实例文选

宁波职业技术学院推行校企深度合作

入学就是准员工　读书还能拿工资

本报宁波9月22日电(记者　施晓义　吴晓鹏　通讯员　周晨)今天,宁波职业技术学院下属的华丰对外经济技术合作学院成立,208名新生从入学第一天起,就成为宁波华丰投资有限公司的准员工,三年的学习时光将有两年在企业度过,企业将为学生提供相应的助学金、奖学金。当能独立顶岗操作时,学生还可以享受企业正式员工的工资及福利等待遇。

"校企深度合作使这样的好事成为可能。"宁波职业技术学院党委书记×××说,这种新的人才培养方式紧密结合企业生产实际,甚至连学校的教学计划都以企业为主制定,使学生的学习更"贴近实战"。学生毕业后,根据双向选择的原则自主就业。

在校园里,我们遇到该校机电学院三年级学生小董,他刚刚结束一年半的企业锻炼。在××集团宁波××机械有限公司生产部的冲切流水线上,他已能顶岗作业,成为企业的一名准员工。尽管没签订正式劳动合同,但工资待遇与正式员工一样。"通过工作,我不仅学到了实际操作技能,还赚到了2万多元工资,差不多是三年的学费。"小董高兴地说。

宁波职业技术学院所在地宁波经济技术开发区有5000多家企业,近几年来学校与企业的互动合作越来越紧密。目前,该校8000多名在校生中工科类学生下车间的时间超过整个学时的50%。而企业对校企深度合作也表现出很高的积极性。昨天,宁波××集团又无偿赠送给学院一套价值100多万元的数控车床,供学生练习技能使用。××集团已累计向该学院赠送了价值400多万元的设备。企业负责人认为,校企深度合作培养出来的学生非常符合企业的实际需求,解决了企业技能人才紧缺的燃眉之急。

资料来源:本文选自《浙江日报》。

例评要求:1.以上例文的标题有什么特色?

2.以上例文的语言有什么特点?

第三节　通　讯

一、基础知识

(一)通讯的定义

通讯是综合运用多种表达方式,详细而生动地报道新近发生的事实的一种新闻文书。如果说消息是为满足读者想"早知道"的心理,那么通讯便是为了满足读者想"多知道"的心理。

(二)通讯的特点

除具有新闻的真实性、新鲜性、倾向性特点外,通讯还具有以下明显特点。

1.典型性。通讯要求所选人物或事例是典型的、新颖的,具有时代精神和气息。

2.形象性。通讯可借用某些文学手法来刻画人物、渲染环境、描写细节、巧妙布局,增强作品的形象性。

3.综合性。在表达方式上,通讯不仅常用叙述和议论,而且运用描写和抒情,以成功刻画人物或事件。

(三)通讯的分类

1.人物通讯。它是用来展示新闻人物的一种通讯。它可以写"全人全貌",也可以"截取一段"来写;可以写一个人,也可以同时写多个人。一般以宣传先进人物的事迹为主。

2.事件通讯。它是以事件为中心的一种通讯。它通过对新闻事件发生、发展、结果的叙述和交代,反映社会现实。事件通讯所选的事件,应当具有较强的情节性,这是事件通讯有别于其他通讯,尤其是人物通讯的主要特征。事件通讯虽然不以人物为中心,但事件本身并不能脱离人。事由人生,人因事显,二者不是孤立存在的,所以写事件通讯也不可能避开写人,但与人物通讯相比,事件通讯主要是通过事件来反映其新闻意义的。

3.工作通讯。它是报道某项工作的进展情况、做法、取得的经验或存在的问题的一种通讯。它以介绍工作经验为主的工作通讯,具有指导工作、推广典型经验的作用。

4.风貌通讯。它是着重反映社会变化及风土人情的一种通讯。许多风貌通讯是作者旅途所见所闻及感受的记录,因而风貌通讯也常称作旅行通讯。报上常见的"巡礼""纪行"等体裁,都属风貌通讯范畴。

(四)通讯的作用

1.催人奋进的作用。许多撰写财经领域先进人物、先进事迹的通讯,在社会上会赢得阵阵赞美,必将起到催人奋进的作用。

2.揭露时弊的作用。许多撰写财经领域不正之风、欺诈诱骗的通讯,在社会上产生强烈的反响,一定起到揭露时弊的作用。

二、写作要求

(一)选好典型

以通讯的形式来写的人或事,应该具有典型性,应该贴近时代、贴近社会生活,且忠实于真人真事。

(二)写出感情

通讯,文字内容长,若写得干巴巴,读者会没有耐心看。因此,通讯要写出感情来。这除了首先要选取富有感情的素材外,还要作者在写作中要倾注自己的思想感情,要巧妙运用描写、议论、抒情等表现手法。

(三)抓住细节

用细节描绘事件,可以使事件活灵活现,真切感人;用细节刻画人物,有助于人物形象血肉丰满,栩栩如生;用细节渲染气氛,要比单纯的概述给人留下的印象更为深刻。

三、格式写法

通讯的格式是:标题＋开头＋主体＋结尾。由于通讯内容多、篇幅长,所以其结构更完备,写法更灵活,更富有文学性,更讲韵味和美感。

(一)标题

通讯的标题有两种写法。
1.单标题,如《史光芬:铁肩担道义》。
2.双标题,如《井冈山精神代代相传——革命摇篮井冈山巡视》。

(二)开头

开头一般要点出报道的主要对象。

(三)主体

主体有三种写法。
1.纵式,即按时间顺序、事物发展顺序或作者对报道对象的认识顺序安排材料。
2.横式,即以空间转换或按事物性质归类安排材料。
3.综合式,即上述两种结构同时使用,既注意时间顺序,又注意空间顺序或事物性质归类。

（四）结尾

结尾有两种写法。

1. 自然收束，即按叙述过程自然结束。有的通讯就没有结尾。
2. 卒章显志，即在结尾点明主题或写作目的或表明作者的看法。

四、实例文选

"85后"非遗传承人李剑的创业经

"创业是一条艰辛的路，只有不怕失败的人才能取得成功，而每次失败都是进一步成功的财富。"28岁的宁夏艺盟礼益文化艺术品有限公司总经理李剑说，这是她创业四年来的深切感悟，虽笼统却实在。

2009年7月大学一毕业，李剑便回到宁夏银川注册了公司，选择的是当时比较冷门的非物质文化遗产——回乡剪纸。

实际上将回族剪纸作为创业方向的念头，在李剑心中早已有之。因为母亲伏兆娥是非遗传承人，在剪纸声中长大的李剑作为这项非物质文化遗产的第四代传承人，从小就有把剪纸发扬光大的梦想。

万事开头难，尽管有母亲这位"中国民间工艺美术家"的"高人"坐镇，创业前半年她的公司还是亏损了10余万元。

"现在回想起来，当时刚从学校出来，把一切都想得太简单。"李剑说，创业这条路刚起步的时候真的是非常难，因为你必须去打开一个全新的市场，必须让陌生的消费者真正地接受你，这是一个过程。但幸好经过四年的摸爬滚打，目前企业步入了正轨，现在正是可以施展拳脚的时期，虽有困难但也会面临众多机遇。

经过四年的努力，李剑如今开发并设计出贺卡、剪纸挂历和精装文化礼品等系列产品，市场逐渐多元化。她设计的"回乡剪纸"文化礼品融合了回族汤瓶、回族姑娘、清真寺等极具回乡风情的标志性画面。

在非遗项目的市场化道路上，最怕的是过度开发和利用导致非遗变味。为保证剪纸艺术品的原汁原味，李剑采取"企业＋传承人＋农户"的经营模式，与自治区妇联合作成立"宁夏妇女手工制品协会"，和母亲先后开展30多期手工制品培训班，1000余名妇女因此受益，公司也培养出了稳定的剪纸队伍。

时隔四年，当年许多选择创业或外出打拼的同学陆续放弃梦想进入体制内，李剑的公司却从一个家庭小作坊成长为年销售额近300万元的企业，对此，李剑表示："路都是一样的，关键看怎么走。"

如今，虽然有"宁夏十大巾帼创业之星""宁夏十大创业之星"等众多荣誉，但李剑仍把自己定位为"刚起步的创业者"。

"公司现在困难期刚过,还处于创业发展期,只能说是刚刚起步。"李剑说,她也有自己的"中国梦":五年内建成中华回乡民俗文化发展基地、十年内建成中华回乡民俗艺术典藏馆,她期待更多的回乡"非遗"能通过基地和典藏馆走出宁夏、走向世界。

资料来源:本文选自《新华网》,作者何晨阳、刘海。

例文评析:1.以上例文是怎样安排结构的?

2.以上例文运用了哪些表达方式?

史光芬:铁肩担道义

前不久,记者在河南省伊川县采访时,听到一些干部群众谈到这样一个话题:过去,伊川县餐饮业的税收流失问题比较严重,一些宾馆、饭店不给消费者开发票或开假发票的现象比较普遍,由此造成了国家税款的流失。而现在,全县范围内所有的宾馆、饭店都必须照章纳税,再也不能用假发票糊弄消费者了。让大家想不到的是,促使伊川县餐饮业照章纳税并为国家挽回税款流失的人,竟是伊川县会计核算中心的一位女干部,她的名字叫史光芬。

甘为财政卫士

10年前,伊川县有关单位乱收滥支、坐支挪用财政资金的现象还比较严重。那时,刚步入而立之年的县财政局综合股干部史光芬提出了"一个盘子端计划、一个标准定支出、一个窗口管票据、一个渠道批资金、一套班子抓稽查"的综合预算管理办法,从而在源头上控制了单位乱收费、乱罚款现象。在此后5年多的时间里,她所在的综合股为政府集中财力达1100多万元。2000年,伊川县财政局被河南省财政厅确定为全省预算外资金管理改革工作试点县。2001年,伊川县又被河南省人民政府命名为全省收支两条线管理工作先进单位。

1996年,伊川县制定出台了《伊川县预算外资金管理办法》,身为财政局综合股负责人的史光芬就该《办法》的实施向全县人民公开承诺:今后凡对全县各执收执罚单位的收费或罚款有异议的,请到县财政局举报,如经查证确属未按规定收费和罚款的,局综合股当场予以全额退还,而后再由县财政局对违纪单位予以追缴和处罚。《办法》出台后,该县山村十几户农民拿着某单位开具的不正规票据前来举报,也有村委会主任拿出不合理收费票据举报,商户和企业拿着不合理罚款票据举报,三轮车司机拿着乱罚款票据举报,学生家长拿着学校不合理收费票据举报等,不到3个月,全县各种举报多达110余人次。史光芬对举报属实的一一当场全额退还,此举感动了群众和单位,教育和严惩了乱执收执罚部门,伊川县乱收费和乱罚款现象,从根本上得到了扭转。

让违规者自己买单

2002年8月,史光芬被委派筹划伊川县直单位会计改革,组建伊川县会计核算中心。

史光芬克服重重阻力,带领核算中心人员对进一步遏制县直单位财务乱支滥用现象,确保财政资金的安全有效性以及维护全县财经秩序发挥了主渠道作用。

前不久,伊川县会计核算中心一窗口在审核单据时发现:某单位一位领导在外出办事时,一个晚上竟违规消费 5000 元。史光芬知道后通知窗口人员不予办理。之后,该领导又是托亲朋私下说情,又是找主管领导施压,无果后又用电话进行威胁和恐吓。但史光芬始终坚守一个原则:违反财政政策和原则的事情,坚决不予办理。最终,这位领导硬是自己掏钱把这笔 5000 元的支出予以弥补。据统计,从 2002 年 9 月至今,伊川县会计核算中心共退回不合理单据 1090 笔,金额达 1982 万元。

让假发票无处藏身

2005 年 2 月,史光芬在工作中发现部分单位报账时出具的假发票,虽然有些被鉴别出来退了回去,但她并没有因此而感到欣慰,而是主动到县税务部门走访,经了解发现了一个奇怪现象:县城各宾馆、饭店生意十分红火,但到税务部门领取发票的却少之又少。与县城十分红火的宾馆、酒店生意形成极大的反差。于是,在她的建议和呼吁下,伊川县从 3 月份开始在全县上下开展了声势浩大的打击假发票专项活动。为此,史光芬请税务部门票据专管员到会计核算中心进行识别假发票专题学习培训,使中心每个工作人员熟练掌握了识别假发票的方法。通过中心全体人员的从严把关,从 2005 年 3 月到年底,中心累计废止假发票 536 张,金额 336 万元,其中最大的一笔高达 13 万元。

打击假发票活动的开展,维护了税法严肃性,遏制了各种偷逃税现象。这以后,伊川县各宾馆、酒店主动到税务部门如实地领取发票。

资料来源:本文选自《中国财经报》。

例评要求:1.本文是怎样安排结构的?

2.本文运用了哪些表达方式?

五、文种辨析:消息与通讯

同属于新闻范畴的消息和通讯是有联系的,两者在写作上都要求内容生动、真实、具体,反映及时迅速,用事实说话,但它们又有明显的区别。(1)题材内容不同。消息侧重于记事,通常做概括、简要的说明,通讯既可记事,又可写人,特别要求典型,写作一般作具体、详细、生动的报道。(2)表现方法不同。消息常常采取前详后略的"倒金字塔"结构,并以叙述为主,也有描写,但很少议论和抒情;通讯却因写作内容不同而采取灵活多样的表现形式,在写作时只要内容需要,叙述、描写、议论、抒情等表达方式都可运用。(3)写作时效不同。消息要争分夺秒,争取抢先发表,成为独家新闻;通讯也要求快,但不要求那么严格。

第四节　评　论

一、基础知识

(一)评论的定义

评论是就新近发生的重要事件或问题发议论、作分析、判别是非、评价得失的一种新闻文体。它有鲜明的观点、明确的导向,能指导和推动工作。

(二)评论的特点

1.评论性。评论性是新闻评论区别于其他新闻文体的最明显的特征。"评"是评判和评价,"论"是论述和论证,在"评"和"论"的过程中,作者不仅表明了自己对某一新闻事件的观点和态度,而且要对自己的观点进行充分的、有说服力的论证。

2.新闻性。新闻性是新闻评论区别于其他社会论文的重要特征,主要表现为:一是提供新闻事实。新闻事实是整个言论的"由头",没有新闻事实,议论失去实的依托,也就没有什么针对性可言了。二是迅速及时。新闻评论必须是对新近发生的事实所做出的迅速反应,拖延评论会因时过境迁而不再有价值。三是真实准确。作为"由头"的新闻事实必须是真实可靠的。建立在虚假论据上的言论经不起推敲和质疑,也不会有深刻的见解和现实的意义。

3.群众性。群众性是新闻评论区别于专业性、学术性论文的一个基本特征。专业化的学术论文,内容是科学性的,读者限于一个特定的范围。而新闻评论的内容是社会性的,读者是全社会的广大人民群众。

(三)评论的分类

1.社论。社论是代表报社编辑部对重大问题所发表的权威性评论,是评论中最庄重、最具权威性的一种形式。

2.评论员文章。评论员文章的署名有个特点,一般写成"本报评论员"或"特约评论员",给人以模糊之感:既非个人,但又不代表报社编辑部;既有一定的"官方"色彩,而又不完全代表"官方"。显然,评论员文章的重要性次于社论。可是,正由于这种模糊性,这类评论的选题和写作具有较大的灵活性。

3.短评。短评的特点是短,篇幅较小,常一事一议,抓住一个点或一个侧面来写,分析扼要,评论精辟,很受读者欢迎。

4.编者按和编后语。编者按和编后语也比较简短,与短评的不同之处在于:编者按和编后语都不能独立发表,必须依附于某些报道和文章;它们或者在报道和文章的前面,或者在其后面,编者按有时甚至可以夹在报道和文章的中间。其作用主要是"画龙点睛",深化新闻报道的主题,加深读者的理解,使党和国家的方针政策深入人心。

5.杂文。上述五类评论,除部分个人署名的短评外,往往都程度不同地代表着某个团体的集体意见,而杂文则完全代表作者个人的意见。与短评相比,杂文的写作更不拘一格、灵活自由,它常以"漫笔""札记"等形式出现,有时还带有比较明显的知识性或文艺性。

（四）评论的作用

1.提高人们的思想认识。各种评论往往着眼于社会新近发生的重要事件或问题,就此进行专门的分析、评价,发表看法,提出建议,帮助人们正确地看待问题和变化,起到提高人们思想认识的作用。

2.促进社会经济健康发展。各种评论有表扬先进的,也有揭露问题的,尤其是对披露的问题进行评论后,更能引起社会各界的重视和警觉,加强防范,以促进社会经济健康发展。

二、写作要求

（一）注重针对性

写评论,不仅提出的问题要有针对性,而且论述也要有针对性。评论的针对性,就是指针对人们普遍关心的、迫切需要回答的思想问题,通过具体的科学的分析,实事求是地给予说明、回答和指导。

（二）论点要新鲜

就一篇评论而言,论点是观点,是灵魂,论点不新鲜,或者和报纸上已发表过的文章雷同,读者看了开头就兴味索然,不想看下去了。

（三）论据要典型

论据要有典型性,具有说服力。评论的论据就是用来阐明论点的新闻事实和有关材料。什么样的新闻事实才适合作为评论的论据? 这就要选择准确、新颖、典型的具有说服力的事实和理论材料。

（四）说理要深刻

写评论,要在说理上下功夫。一篇评论,说理是否深刻,往往关系到它的成败。写评论,作者还要在说理上展得开,收得拢。

三、格式写法

评论的格式:标题＋导语＋主体＋结尾。

（一）标题

评论的标题应该准确、鲜明、生动，在表达上接近于一般议论文，往往直书评论的对象、范围或内容，也常直接揭示观点。多采用单行标题式，很少用双行标题。

（二）导语

导语是文章的开头。导语部分主要是引出所要评论的事件或问题，让人明白因何事而评论。

（三）主体

主体有三种写法：

1. 以论为主。以论为主的写法，多见于社论、评论员文章和杂文等。这种类型评论的正文又有立论和驳论之分，其写作与一般的议论文基本相同。

2. 以评为主。以评为主是评论中最常见的一种写法，其特点是针对性强，即事生议，扣住新闻事实进行分析评议，并常常在此基础上加以适当的引申发挥，以启发读者思考。

3. 以释为主。"释"即阐释。以释为主的评论文章主要是阐释党和国家的政策，以帮助读者理解和掌握。

（四）结尾

评论结尾的写法也多样，有的是对全文做归结，再次强调所论的观点，给人深刻印象；有的则就如何解决存在的问题提出建议，希望有关方面给予重视和采纳；有的就如何改进工作、服务态度等，提出希望和要求等。也有的不做结尾，直接在主体末尾处结束。

四、实例文选

正风肃纪不能"一阵风"

正风肃纪专项行动开展以来，各地各部门采取一系列有效举措，扎实推进作风建设，让人民群众感受到了一股清风。但也有一些群众对正风肃纪能不能长期坚持下去抱有疑虑，担心"一股清风"变成"一阵风"。

正风肃纪不能"一阵风"，转变作风不能走形式。作为党员干部，要深刻领会中央"八项规定"和省委、市委关于作风建设规定的精神实质，牢固树立为人民服务的宗旨观念，真正从思想上认识到正风肃纪的重要性，自觉做到贯彻"八项规定"不敷衍、不懈怠，自觉接受组织和群众的监督。

防止"一阵风"，既要看个人的党性原则，也要靠有力的制度保障。要加强监督检查，持之以恒，常抓不懈，把经常性检查和针对性抽查结合起来，一级抓一级，层层抓落实,保证正风肃纪不折不扣得到贯彻执行。要树立先进典型,总结先进经验,严查顶风违纪,充分发挥人大监督、政协民主监督、司法监督、群众监督、新闻舆论监督的作用,以广泛的监督促进正风肃纪的持久推进。要完善相关制度规定,建立长效机制,以严格的制度约束激励党员干部真正把作风建设落到实处。

资料来源:本文选自《台州日报》,作者陈巍。

例评要求:1.以上例文属于哪类评论?

2.以上例文是怎样安排结构的?

第五节 解说词

一、基础知识

(一)解说词的定义

解说词是对人物、事件、画面、展品、景观等进行解释、说明、介绍的一种文字材料。解说词往往配合实物或图片、录像等来解说,能够弥补实物或画面给人物留下的认知空白,帮助人们理解事物。

(二)解说词的特点

1.非独立性。解说词是配合人物、实物或图片的文字说明,使观众在观看实物或图片的同时借助简明的文字介绍,对实物或图片获得深刻的认识。所以说解说词是非独立存在的,它需要与实物或图片等进行配合,才能产生作用。

2.说明性。实物和形象是解说词的依据,忠实于实物和形象是解说词写作的基本原则,所以,解说词的任务就是对实物和形象进行真实的解释说明。

3.生动性。解说词是一种主观和客观相结合的解说,根据内容需要可以用事务性的语言,也可以用文学性的语言,除了做到表达准确之外,还要追求表达生动,使解说感染受众。

(三)解说词的分类

1.根据解说词内容的不同,可分为人物事迹解说词、专题展览解说词、影视新闻纪录片解说词、运动会项目解说词、景区景点解说词等。

2.根据解说词表达风格的不同,可分为文学性解说词和事务性解说词。用于参观游览的解说词,用于电影电视风光片的解说词,采用文学、散文手法,既抒情又有解释说明,语言绚丽多彩,情感真挚浓郁。用于宣传企业成就的解说词和科普影片的解说词,一般运用朴实真挚的语言。

（四）解说词的作用

1.解释说明作用。解说词是配合实物或图片的文字说明,它既要便于讲解,又要便于观众一目了然。一般用不多的文字把实物介绍给观众,使观众对实物获得更多的认识。

2.补充视听作用。解说词遵循为看为听而写的创作原则,一幅画面或一段音乐能将观众带入某种意境,但仅靠画面或音乐难以让观众明白更深层次的东西,这种时候,画龙点睛的解说词能起到补充视觉和听觉的作用,帮助提炼主题,引导观众领会内容。

3.烘托感染作用。解说词主要的表达方法是叙述和说明,有时也需要描写、抒情和议论。通过对事物准确描绘、烘托和渲染,达到强烈共鸣的目的。

二、写作要求

（一）内容要准确

解说词是对客观事物的解说,一定要讲究内容的准确,才能起到应有的效果。所以,撰写解说词,前提是仔细观察、认真采访、深刻研究。

（二）顺序要分明

陈列的实物或画面有相对的独立性,反映在解说词上,应该节段分明,每一件实物或每一个画面有一段文字说明。

（三）语言要易懂

解说词的受众很广泛,年龄、职业、文化程度都不相同,因此要写得通俗易懂。一般不使用方言土语,更不用容易引起歧义的词语和生造的词语。

三、形式写法

解说词由谁来讲,决定了解说词的形式。解说词常见的有四种形式。

（一）旁白形式

旁白解说的形式是以画面外的人配合画面内容解说的形式,图解型解说词多采用旁白的形式。这种解说词一般采用第三人称,这也是一种最为方便的写法。它的优点是能把不同的人的渊博学识汇集起来,由一个不露面的普通解说员说出来。还可以挑选训练有素的专职解说员去进行解说,将解说词发挥得淋漓尽致,以达到很好的叙述效果。

（二）讲授形式

讲授形式是以画面上的人物对观众说话的形式,如同教师面对学生讲话的形式一样,老师的讲稿就是解说词。此外,节目主持人也采用这种方式宣讲解说词。还有在一些电视剧中相互对话的演员,在面对观众说话时,其口气也如教师一般。因此,不管是教师、节目主持人还是演员,只要是面向观众说话都统称为讲授的形式。

（三）对白形式

这是指剧中人对白的形式即画面上人物的相互对话的形式。戏剧型解说词多采用剧中人对话的形式。观众欣赏了他们的表演和对话(解说词)之后,就能领会其所要传授的内容。写作者要对主题思想与内容有深刻的理解,才能编写这种带有情节、用对话形式表现出来的解说词。

（四）综合形式

有些解说词,恰当地综合运用三种形式,既生动有趣,又恰如其分。因此,在写解说词时,要认真选择解说词的形式,使不同的解说内容用最合适的解说形式向人们表达。

四、实例文选

江西济民可信集团有限公司宣传片解说词

拍摄地点:济民可信集团各子公司

背景音乐:庄重、激昂

解说配音要求:男声,标准普通话,富有激情

拍摄时长:8～10分钟

【场景1】远景,慢切,阳光、树木、水,人类健康的三要素。企业 LOGO 在水中三维变化。

【解说】古人说,"上善若水"。意思是,最高境界的善就像水之品性一样,泽被万物而不争名利。

【场景2】老药店、病人、医生、晨练。"悬壶济世"牌子。

【解说】在中国,没有一个行业,比做药更能体现一个企业家的处世哲学。古来医家就有"悬壶济世"之德,这体现出一种"诚";而能不能做大做强,靠的是"信"字,正所谓"做药做良心""修合虽无人见,诚心自有天知",体现出一定的做药道德自觉。

【场景3】济民可信总部,李义海,出现"济世惠民,信待天下"的字幅。

【解说】济民可信的创始人李义海先生也一直认为,"诚待天下,天下信我;信待天下,天下惠我。"正是本着水之品性,济民可信从无到有,从小到大,从大到强,并将从强到久,做到永续经营。

【场景4】济民可信总部,济民可信之中国版图,规范着装的员工。

【解说】江西济民可信集团有限公司是一家集科研、生产、销售为一身的大型民营医药企业集团。目前拥有9家全资子公司以及遍及全国31个省、市、自治区的20余个营销分公司。

【场景5】各子公司场景转换。

【解说】济民可信奉行"以业聚才,倚才兴业,唯贤是举,德才兼备"的人本观念和"事业留人,待遇留人,情感留人,机制留人"的留人原则,聚八方英豪俊杰,创济民可信伟业,十多年时间,得到了强势发展——

1993年初,李义海董事长在北京组建医药营销机构,开辟北京医药市场。

1998年12月,李义海挥师南下,兼并了已有27年历史的宜春秀江制药厂,更名为"江西济民可信药业有限公司"。

1999年初,将公司总部从北京迁至南昌;6月1日,在南昌民营科技园成立了江本济民堂医药有限公司。

2001年2月,李义海组建了江西济民可信集团有限公司;6月,在北京组建了北京济民可信医药有限公司。

10月,围绕医药相关行业多元化发展战略,又成功兼并了江西东方制药厂和江西力可生制药有限公司,组建了江西济民可信制药有限公司。

2002年7月,集团公司又一举兼并了江西铜鼓县制药厂,组建了江西济民可信铜鼓中药有限公司。

同年8月,占地面积2560余亩、符合国家GMP标准的现代化大型生产基地在宜春袁州工业园区奠基。

至此,集团公司已形成科、工、贸一体化,产、供、销一条龙的经营格局。

2003年7月22日,集团公司又成功收购了江西世纪药业公司,组建了江西济民可信医药有限公司。

2004年12月21日,济民可信集团成功实现了接管江西金水宝制药公司,更名成立了江西济民可信金水宝制药有限公司。

2006年6月,济民可信集团一举并购了江苏无锡山禾药业有限公司,加快了企业二次创业步伐,巩固了集团经济基础,优化完善了企业产业链,这是集团公司经济实力的体现。

2006年7月,济民可信集团成功收购了宜春锦绣山庄。

【场景6】人潮,城市,刚驶出公司物流门的运输车(带公司标志),医药商业企业。

【解说】凭说"济世惠民、信待天下"的经营理念,集团成立以来,企业经营呈稳健快速发展势头。

【场景7】GMP车间。各种标语。

【解说】"修得规矩,乃成方圆"。济民可信今天的规矩就是生产和管理的科学化、规范化。下属核心制药单位均按国际化的GMP制药标准,严格要求生产的每一个环节,员工的行为规范也处处有章可循。

【场景8】GMP车间。江西济民可信药业有限公司外景、相关内景、产业特色。

【解说】江西济民可信药业有限公司,按GMP标准建设的现代化大型中成药生产基地。位于江西宜春袁州医药工业园,投资1.2亿元,占地260余亩,2004年1月一次性整体通过国家GMP认证。

公司目前拥有片剂、胶囊剂(含头孢菌素类)、颗粒剂、散剂、合剂、口服液、糖浆剂、煎膏剂、酊剂九个剂型 100 多个品种及中药前处理、提取等十条生产线。

【场景9】江西济民可信金水宝制药有限公司外景、相关内景、产品特写。

【解说】江西济民可信金水宝制药有限公司主要生产、经营由中国医学科学院药物研究所经 18 年研究、开发,国家卫生部批准独家生产的第一个国家一类新中药——金水宝胶囊。

金水宝胶囊的生产规模已达到年产 4.5 亿粒,产品市场抽检合格率一直保持在100％,质量一直处于国内同类品种的领先地位。金水宝胶囊先后荣获国家科技进步三等奖、江西省科技进步二等奖、国家中医药管理局科技进步二等奖等十个奖项。

【场景10】无锡济民可信山禾药业股份有限公司外景、相关内景、产品特写。

【解说】无锡济民可信山禾药业股份有限公司是一家集科、工、贸于一体的现代化国有企业,现有员工 1000 余人,专业技术人员 400 多人,占职工人数的 40％,总资产已达 2.3 亿元。

公司拥有针剂、丸剂、滴眼液、膏滋、糖浆、酒剂、口服液等剂型的各类中成药 110多种,其中拥有独家生产的国家中药保护品种黄氏响声丸和全国中医院急救必备用药醒脑静注射液,还有我国自行研制开发的国家一类新药悉能注射液、高效广谱抗菌药莲必治注射液、穿心莲内酯片和"双星明"系列滴眼液等。

【场景11】产品特写。

【解说】衡量一个制药企业的核心竞争力大小,不在于它的厂房造得多大、多漂亮,而是它有没有拳头产品。济民可信集团拥有国家中药一类保护品种金水宝胶囊及独家生产的国家中药保护品种黄氏响声丸和全国中医院急救必备用药醒脑静注射液,还有我国自行研制开发的国家一类新药悉能注射液、高效广谱抗菌药莲必治注射液、穿心莲内酯片及其他中药保护品种婴儿健脾颗粒、小儿热咳口服液、安君太抗宫炎片、儿宝膏等各类产品 200 多个品种。

【场景12】各种奖状、资料片。

【解说】有良知的企业家,都有一个终极目的,那就是造福群众。"济世惠民,信待天下"是济民可信的理念,也是李义海的信条。在企业发展壮大的同时,集团董事长李义海始终不忘回报社会,回报家乡人民。2004 年向全国第五届农运会捐赠 100 万元,为江西人民实实在在地做出了贡献;2005 年 12 月在九江地区赈灾活动中,毅然决定捐赠价值 115 万元的药品,向灾区人民献上一片温暖,展现了一个企业家的博大胸襟和强烈的社会使命感。

【场景13】客户、员工、股东、社会场景转换。

【解说】济民可信一直信奉这样的信条——

对客户:诚信为本,协作共赢;

对员工:以人为本,成就自我;

对股东:高度负责,长效回报;

对社会:济世惠民,信待天下。

【场景14】航拍江西。江西景物,蓝天、白云。

【解说】正是本着这样的信条,江西济民可信,在家乡的红土地上实现了一次次的裂变,结下了一个个丰收的硕果。经历风雨,终见彩虹。如今,济民可信正昂首迈向辉煌的明天! 同时,济民可信树立自己的企业愿景:成功铸造中国医药领域生产、销售、科研为一体最具竞争力的健康可持续超常规发展的行业龙头,并协同资源地产业共同发展的全国大型企业集团。

【场景15】江河归海、太阳当空,航母,"济民可信"旗帜三维飘浮。

【解说】"上善若水,济民可信"。

济者,以己之力惠人也。

水润泽万物而不求回报,因此而成就了自己的伟大。

济民可信也正秉承"济世惠民,信待天下"的经营理念,向着医药航母目标昂首挺步,实现济民可信永续经营的光荣与梦想。

例评要求:1.以上例文是怎样安排结构的?

2.以上例文的语言有什么特点?

技能训练

一、名词解释

消息、通讯、评论、解说词

二、填空题

1.消息具有_____、_____、_____特点。

2.通讯具有_____、_____、_____特点。

3.评论具有_____、_____、_____特点。

4.解说词具有_____、_____、_____特点。

5.消息可分为_____、_____、_____、_____四类。

6.通讯可分为_____、_____、_____、_____四类。

7.评论可分为_____、_____、_____、_____、_____五类。

8.消息的标题有_____、_____、_____三种写法。

9.通讯的主体有_____、_____、_____三种写法。

10.评论的主体有_____、_____、_____三种写法

11.解说词的写作形式有_____、_____、_____、_____四种。

三、简答题

1.什么是传播文书? 它有哪些特点和主要种类?

2.消息有哪些写作要求?

3.通讯有哪些写作要求？

4.评论有哪些写作要求？

5.解说词有哪些写作要求？

6.消息与通讯有哪些区别？

四、语言分析题

指出下面这则消息标题的不当之处。

天网恢恢 疏而不漏

威海 11 家"吹牛企业"被罚

五、要素操作题

为下列消息补写标题。

1.南方的大米要调往北方,北方的玉米要运到南方,自然造成粮食销售成本的增加甚至浪费。近年来,这一格局正在悄然发生变化。据不完全统计,东北地区近年水稻种植面积已达 1800 万亩,水稻产量占粮食产量的比重上升了 10 多个百分点;与此同时,南方种植玉米也日益普遍,稻谷产量大省的湖南省今年玉米将发展到 600 万亩,可基本解决所需。

昔日长江流域及其以南地区为我国水稻主产区,以北地区为玉米主产区,伴随近年来农业生产结构调整步伐的加快,北方对南方稻谷的调入量急剧下降,加之水稻产区广泛推广杂交水稻,大幅度提高了单产,稻谷产量大增,形成供过于求局面。

长江流域的气候、土壤都适宜玉米生长,且由于气温比北方高,加上地膜玉米栽培等新技术的运用,使南方玉米产量不断提高,平均单产已达 400 公斤左右,略高于早稻。据悉,有关专家已着手研究发展南方玉米生产和诸多配套工作。

标题＿＿＿＿＿＿＿＿＿＿＿＿＿＿＿＿＿＿＿＿＿＿＿＿＿＿＿

2.广西柳城县国税局坚持一手抓税源分析,落实征管措施;一手抓税收政策辅导,强化依法治税。有计划、有组织地抓好财政收入工作,取得了明显效果。2005 年,该局共组织各项税收收入 12073 万元,比上年同期增收 2270 万元,增长 23.16％,占全县财政收入 58.32％,超额完成全年税收任务,税收收入首次突破亿元大关。

标题＿＿＿＿＿＿＿＿＿＿＿＿＿＿＿＿＿＿＿＿＿＿＿＿＿＿＿

六、习作题

1.教师节这天上午 8:30 分,某市在市政府礼堂举行了庆祝大会。参加会议的有市委、市政府的有关领导、优秀教师代表、学生代表及其他人士共 300 多人。会议对优秀教师进行了表彰。在会上,主管教育的副市长发表讲话,教师代表和学生代表先后发了言。会议 11:00 结束。

(1)请你以某市晚报记者的身份,写一篇动态消息,对此事进行报道。

(2)请你以某市日报通讯员的身份,采访一位优秀教师代表,写一篇人物通讯。

(3)请你为教师节撰写一篇评论。

2.新生刚进校,对学校不太了解,请你设计一条参观线路,并撰写一篇介绍学校的解说词,向新生作介绍。

第八章　旅游文书写作

学习目标

- 基本了解旅游文书及各文种的定义、特点、分类和写作要求
- 重点掌握旅游指南、景区景点介绍、导游词的格式和写法
- 体味例文，培养撰写旅游文书的能力

第一节　旅游文书概述

一、旅游文书的定义

旅游文书是在旅游领域的活动中形成和发展的、为旅游活动服务的、具有特定惯用格式的应用文书。

二、旅游文书的特点

（一）专业性

旅游文书是用来反映旅游的工作情况和解决旅游活动中的实际问题的，因此带有鲜明的旅游特色。在内容上，旅游文书反映了旅游部门的工作和业务活动；在表达形式上，旅游文书往往运用大量的专业术语，如计调、客源、投诉、前厅、客房、餐饮等。

（二）真实性

旅游文书应真实地反映自然景观和人文景观，这是最基本的原则，切不可虚构和伪造，欺骗旅游者。

（三）独特性

求新、求奇、求异、求乐，是旅游者出游的"四求"心理，所以旅游指南和对于景区景点的介绍，必须在真实的基础上，重点写出独有的风貌和特色，以引起旅游者"四求"心理的共鸣。

三、旅游文书的分类

(一)旅游介绍类文书

这类文书主要有旅游指南、景区景点介绍、导游词等。

(二)旅游礼仪类文书

这些文书主要有旅游祝词、旅游欢迎词等。

(三)旅游投诉类文书

这些文书主要有旅游投诉状、旅游起诉状等。

(四)旅游经营类文书

这些文书主要有旅游合同、旅游广告、旅游市场预测报告、旅游活动分析报告等。

(五)旅游其他文书

这类文书主要有旅游新闻、旅游论文等。

第二节　旅游指南

一、基本知识

(一)旅游指南的定义

旅游指南是指介绍旅游吃、住、行、游、购、娱等各方面信息的文字材料,又可称之为"旅游览胜""旅游说明书"。有的"旅游图""游览图"也属此类应用文。

(二)旅游指南的特点

旅游指南具有很强的指导性。旅游者可以通过旅游指南比较全面地了解旅游地的情况,以便更好地安排自己游览行程中的各项活动。

(三)旅游指南的分类

1.从旅游的范围来划分:有关于国家或区域的,如《中国一瞥》《东南亚旅游指南》;有关于某个省市或地区的,如《西北旅游览胜》《济南便览》;有关于某条旅游路线的,如《山东民俗千里行》;有关于某个旅游点的,如《蓬莱仙阁》《黄山旅游指南》。

2.从包含的内容来划分:有综合性的,介绍吃、住、行、游、购、娱各方面的情况;有单项性的,仅就某一方面进行介绍,以满足游人的特殊需要,如《济南三大名胜》《山东菜》《上海旅游购物》等。

3.从制作的形式来划分:有成册的、单页或折页的;有以文为主,配以图片的;有以图片为主,辅以文字的。

4.从宣传的对象来划分。为适应不同国籍、不同年龄、不同层次、不同经历的旅游者,分别有针对国外旅游者的、国内旅游者的,还有针对特殊旅游者的,如《新婚蜜月旅游》《老年人旅游指南》以及《大学生暑期旅游》等。

二、写作要求

(一)把真实性与知识性结合好

旅游指南同其他说明书一样,首先应确保说明内容的真实。对旅游资源及服务设施的介绍、说明,应实事求是;对所涉及的史料、年代、数字、人名、名人题咏等都应考证核实;对一些典故、民间传说,也应采用广为流传、有根有据的,而不能为了吸引旅游者随意杜撰或改动。

旅游指南的撰写,还要适当简述一些与介绍的客体有关的知识,比如名称的由来,建筑、园林、宗教等知识,以及掌故、传说、名人题咏、评价等,用以帮助旅游者提高兴趣、欣赏水平,拓宽知识面。

(二)把图表与文字结合好

图表是旅游指南必不可少的组成部分,其包括游览图、照片和表格。

游览图在旅游指南中极为重要,它是游人游览的参考依据。一般要画清线路、标明地名及沿途景致准确的方位,或注明里程以方便游人。绘制时应注意,标注的字体不要过小,但不一定必须跟地图一样严格,应适当讲究一些艺术性,或绘以景物简图,或用多种色彩以示区别,力求能给人以美感。

照片是指将游览地有代表性的景物拍摄下来,印制在旅游指南上,并配以文字说明,以加强景物的实感效果,并加深读者的印象。照片要尽可能选取新的角度拍摄以表现景物的奇美之处。照片的印制还要尽可能清晰、精致。只有这样才能给读者留下美好的印象,激发游览的兴趣,因而它也是旅游指南中必不可缺的一部分。

运用表格既可以节省文字,又具备一目了然的优点,简明实用,其在旅游指南中也十分重要。

旅游指南的文字要求简明、通俗、优美、形象。同时旅游指南可以妥帖地运用生动与形象的比喻、拟人等修辞格,还可引用精美诗句;形式上可采用整句与散句结合,或运用排比句、整齐的四字格,讲究声音的和谐等,以烘托出美的意境,从而达到吸引游客的目的。

三、格式写法

旅游指南的格式是:标题+正文+尾部。

（一）标题

综合性旅游指南标题，一般要写出游览地名称，后面加"旅游指南""览胜"或"一瞥"等，如《中国一瞥》；单一性旅游指南标题，只要写出游览地或酒店等名称就行了，如《山东青岛》《白鹅宾馆》等。

（二）正文

正文的结构形式，通常有分列式和短文式两种。

1. 分列式写法。通常用于篇幅较长、内容较广泛，以文字为主的综合性旅游指南。这种写法，是把说明内容分成游览、食宿、交通、购物、特产以及旅游日程安排等几部分。每一部分又按不同项目，分别有条理地进行说明。

2. 短文式写法。通常用于篇幅较短、内容有侧重的或以图为主的单一性旅游指南。这种写法不把全文分成几个部分，而是用一大段或几段文字概括介绍。

（三）尾部

旅游指南一般有尾部，但也有不用尾部的。如果有尾部，则写明单位的名称、地址、电话、传真号码、网址等，以作为联系之用。

四、实例文选

北京云佛山旅游度假村

一、景区概况

云佛山旅游度假村坐落于密云水库湖畔的溪翁庄镇，南连密云县城，北接密云水库，度假村内山清水秀，景色宜人，空气清新，倚山临波，风光无限。云佛山旅游度假村设施齐全，是一座集客房、餐饮、娱乐、会议为一体的三星级涉外旅游度假村，可供您品水库鱼美食，住舒适房间，玩娱乐休闲项目。

度假村设有标准间、豪华套间、别墅、总统套间等客房，满足您的入住需求。多功能大小会议厅、会议室拥有现代设备设施，为您召开会议提供良好保障。游泳馆、保龄球馆、桑拿房、歌厅、中医保健等为您提供休闲娱乐服务。

云佛山度假村内的云佛山大溶洞，结构怪异，起伏跌宕；云佛山滑雪场，是一座现代化的绿色精品滑雪场，四周群山环抱，在苍松翠柏掩映下白雪皑皑。云佛山垂钓园，波光粼粼的水面四周，平台长廊蜿蜒曲折，亭台水榭错落有致；云佛山蔬菜大棚，全部采用绿色无公害栽培技术，为您提供纯天然绿色健康食品；云佛山拓展训练基地，共有20余项拓展训练项目，在专业培训教师的指导下，人们进行各种惊险刺激的活动训练，培养团队精神，在领略美景的同时，体会惊险！夏日，更有云佛山海滨浴场为您送去清爽凉意，云佛山海滨浴场坐落在云佛山度假村内，更有仿真造浪设备，可以制造出仿真的波浪,浴场内设有漂流河、高台跳水、碰碰船、儿童戏水乐园、高低道不同的滑水梯等,给您在水上游玩提供良好的设施和环境。

优美的园景,舒适的入住环境,热情周到的服务,云佛山旅游度假村是您休闲、洽谈、度假的良好选择。云佛山旅游度假村欢迎您的光临!

二、旅游资讯

1. 交通路线

(1) 前往度假村

自驾车:北京—京密路—西大桥—密西路即到。

京承高速路—后沙峪—京密路—西大桥路口—密溪路70分钟即到。

公交车路线:东直门987路直达,乘980路到密云县城鼓楼站转乘8路或打车直达。

(2) 前往云佛山滑雪场

自驾车:北京—京密路—西大桥—密西路—云佛山滑雪场即到。

公交车:东直门987路直达云佛山滑雪场;或打车直达。

2. 节庆活动

(1) 春节套票:在原有套票基础上增加了赠画卡及一份蔬菜,针对旅行社推出了几种包价套票。

(2) 包饺子比赛活动:以家庭为报名单位,比赛包饺子,活动中穿插抽奖、家庭表演等小节目,赠送小礼品。

(3) 情人节活动:制造浪漫情人格调,举办情歌会。

(4) 风筝节:3月份至4月份,在空旷的郊外,手持绚丽的风筝,感受雁翔蓝天,聆听莺啼燕啭,沐浴阳光,与风筝为伴。度假村提供20余种不同风筝种类,可根据个人需求自由选购。

(5) 播种节:春季,阳光暖照。在云佛山度假村宽广的田野上撒下春天的种子,期待秋天金色的收获。

(6) 六一儿童节:组织儿童游园、参观溶洞,观察大棚植物、小动物,推广怡乐新天地。

(7) 海南风情戏水节:8月份,煦日和风,阳光暖照,沙滩、海浪、椰子树,浪漫的海南之旅尽在云佛山旅游度假村海滨浴场。

(8) 金秋采摘节:8、9、10月份。

(9) 登高红叶节(老人节):为老年朋友举办的登高红叶节在此时举行。

(10) "住云佛山 品水库鱼"美食节:虹鳟鱼、胖头鱼、草鱼、鲤鱼、鲢鱼、鲟鱼……应有尽有,密云水库的鱼种绝对洁净鲜美,领略美食鱼文化,观赏云佛山好风景。

(11) 冰雪节:针对雪场运作的各种大型滑雪比赛及雪地庙会。

3. 饮食

度假村内风格各异的大小餐厅可同时容纳1000人就餐,川、鲁、粤、沪、淮扬菜及地方风味菜肴,均由行家料理,做工考究,可满足您对不同风味菜肴的需求。

4.购物环境

度假村内设有商场,上千种商品供您选购。

5.生活便利提示

度假村内设有银行取款机;商务中心提供上网、打字复印、发送接收传真服务。

6.联系方式

预订咨询内容:010-89032601;010-89032602

传　　真:010-89032606　89031813

网　　址:www.yunfoshan.com

电子信箱:BJYFS@Yunfoshan.com

地　　址:北京密云县溪翁庄镇

邮　　编:101500

第三节　景区景点介绍

一、基本知识

(一)景区景点介绍的定义

旅游景区景点介绍是向参观者介绍景区景点的内涵、形态、功能、特点等内容的文字材料。

景区由一定范围内的若干景点组成。景区景点介绍基本遵循概述景区、分述景点的原则。旅游景区景点介绍放置在景区、景点,或是由游客自己持有观看。

(二)景区景点介绍的特点

1.真实性。虽然景区景点介绍的目的是促销、招徕游客,但真实性是其必须坚持的基本原则。介绍的文字不能夸大其词,更不能无中生有,欺骗旅游者。

2.差异性。此景区不同于彼景区。景区景点介绍要写出各自独特的风貌,把与众不同的差异性介绍出来,做到"人无我有,人有我优",以此来激发旅游者的兴趣,满足求新、求奇、求异、求美的心理。

3.艺术性。景区景点介绍要求概括性强,力求简明扼要,讲求语言的精练优美。要用精美的文字让游客在最短的时间里了解更多的信息。

(三)景区景点介绍的分类

1.景区介绍。常见有三种类型。

（1）自然景区介绍，一般包括位置、结构、特色、评价四个方面内容。

（2）人文景观介绍，一般包括位置、沿革、特色、评价四个方面内容。

（3）综合景区介绍，一般包括位置、结构（沿革）、特色、评价四个方面内容。

2.景点介绍。基本上与景区介绍相似，只是景点介绍更具体更细致一些。一般来说，景点介绍融合于景区介绍之中，即概述景区、分述景点。

二、写作要求

（一）要写出特色

景区景点介绍贵在特色鲜明，特色是最终吸引旅游者的根本原因。要注重推陈出新，反复研究，不断完善，充分揭示景区景点本身独有的、不同于其他景区景点的特色，用生动、形象、新颖和准确的语言概括描述，从而引发人们的兴趣和好奇心。

（二）要写出个性

个性是独一无二的东西。人们的审美情趣不同，也会导致对介绍文字接受的差异。对景区景点内容要做全方位思考、多层面挖掘，针对不同的群体，选取好不同的角度，要提炼个性，突出个性，有针对性地介绍内容。个性越鲜明，则旅游资源的价值越高。

（三）要写出技巧

写作景区景点介绍时，可以运用概述法、强调法、悬念法、描写法、问答法等。或先入为主，给人以整体、鲜明的印象；或设置问题，造成悬念；或问而不答，给人以思考，留下一个回味想象的空间。

三、格式写法

景区景点介绍的格式是：标题＋正文＋尾部。

（一）标题

标题一般由地名＋文种构成，如《中国天台山介绍》《浙江黄岩旅游》。

（二）正文

正文一般由景区＋景点构成。景区要概述，景点要分述。

（三）尾部

景区景点介绍一般有尾部，但也有不用尾部的。如果有尾部，则要写明单位名称、地址、电话、邮编、传真号码、网址等，以作为联系之用。

四、实例文选

浙江黄岩旅游

"一年好景君须记，最是橙黄橘绿时。"

黄岩地处长三角南翼，浙江黄金海岸线中部，水陆空交通发达。

黄岩，九曲澄江如练，夹岸橘林似锦，橘乡独具韵味的山水风光，令人无比神往。划岩山之洞秀、瀑奇、谷幽；松岩山层峦叠嶂，风光迷人；长潭湖碧波万顷，岛屿林立；浙东十八潭瀑潭相扣，峡谷雄奇；锦绣黄岩的石窟风光蔚为壮观，拥有神奇瑰丽的号称中国之最的天然壁画；富山大裂谷冰缘地貌、山崩地裂地质遗迹气势雄伟；黄岩大瀑布雄奇不失秀美，瀑布集中，为浙南少见的天然瀑布群；瑞岩寺兴建于东晋年间，环境奇美是东南亚曹洞宗临济宗祖师的求学地，居中国佛教祖庭格局地位；九峰报春园"黄岩梅桩惊天下"，众多钟灵毓秀的自然景观与底蕴丰厚的人文景观交相辉映，蔚为大观。于此品蜜橘、赏秀色、察风情，是橘乡之旅的绝好选择。

黄岩大瀑布

黄岩大瀑布旅游区位于黄岩区上镇乡境内，以"我国水性水神历史文化与瀑布水景的结合，对水和女性的赞美崇敬"为文化主线，"绿谷深林瀑布群，弱水三千美女情"为景区形象定位。旅游区内 50～100 米大小瀑布遍布，悬瀑、跌水瀑集中，是浙南罕见的天然瀑布群。

富山大裂谷

富山大裂谷景区位于黄岩富山乡，为 6000 万年前花岗岩山体崩塌形成的现代冰缘地貌、山崩地裂景观，是目前华东地区规模最大、保存最好的山崩遗迹。

锦绣黄岩

锦绣旅游区位于黄岩区江口镇，以石窟风光、沿庭瀑布、空山泛舟、山水园林、天然岩画、帝王雕塑和都市夜游为主要特色，是一处古代采石形成的洞窟胜景。旅游区融合了本土乡贤和采石文化、园林和雕塑艺术等。

浙东十八潭

浙东十八潭景区位于中共台属特委机关旧址所在地平田乡桐树坑村，景区瀑潭相扣，峡谷风光神奇，极富冲击力和感染力。将山水景观与红色旅游文化很好地糅合，是浙东十八潭景区的一大特色，在浙江省的红色旅游中独树一帜。

中国柑橘博览园

中国柑橘博览园位于黄岩区澄江街道办事处凤洋村、头陀断江村一带，以橘海为主景，主要由入口广场、咏橘碑林、橘林观光道、仿古木桥、品种园、精品基地、大型橘神雕塑组成，包括采摘品尝区、旅游休憩区等服务项目。

永宁公园

永宁公园位于永宁江右岸，公园以现代、简约为基调，以生态为特色，以永宁江为主体，环江构建楼阁、绿坡、树桩、竹林，集生态保护、人文景观、休闲健身功能于一园，具有强烈的时代色彩和乡土风情。公园分生态和景观两大园区。永宁公园获 2005 年建设部"中国人居环境范例奖"，2006 年获美国景观设计师协会设计荣誉奖。

第四节　导游词

一、基本知识

（一）导游词的定义

导游词是指导游员在引导游客游览观光时使用的讲解词。导游员主要通过导游词导引游客的旅游活动，导游词的质量直接影响旅游服务的质量。

（二）导游词的特点

1. 真实性。导游词属于写实性的应用文体，它是对游客观光游览对象的解说。无论解说的对象是客观景物，或是客观事理，都是一种客观存在。即使是一些传说故事，它也是一些社会历史文化的积淀，而不是导游人员毫无根据地凭空编造出来的。所以，导游词应遵循客观真实和历史真实的原则。

2. 口语性。导游词最终要通过导游员的述说具体地表现出来，所以口语表达形式是导游词的显著特点。导游词以书面形式成形，用口语表达来具体实现，具有转瞬即逝的特点。这就要求撰写导游词时在选择语言上要注意运用鲜活生动、流畅自然的词汇，尽量用短句子，朗朗上口，避免使用那些晦涩艰深、生硬冷僻的书面语言，使旅游者不用反复琢磨就可捕捉到关键的信息。

3. 准确性。撰写导游词必须准确把握历史背景，忠于事实，深刻揭示文化内涵，选择鲜明准确、积极向上的语言，引导旅游者进入一个崇高的审美境界。这就要求在撰写导游词时要对所介绍的内容做深入细致的研究，同时要有独特的视角，挖掘其内在的审美韵味。切忌想当然，不懂装懂，主观臆造，违反政策法规和导游管理条例。

（三）导游的分类

1. 以景为主的导游词。一般要说明景物的特点、有关传说、史实、成因、影响等。

2. 以人为主的导游词。一般要说明人物的身份、经历、性格、贡献及社会对他的评价等。

3. 以物为主的导游词。一般要说明事物的性质、特征、功能、成因及与人类社会的关系等。

二、写作要求

(一)要有丰富的知识性

旅游者在整个旅游过程中,一般都迫切希望增加见闻、扩充知识,以满足追新猎奇的需要和对美好事物的追求。因此,导游词必须具有丰富的知识性,才能适应旅游者的精神需求。例如,游览地的名称、历史沿革、美好别称、有关传说等知识都值得融进解说词中。所以,在撰写导游词时,一定要研究充分、解说具体,具备一定的政治、经济、历史、地理、文学、宗教、园林建筑等方面的知识。从某种程度上来说,要使自己成为掌握这些有关知识的"杂家"。

(二)要有浓厚的趣味性

虽然导游词要具有丰富的知识性,但如果一味地只讲知识,则会使游客感到枯燥,提不起精神,失去游览的兴趣。因此,旅游解说词还应写得引人入胜,将知识性的内容生动、形象、有趣地表达出来,以提高游客的浓厚兴趣,使他们获得精神享受。在导游词中,恰当地运用比喻、比拟、摹绘、象征等手法,将静止的化成活动的、无生命的变为有生命的、抽象的成为具体的,从而使游客产生浓厚的兴趣。

(三)要有变化的灵活性

导游词是导游讲解的文字基础,撰写于导游员开展实际解说工作之前。因此,它与实际情况不可能完全一致,或多或少带有一些不确定性。导游员在写作时应该充分考虑到各方面的因素,设想一切可能发生的意外情况和游客反应,针对这些不同的情况制订出相应的讲解计划,安排适当的讲解内容。现将湖南张家界金鞭溪导游词节选如下:

今天真是个好天气,秋高气爽,阳光明媚。在这样的好天气之下,相信大家的心情也不错!带着这样一份好心情,让我们走进金鞭溪,领略一下"名山大川处处有,唯有金鞭奇上奇"的美丽风景吧!(晴天篇)/今天老天爷不太赏脸,有点儿小雨,可能他老人家也在嫉妒我们来到张家界这个美丽的人间仙境吧?这倒正好,这霏霏细雨就像一层轻纱一样,给我们金鞭溪这个美女更增添了一份妩媚。各位这次来真是幸运之至呀!(小雨篇)/好大的雨呀!各位可能有点儿担心这瓢泼大雨会不会影响我们欣赏金鞭溪美丽的风景呢?您尽管放一百个心,大家如果细心一点的话就会注意到,前面刚刚游完金鞭溪的其他游客身上淋湿的地方并不多。这就要归功于我们张家界98%以上的森林覆盖率了!正是这茂密的森林给我们撑起了一把巨伞,让我们就像作家李健吾所写的《雨中登泰山》一样,"有雨趣而无淋漓之苦"地去好好欣赏一下雨中的金鞭溪吧!(大雨篇)/各位今天一早起来就发现了,今天张家界下了今年的第一场雪。大雪虽然给我们的旅行带来了一定的影响,但也未尝不是件好事。您知道张家界什么时候最美吗?对了,就是在雪中的张家界最美!这可不是我瞎说,许多摄影师们专门到冬天下大雪才来拍风景照片呐!不信的话,我们就亲自去

体验一下雪后的金鞭溪是什么样子吧!(雪天篇)

这篇导游词中,分别以晴天、小雨、大雨和雪天为背景,考虑到游客在不同天气状况下的心情和顾虑来开展讲解,适用面相当广泛。

(四)要有语言的通俗性

导游词是为导游员面向游客进行口头讲解时所准备的文字材料,必须符合口头表达的需要,尽量让来自不同社会阶层和文化素质的游客都听懂。导游词所使用的语句和词汇应该通俗直白,语法习惯应该平易自然,语调语气应该符合日常口吻。现对以下两段解说湖北武当山的导游词做一下对比。

武当山作为湖北省唯一的世界文化遗产,其古建筑始于唐贞观年间。当时天下大旱,武当山所在的均州亦大旱。均州太守姚简奉诏祈雨。五龙显圣,普降甘霖,使得万物复苏,群山着绿。太宗龙颜大悦,敕建五龙祠……

武当山是湖北省唯一的世界文化遗产,山上的古建筑最早的是在唐太宗贞观年间开始修建的。据说那个时候天下大旱,连武当山所在的均州也不能幸免。均州的太守姚简奉来皇帝的命令来山上祈求龙王爷下雨,还真的显灵了!大雨使得万物复苏,生机勃勃。唐太宗知道了以后龙颜大悦,马上下旨,在武当山修建了一座五龙祠。

在以上例子中,很明显第一段中引用了许多文言色彩较重的字眼,影响了导游员的口头表达和游客的听觉理解,而第二段语言通俗易懂,也易于接受。

三、格式写法

导游词的格式是:标题+称呼语+正文。

(一)标题

标题由地名+文种构成,如《浙江湖州飞英塔导游词》。

(二)称呼语

导游词常用"各位旅客""各位朋友"作为称呼语。

(三)正文

正文由前言+总说+分述+后语四部分构成。

1.前言。表示欢迎、交代身份和有关事项。在这部分要营造出良好的氛围,为整个旅游活动作铺垫。

2.总说。概述景点,介绍它的特色、价值、来源等,使游客对游览有个总的印象。

3.分述。对景点各部分逐一加以说明和讲解。这部分应以游览的时间先后或方位为线索,既要用段落分出层次,又要用关键的句子过渡把各段串联起来。切忌平铺直叙,对景点的特色应浓墨重彩地进行解说,其他的几笔带过。

4. 后语。后语是在游览结束时所总结的话。其内容不固定,或总结游览的景观,或请游客写下宝贵的意见,或说些告别与祝福的话,或介绍一下与游览有关的其他活动。在这部分要讲得热情而简洁,给游客留下美好印象。

四、实例文选

浙江湖州飞英塔导游词

各位朋友:

欢迎到湖州游览。我是导游员李××,大家叫我小李吧。我旁边这位是司机王师傅,这两天由我和王师傅为大家服务,我们会尽最大的努力让大家满意。希望我们的工作能得到各位的大力支持,希望我们的服务能使您的湖州之行留下美好的回忆。

湖州历史悠久,文物古迹众多,自然风光优美,每年吸引境内外百万名游客。在湖州众多的文物古迹中,飞英塔作为湖州的标志性建筑成了游客必到之地,就像人们所说:"到北京,不登长城非好汉;来湖州,不登飞英塔真遗憾。"2003 年 10 月 17 日,中共中央原总书记江泽民还游览过飞英塔呢!

飞英塔位于湖州城内塔下街飞英公园内,秀丽挺拔,雄踞浙北,以它独一无二的建筑结构、精湛的雕刻艺术和意蕴丰富的佛教文化,被誉为中国古塔的一朵奇葩。1988 年被国务院列为全国重点文物保护单位。

关于飞英塔,有许多美丽的传说。有的说是一位名叫飞英的姑娘为了报答老僧之恩而建造的;有的说是杭州的雷峰塔其实没有倒塌而是飞到了湖州;有的说是老鹰衔来的。当然传说只是传说而已,有关飞英塔的建筑历史有着详细的记载。

在唐朝咸通年间(860—874 年)有一位名叫云皎的僧人,到长安游历,遇到僧伽,"授以舍利七粒及阿育王饲虎面像"。云皎回到湖州后,为了保存佛教的这两件珍宝,于唐中和四年(884 年)开始建造佛塔,历时 10 年。到了北宋开宝年间(968—976 年),传说塔顶突然出现神光,于是又建造了一座木塔将石塔罩住,以佛家语"舍利飞轮、英光普现"而取塔名为"飞英塔"。由于飞英塔附近一带都是比较低矮的建筑物,而塔很高,直插云天,那时又没有避雷设施,所以到了南宋绍兴八年(1138 年),塔因遭雷击而毁,幸"舍利无恙",而重建木塔,是在南宋端平元年(1234 年)。后来元、明、清三代也曾多次修缮,但终因年久失修,长期漏损,塔顶突然于 1929 年倒塌,内塔也被砸毁。此后又经历了半个多世纪的风雨侵蚀,飞英塔已是残破不堪,岌岌可危。一直到了 1982 年,国家拨款数百万,对飞英塔进行了复原大修,于 1986 年底竣工,历时五年。

[飞英公园北大门口]

各位朋友,现在我们来到的这个地方就是飞英公园,飞英公园是因飞英塔而建,始建于 1996 年,1997 年 2 月 1 日正式对外开放。整个飞英公园占地近 3 公顷,耗资达 3400

万元。在这公园中,除了刚才介绍的国家级文保单位飞英塔外,还汇集了湖州城历代遗留下来的一批珍贵古迹。大家请随我进园内参观。

[韵海楼]

(略)

[墨妙亭]

(略)

[飞英塔]

各位朋友,呈现在我们眼前的这座宝塔就是飞英公园的精华,大家首先看到的是飞英塔的外塔,7层8面,高55米,在每个塔檐上都装饰着垂兽。塔身采用的是砖木混砌结构,也称楼阁式塔。下面请随我进塔内参观,大家请抬头看,外塔的内部构造非常奇特,4层以下是中空,每层都有挑出的平座连通塔身外,上设栏杆游廊,层层都有塔檐,内设盘旋直达顶层的扶梯,使游人在登高过程中,内可饱览石塔精华,外可俯瞰菰城风光。若逢天高云淡,登高远眺,北面可见烟波浩渺的太湖,南面与道场山上的多宝塔遥遥相望。上面3层都有楼面,6层底架设有十字交叉的千斤梁,承受27米高的塔心柱。

外塔斗拱用材硕大,规格甚多,亦为一大特色,其中2层内平座下斗拱采用"上昂偷心造",实为现存木结构所少见,像这种斗拱建筑一般常见于庙亭,而古塔建筑只见记载,尚未有实例。所以我们可以自豪地说,飞英塔填补了我国古塔斗拱建筑史上的空白。

现在我们再来欣赏塔中精品。呈现在我们眼前的这座石塔就是被传为藏有佛舍利子的舍利石塔,可能朋友们会问,这座石塔怎么会如此残破不堪呢?刚才我已经向各位介绍过了,在1929年,由于飞英塔年久失修,外塔塔顶倒塌,石塔被砸毁,虽然在1982年国家拨款进行了修复,但是文物修复有一个原则,那就是"整旧如旧",能复原就复原,不可以重新再造一座,否则也就不是文物了,因此飞英塔的修复实行的是"外塔复原,内塔加固"。现在残存的石塔高15米,5层8面,是南宋真迹。石塔各层腰檐、平座、斗拱等建筑构件型制规整,雕刻精细;都符合宋代《营造法式》制度。其中石刻斗拱,采用偷心造,形式非常古老。塔身的转角雕刻成梭形轮状的倚柱,覆盖式的柱础。这种做法除宁波保国寺大殿外,已很少见到。

请看:须弥座的最下层雕刻的是云,云的上面是海,海里有巡海的夜叉。请仔细观察海有没有边沿,没有。因为佛语说:"苦海无边,回头是岸。"

这就是须弥山,佛经上说,此山最大。佛、菩萨、罗汉等都居住在须弥山,让我们找一下,须弥山上洞穴禅窟里,到底有多少位高僧。找到了吗?其实这是一幅非常有名的《云山佛海图》。

我们再来看须弥座的束腰。束腰上雕刻着狮子群像,传说释迦牟尼出生时,一手指天,一手指地,作狮子吼,佛家就把狮子喻为佛的神威。这八只石狮造型生动,呼之欲出,更有难得一见的"母狮仰卧逗幼狮",尤为妙趣横生。每一组石狮都由两头狮子组成,一雄一雌,一头是中国狮,另一头是印度狮,说明中国的佛教是从印度传入的。

　　须弥座上方雕的是"海石榴化生图案",每面均有两个化生童子隐匿其中,还有虎、鹿、猴等动物都藏于枝叶之间,时隐时现,妙趣横生,反映当时的唐王朝风调雨顺、国泰民安的繁荣景象。整座须弥座构图严谨,线条圆润、流畅,体现了唐代湖州石刻匠人的高超技艺和艺术风格。

　　其实整座石塔不仅雕刻精美,而且还是一件宗教艺术的精品。你们看,整座石塔各个层面都有佛龛,佛龛内都雕有大幅佛传故事。

　　第1层正南面是一幅释迦牟尼涅槃石雕像,在树林的背景下,释迦牟尼向右侧卧于七宝床上,众弟子举哀。佛家传,释迦牟尼是佛教创始人,世称佛祖。他原是太子,29岁出家,苦修6年,35岁那年在菩提树下,顿悟成佛,创立佛教,传道45年,80岁时涅槃。这一幅石雕是根据唐朝一代文豪王勃的《释迦如来成道记》,由湖州工匠创作的。石雕正面正在举哀的众弟子,有的掩面而泣,有的捶胸顿足,有的长吁短叹,一狮子痛苦得四脚朝天,一狮子爬上七宝床,瞻仰遗容不愿离去,石雕上刻的祥云中有摩耶夫人,后面还有两个侍女执仪仗扇,佛祖的大弟子迦叶拱手作礼,正在告诉摩耶夫人释迦牟尼已逝世。石雕根据王勃的文章进行再创作,造型逼真,栩栩如生。

　　第2层的正南面是泗洲大圣菩萨雕像,泗洲大圣即僧伽。飞英塔建造的缘由,是僧伽授予云皎和尚七颗舍利及阿育王饲虎面像。塔藏舍利,因此也叫"飞英舍利塔"。传说僧伽是观音化身。请看这幅佛像:菩萨左手执净瓶,右手持杨柳枝,两侧有侍者,近世观音都为女相,塔上石雕中的泗洲大圣立像为男相,举国罕见。

　　第3层的正南面雕刻的是一座四胁士佛像,释迦牟尼佛端坐上方,左右是佛祖的两大弟子,迦叶尊者和阿难尊者,下面是普贤菩萨和文殊菩萨。

　　第4层的正南面雕的是西方三圣石雕像,阿弥陀佛居中,左侧为观音菩萨,下半部为七宝莲池,中有孔雀、白鹤,莲座上跪着8个善男信女,表示已被西方三圣拯救到西方极乐世界。

　　我们再转到这里来。第1层的正北面是一幅地藏王菩萨的佛像,右手执禅杖,左手托钵,钵中化出一佛,水中有朵莲花,莲花上又跪着一个佛,这里讲的是"莲花生佛"的故事。

　　第2层的正北面是一扇半掩的门,这就是舍利塔之门。

　　第4层正北面是一幅大悲观音像,由于采用的是"曹衣出水"的雕刻手法,形态优美,出神入化,请看他脚踩荷叶,手拿佛珠,全身呈一字形,头戴天冠,天冠中立有佛像(阿弥陀佛),这就是"天冠化佛高千里,念报慈恩常顶戴"。观世音菩萨宏愿要免除众生一切苦恼,佛为他受记,称为观世音。

　　现在我们再来看第3层正北面,雕刻着多宝如来和释迦如来,合掌者为多宝如来,说法者为释迦如来。据佛经记载,释迦牟尼在灵鹫山上说法,听者1000尊,十方佛结跏趺坐,四众起立合掌,神志肃穆、虔诚。那么这整座石塔到底有多少佛像呢?对,1048尊佛像,反映了《妙法莲华经》的精髓。

　　古往今来,许多文人名士对飞英塔的赞赏题咏不绝。宋代大文豪苏东坡在湖州任太守时,曾两次登上飞英塔,留下了"忽登最高塔,眼界穷大千。下峰照城郭,震泽浮云天"的赞叹。这首诗也证明飞英塔当时已可登塔,且高可望见太湖,规模非凡。

下面请各位随我一同登塔,一起欣赏这件石雕艺术珍品,同时来领略一下"梯飘直上几百尺,俯视层空鸟背过。千里湖光秋色净,万家烟火夕阳多"的感受吧。

[牌楼]

(略)

[六客堂]

(略)

[西亭]

各位朋友,现在我们来到的这个四四方方的亭子叫西亭,为什么叫西亭?这跟杭州西湖同理,以方位取名,因为西亭原来建在湖州府治的西面,所以叫西亭。西亭是梁朝吴兴太守柳恽所建(吴兴是湖州的别称,三国时孙权建立吴国,取"吴国兴盛"之义将湖州命名为吴兴)。

[霅溪馆]

各位朋友,这座建筑的名称叫"霅溪馆",霅溪是一条河流的名称,太湖之水发源于天目山的两条大河,一条叫东苕溪,一条叫西苕溪,东、西苕溪流经湖州汇合成一条河,加上荻塘运河,所谓"四水总聚,霅然有声",所以有霅溪之名。唐朝隐逸诗人张志和,自作烟波钓徒,常驾舟往来于苕霄霅之间,他所作的著名诗歌《渔歌子》所描写的正是湖州霅溪两岸的风光。霅溪馆始建于南朝梁代,原名白蘋馆,由当时吴兴太守萧琛督造,至唐朝大历九年(774年),著名大书法家颜真卿当湖州刺史后,改名为霅溪馆。

各位朋友,湖州飞英塔及飞英公园的游览就到这里结束,不知大家有没有听说过?湖州有"四怪",那就是"塔里塔"、"庙中庙"、"桥下桥"、"园中园"。现在我们已经参观了第一怪"塔里塔"。其他"三怪",我们待会儿去参观。

例文来源:本文选自徐建新编著的《走近湖州》。

例评要求:1.以上例文是怎样安排结构的?

2.以上例文的语言有什么特点?

五、文种辨析:旅游指南、景区景点介绍与导游词

1.旅游指南与景区景点介绍:旅游指南中的旅游景区景点介绍比较简捷、明快,但对旅游资讯方面的内容却要尽可能地详细介绍。景区景点介绍则要相对更具体、形象。

2.旅游指南与导游词:前者是服务于旅游者出游的全过程,重点对旅游资讯做详细介绍。后者则主要是对景区景点进行生动、形象、详细的解说。

3.旅游指南和景区景点介绍或是出现在景区景点,或是旅客自己持有观看。导游词主要由导游员讲解给游客听。导游员在讲解时可以灵活运用,随机应变。

技能训练

一、名词解释

旅游指南、景区景点介绍、导游词。

二、填空题

1.旅游指南具有_____特点。

2.景区景点具有_____、_____、_____特点。

3.导游词具有_____、_____、_____特点。

4.旅游指南的格式由_____、_____、_____构成。

5.景区景点的格式由_____、_____、_____构成。

6.导游词的格式由_____、_____、_____、_____构成。

三、简答题

1.什么是旅游文书？它有哪些特点和分类？

2.旅游指南有哪些写作要求？

3.景区景点介绍有哪些写作要求？

4.导游词有哪些写作要求？

四、语言分析题

下面一段文字是对周庄的介绍，请从语序、语气和文字用语方面找出不妥当的地方，并改正。

　　民间曾有"上有天堂，下有苏杭，中间有一个周庄"的说法，我们认为非常有道理。周庄被誉为"中国第一水乡"。因为周庄四面环水，景色宜人，环境幽雅。具有"小桥、流水、人家"的水乡特色。著名画家吴冠中曾高度评价周庄说："黄山集中国山川之美，周庄集中国水乡之美。"每年都有大量的游客前来参观游览，那么周庄有哪些引人入胜之处呢？下面就请大家跟我一起走进周庄，去领略那"小桥、流水、人家"的水乡特色吧！

五、习作题

选择自己熟悉的一处景区景点，考察和整理资料后，分别为这处景区景点撰写旅游指南、景区景点介绍和导游词。

第九章 毕业论文(设计)写作

学习目标

- 基本了解毕业论文和毕业设计的定义、特点、分类和基本要求
- 重点掌握毕业论文和毕业设计的格式和写法
- 体味例文,培养撰写毕业论文(设计)的能力

第一节 毕业论文(设计)概述

一、论文的定义和分类

论文是指对某一学科领域或工作领域中的课题进行分析研究,表述新的科学研究成果或见解的一类文章。

论文的分类大致如下。

1. 按论证方式来分,可分为立论文和驳论文。

立论文是在论文中直接树立自己的观点,并以大量论据证明自己论点正确的论文。驳论文是运用大量证据反驳对方论点,以证明对方论点是错误的,从而驳倒对方,树立自己论点的论文。

2. 按研究对象来分,可分为理论性论文和应用性论文。

理论性论文是指以研究理论问题为主的论文。应用性论文是指根据基础理论,以分析各种具体现象、解决实际问题为主的论文。

3. 按写作目的来分,可分为学术论文、学位论文和毕业论文。

学术论文是指科研工作者向科技部门提交或供各专业杂志发表用以交流的论文。学位论文是学位申请者为申请学位而提交给考核部门的论文,根据学位的高低,学位论文可分为学士论文、硕士论文和博士论文。毕业论文是本、专科毕业生作为一门课程设立的,是对学业情况的综合检验,是实现人才培养目标的重要一课。

4. 按学科性质来分,可分为文科论文、理科论文和工科设计。

文科论文是社会科学工作者所撰写的论文,它包含了社会意识形态的各个方面,如哲学、社会学、经济学、管理学、政治学、法学、文学、语言学、伦理学、宗教学、历史学、教育学等。理科论文是自然科学工作者所撰写的论文,它包含研究自然界各种物质和现象的科学,如物理学、数学、化学、地学、天文学、生物学、动物学、植物学、生理学、农学、医学、力学、电学等。工科设计,是工程、技术工作者所撰写的设计,可分为工程(工艺)、设计、

设备(产品)设计和活动文案设计,设计一般由设计说明书和设计图组成。

二、毕业论文(设计)的定义和特点

高职高专毕业论文(设计),是指大专毕业生在教师的指导下,综合运用所学专业的知识和技能,针对职业岗位中现实的课题(或问题)进行分析研究后写成的具有应用价值的文章(文本)。

高职高专撰写毕业论文(设计)是作为一门课程设定的,要求学生在毕业前的最后一学期通过毕业实习撰写毕业论文(设计),并通过答辩方可毕业。毕业论文(设计)的选题限在所学专业范围,要理论联系实际,特别强调所撰写的论文(设计)的应用性。要求论文(设计)篇幅在5000字左右。

毕业论文(设计)具有如下一些特点:

1.应用性。这是根据高职高专人才培养目标而要求的,高职高专教育肩负着培养面向生产、建设、服务和管理第一线需要的高技能应用型人才的重任。高职高专的毕业设计(论文),是在毕业实习中发现问题、解决问题而形成并完成的,所以应该写成应用性,而不是理论性的。

2.指导性。毕业论文(设计)应在教师的指导下完成,教师具体的指导工作有六个方面:①在学生调查研究的基础上,指导学生选题,审定学生确定的论题;②指导学生制订撰写毕业论文(设计)的计划,并定期检查;③指导学生搜集和阅读有关参考资料,介绍必要的参考书目;④指导学生开展社会调查或科学实验,搜集第一手资料,做好材料的研究和分类;⑤指导学生拟定论文(设计)提纲,并解答疑问;⑥审阅论文(设计),评定成绩,并指导答辩。在指导过程中,教师要突出启发引导,注意发挥学生的主动性和创造性。

3.创新性。创新是科学研究的生命,一篇毕业论文(设计)总要有点创新的东西,才有存在的价值。所谓创新性,包括探索前人未曾涉足的领域、补充前人的见解、改进前人的不足,解决出现的新问题等等,只要达到其中的任何一点,都可算作具有创新性。

三、毕业论文(设计)的基本要求

(一)选题的要求

1.选题的方向。具体包括:

(1)从毕业实习时所发现的问题中进行选题。现实工作或生产中总会遇到应当解决但尚未解决的问题,无论是工艺改进还是管理改革,很需要我们去探索去研究,毕业论文(设计)非常强调从毕业实习时所发现的问题中进行选题。

(2)从专业强项或兴趣出发进行选题。术业有专攻,兴趣有偏好。历史上有许多成功的事例都说明对某一问题感兴趣,就易于钻研下去并取得成绩。因此,选择自己在专业学习中的强项和自己最感兴趣的问题作为课题方向,这样有利于写好毕业论文(设计)。

(3)从有必要进行补充或纠正的课题中进行选题。社会在进步,时代在发展,各项事业总是在修正错误中,或扩大应用领域中,或与其他知识相结合中发展的。因此选择课题时,不能忽视这方面的内容。

2.选题的注意事项。具体包括:

(1)论题要早作准备。从大二开始,就应该根据自己特长初步确定研究方向,注意搜集有关材料,早作准备。

(2)论题大小要适宜。对论题的外延要限制,直到缩小到合适的程度为止。论题太大易空,论题太小易轻。

(3)论题要有条件完成。无论选择什么论题,不但要考虑毕业论文(设计)的时间和容量要求,还要考虑自身的科研水平和研究条件,切不可脱离实际而选择无法完成的论题。

(二)选材的要求

1.材料的类型。具体包括:

第一类是直接材料(也称实证材料),即作者通过调查、观察、实验等所获得的第一手资料;第二类是间接材料(也称文献材料),即作者通过报纸、杂志、书籍和网站等获得的第二手资料;第三类是发展材料,这是作者在收集第一类和第二类资料的过程中,自己的所思所想,包括对某一观点反驳(或认同)的理由、对某一问题的补充意见,看了某文(书)之后产生的联想等。这些东西往往是作者思想的闪光点。一篇论文(设计)是否有新意,就看它的发展材料的多寡。

有的人把阅读资料与思考和研究问题人为地割裂开来,在收集和阅读资料阶段,不注意把当时的所思所想随时记下来(此即为发展材料),临到写文章时,这里抄一点,那里凑一点,这样写出的毕业论文(设计)当然难有新意。其实,毕业论文(设计)中所谓的深邃的思想、新颖的观点,大都是平时点滴思想火花的一种序化和深化。

2.选材的方法。具体包括:

(1)从工作岗位中搜集材料。高职高专毕业论文(设计)的内容一定要理论联系实际,提倡真题真做。要根据所学专业和职业岗位的需要,可以做工程设计和产品设计,也可以做优化方案和管理改革,一切按需要而定。当然,从工作岗位中搜集材料也非易事,必须做有心人,注意平时的积累。在日常工作中要勤思考、多动手,这样对某个事物的认识才会由无到有、积少成多、由浅入深,搜集到有用的和难得的材料。

(2)从实验中搜集材料。实验是根据研究需要,人为地控制或模拟客观现象,探索事物规律的研究方法。实验在自然科学和工程技术领域被广泛采用,并且在社会中的其他领域也逐步得到运用。高职高专各专业的学生,尤其是一生产、建设类专业的学生通过实践可以加深对某个问题的认识和理解,并获得第一手材料,为毕业论文(设计)的选题和撰写提供重要的参考依据。

(3)从观察中搜集材料。观察是指在自然的条件下,借助人的感官(主要是视觉)和一定的辅助工具(如仪器等),不加控制条件,但有目的、有计划地对客观对象(人、自然现象和社会现象)的客观形态和运动形成作直接的、全面的、系统的考察和记录,以取得所需材料的研究方法。观察是最古老的获取材料信息的方法,人类正是通过观察,记录现象,积累数据,总结规律,从而建立科学知识体系。用观察法搜集材料,高职高专各专业都适用。

(4)从调查中搜集材料。调查是指根据选题研究的需要,运用问卷、访谈、测验、个案追踪等手段对客观实际作针对性的考察和了解,以搜集研究对象有关材料的方法。调查法是高职高专各专业,尤其是服务与管理类专业学生撰写论文(设计)时获取第一手材料的主要方法。学生在开展调查研究时,要做到目的清晰、对象明确、方法可行,才能收到良好的效果。

(5)从文献中搜集材料。根据文献的出版形式,文献可分为图书、期刊、报纸、科技报告、学位论文、会议文献、专利文献、标准文献、档案文献、政府出版物十种类型。高职高专学生在撰写毕业论文(设计)过程中,要准确、有效地在文献中搜集材料,就必须掌握文献检索的类型、语言、工具、途径、方法和手段。

(6)从网络中搜集材料。近年来,互联网的发展给人们搜集材料带来了极大的便利,高职高专学生在网上通过各个门户站点的搜索引擎(如:www. google. com 和 www. baidu. com 等),可以很快地寻找到与自己毕业论文主题相关的新资料,许多重要资料在网站上被整理和归类,供上网者下载或浏览。使用网络的前提是要会使用网上搜寻的方法,最好有一定的英文水平,这样不仅可以看到中文资料,还可以找到国外的最新资料。此外,互联网上还有许多电子图书馆可供查阅。例如,超星图书馆(www. pdg. com. cn)上可供阅读或下载的图书多达数万册,还有上千万页资料可供浏览。值得指出的是,高职高专学生千万不能把从网络中搜集材料变成搜集论文(设计),占为己有,这是剽窃行为。

总之,选择用何种方法获取材料取决于课题的性质、研究思路和研究成果。选用时既要考虑各种方法的可用性和适用性,也要考虑其效率和成本。在实际运用中,这几种方法既可以单独使用,也可以综合加以运用。

(三)结构的要求

毕业论文(设计)的基本结构程序是按绪论—本论—结论的思路而写,因为这种程序结构符合人们的思维过程。

1.绪论,又称引言、前言,它是毕业论文(设计)的起始部分,目的在于引出论题。

2.本论。它是毕业论文(设计)的主体部分,是作者学术水平和科研成果的具体反映和体现。

这一部分的组织形式要分明。或正面立论,或批驳不同看法或解决别人提出的疑难问题。

这一部分的论证层次要有严密的逻辑性。论点和论据的联系,论述的先后次序,文章的层层推理,这些都要根据事理的内在规律,并考虑论证效果来组织安排,要做到纲举目张,环环相扣,使观点和材料有机地、富有逻辑效果地统一起来。

本论的结构一般有并列式、递进式、综合式等形式。

3.结论,又称结语、结束语,是毕业论文(设计)的最后部分。围绕本论所做的结语,在经过分析研究、论述论证之后,在这里要有一个概括的总结,把自己的判断和见解鲜明地表达出来。如果结论部分要说的内容已在绪论或本论部分作了提示,那么这部分只作为文章的收尾,不再揭示文章的主旨,但必须注意与开头相照应。同时,有些需要补充或说明的相关的问题也可以放在这一部分里。

(四)语言的要求

1.准确。这是指能够用准确的字、词、句,如实地反映客观事物的本来面目。概念和词语不是一一对应的关系,一个概念往往有数个或数十个词语可以用来表达,要注意选择表意明确化、单一化的词语,细微分辨词意的轻重、外延的大小、感情色彩的褒贬;要注意行文的对象(即论题),语气得体;还要注意语言文字使用的规范化和标准化,包括标点符号的使用、数字的使用、图表的设置以及引文的注释,等等。

2.简洁。这是指重点突出,文脉清晰,用语简约,含义丰厚。要注意删繁就简、剪除枝蔓,摒弃浮词,砍掉套话、空话、大话、假话。凡是与毕业论文(设计)无关的段落、句子、词语都要统统删除,毫不可惜。

3.平实。这是指所用的语言朴实无华,平实自然,多用直叙其事、直陈其意的笔法,深入浅出,通俗易懂,让读者明白文章的观点与主张。毕业论文(设计)一般阐述的都是一些比较复杂、比较深奥的问题,多用逻辑推理论证观点,因而比较抽象、难懂。如果语言不质朴自然,艰涩难懂,又使用一些文学类作品的表述方法(如描写、抒情等)和修辞手段(如夸张、拟人等),不仅会严重影响论文的真实性和科学性,而且也会使读者感到无法理解,这就会大大影响毕业论文(设计)的社会效果。

4.得体。这是指语言的运用要根据文章的不同文体,根据文章不同的写作对象、写作内容、写作要求、写作环境等来遣词造句,使其与之相符、相宜、相适。毕业论文(设计)从文体上看,属于议论文。议论文都有观点,有鲜明的个性特色,又有着非常明确的目的性,十分注意时效性,讲究行文的规范化。这就是说,毕业论文(设计)写作要体现这些个性,而要体现个性,主要是体现在专业语言的使用上。在行文中多用专业名词,多讲"行话"可以显得语言得体。

(五)文印要求

各个学校的要求有所不同,但一般有如下要求。

1.字体字号。具体要求如下:

封面上的字为3号宋体加粗。

"目录"为小2号黑体加粗,内容为4号宋体。

题目为3号黑体加粗,可分成一行或两行居中打印;如果有副标题则为4号黑体。

姓名为小4号宋体。

"摘要""关键词"为4号黑体加粗,内容为5号仿宋体。

正文采用小4号宋体。正文中的小标题采用方式是:序码+本层次内容高度概括的文字。值得指出的是,这个序码的标法,人文类一般采用"一、二、三,(一)、(二)、(三),1、2、3……"这种形式;理工类一般采用"1、2、3,1.1、1.2、1.3,1.1.1、1.1.2、1.1.3……"这种形式。人文类的序码一般空两格排列;理工类的序码一般顶格排列,序码与文字衔接处不要加标点但要有1个汉字的空格。第一层小标题以小3号黑体加粗打印,第二层小标题以4号黑体加粗打印,第三层小标题以小4号黑体打印。

"参考文献""致谢"为4号黑体加粗,内容为5号仿宋体。

2. 打印规格。具体要求是:

毕业论文(设计)内容采用计算机编辑,用A4规格纸输出;行间距1.5倍;页边距左右各3.17厘米,上下各2.54厘米,页眉1.75厘米,装订线0厘米;页码位置为页脚居中,封面不打印页码。

3. 装订要求。具体要求是:

毕业论文(设计)文本材料装订按如下顺序进行:封面→毕业设计或论文(标题、姓名、摘要、关键词、正文、致谢、参考文献)→封底。

四、毕业论文(设计)的答辩

(一)答辩的目的

毕业论文(设计)答辩的目的:一是检查毕业生是否认真独立完成论文(设计);二是考察毕业生综合分析能力、理论联系实际能力和专业方面的潜在能力。

(二)答辩前的准备

毕业论文(设计)答辩是一种有组织、有准备、有计划、有鉴定、比较正规的审查论文(设计)的重要形式。为了搞好答辩,答辩者要做好充分的准备。

1. 写好论文(设计)的简介。简介的主要内容包括论文的题目,指导教师姓名,选择题目的动机,论文的主要论点、论据及论文的理论意义和实践意义。

2. 熟悉论文(设计)的内容。答辩者要熟悉主体部分和结论部分的内容,明确论文的基本观点及其基本依据;弄懂弄通论文中所使用的主要概念的确切含义,所运用的基本原理的主要内容;同时还要仔细审查、反复推敲文章中有无自相矛盾、谬误、片面或模糊不清的地方,有无与党的方针政策相冲突之处等。如发现在上述问题,就要做好补充、修正、解说等准备工作。

3. 了解与自己所写论文(设计)相关的材料。如自己所研究的这个论题,学术界的研究已经达到什么程度,目前存在着哪些争议,几种代表性观点,各有哪些代表性著作和文章,自己倾向哪种观点及理由,熟悉重要引文的出处和版本、论证材料的来源渠道等。

(三)答辩的程序

1. 第一步,答辩老师要求答辩者简要叙述毕业论文(设计)的内容。答辩者对毕业论文作简单介绍,一般要用5分钟。答辩老师通过答辩者的叙述,了解答辩者对所写论文的思考过程,考察答辩者的分析和综合能力。

2.第二步,答辩老师向答辩者一般提出 3 个问题后,答辩者即兴答辩。第一个问题一般针对论文中所涉及的基本概念、基本原理提出的,考察答辩者对论文的基本概念、基本原理的理解是否正确。第二个问题一般针对论文中所涉及的某一方面的论点,要求答辩者结合工作实际和专业实际进行论述,考察答辩者理论联系实际的能力。第三个问题一般对有一定工作经验的答辩者提出,要求答辩者以实际工作中遇到的案例和实务来解答,考察答辩者在专业方面的潜在能力。

3.第三步,答辩老师结合毕业生现场答辩情况评定答辩成绩。

(四)成绩评定

毕业论文(设计)成绩由文字部分成绩和现场答辩成绩组成。书面成绩占 70%,答辩成绩占 30%。文字部分成绩是在答辩前集体研究确定的,要求合理恰当,不会以答辩的优劣去决定文字成绩的优劣,但若答辩不及格者,则整个毕业论文成绩不及格。下面附一个毕业论文(设计)及答辩成绩评定标准,供参考。

高职高专毕业论文(设计)及答辩成绩评定标准

(一)优秀

1.论题与毕业生职业岗位的相关性很高,与毕业生所学专业的相关性很强。

2.成果符合科学的原理,创造性应用了高新技术;文本格式完全符合规范化要求,文本主体部分(包括引言、正文与结论)字数足够,参考文献充足,佐证材料齐全;成果有很强的实用性,能解决现实岗位的实际问题或满足职业岗位的实际需求。

3.成果体现了毕业生较大的工作量,任务能独立完成。

4.成果中心突出,层次明晰,结构严谨,文字流畅。

5.答辩中对简介内容熟悉,对所提问题能准确回答,思维敏捷,思路清晰。

(二)良好

1.论题与毕业生职业岗位的相关性较高,与毕业生所学专业的相关性较强。

2.成果较好地符合科学要求,其中有创造性技术应用的体现;文本格式达到规范化要求,文本主体部分字数足够,参考文献充足,佐证材料齐全;成果有较强实用性,能解决一定的实际问题。

3.成果体现了毕业生规定的工作量,任务能较好地独立完成。

4.成果中心突出,条理清楚,文字通顺。

5.答辩中对简介内容较熟悉,对所提问题能较准确地回答,思维比较敏捷,思路比较清晰。

(三)及格

1.论题与毕业生职业岗位有一定相关性,与毕业生所学专业有一定联系。

2.成果有一定的科学性,有一定的创新思想;文本格式基本达到规范化要求,文本主体部分字数基本足够,参考文献基本足够,佐证材料基本齐全;成果有一定的实用性,对职业岗位有一定指导意义。

3.成果体现了毕业生一定的工作量,任务基本上能独立完成。

4.成果条理较清楚,文字较通顺。

5.答辩中对简介内容的熟悉情况还可以,对所提问题回答一般,思路还清楚。

(四)不及格

1.论题与毕业生职业岗位无关系,与毕业生所学专业没有联系。

2.成果无科学性,没有创新性;文本格式达不到规范化要求,文本主体部分字数过少,其他材料不齐全;成果没有实用性,对职业岗位无指导意义。

3.成果体现了毕业生很少的工作量,任务未能独立完成。

4.成果条理不清,文字不通。

5.答辩中对简介内容不熟悉,对所提问题回答较差,思维较混乱。

第二节　毕业论文

一、基本知识

(一)高职高专毕业论文的定义

根据《现代汉语词典》解释,"论文"是指讨论某个问题或研究某种问题的文章。论文有多种多样的类型,不同类型论文的写作均有不同的目的。例如,学术论文是指科研工作者向科技部门提交或供各专业杂志发表用以交流的论文。本科生和研究生的学位论文,是为了申请学位而提交给考核部门的论文。而高职高专的毕业论文,是指毕业生在教师的指导下,结合运用所学专业的知识和技能,针对职能岗位中现实的课题(或问题)进行分析研究,制定解决办法,在此基础写成的具有应用价值的文章。高职高专的毕业论文以解决职业岗位中现实技术应用问题为主要内容,应具有较强的实用性,而不是以反映学识和学术水平为目的。

(二)高职高专毕业论文的特点

高职高专毕业论文除了上文所述的应用性、指导性、创新性三个特点外,还具有以下特点:

1.岗位性。高职高专的毕业论文非常强调岗位的贴近度,要求高职高专毕业论文的选题来自岗位一线,提倡真题真做。完成毕业论文的过程,就是分析问题和解决问题的过程,使学生在完成来自岗位一线的毕业论文过程中接受锻炼,积累经验。

2.专业性。高职高专的毕业论文也非常强调专业的贴近度,要求高职高专论文的选题一般限于本专业之内,不可撰写非本专业的内容。要用本专业所学的基础知识和基本技能来分析、解决实际问题,这是检验毕业论文质量高低的主要标准。

3.规范性。毕业论文属于应用文,应用文的写作讲究规范性,毕业论文从内容到形式都要讲究规范。比如论文的打印格式,要求将封面、目录、摘要、关键词、正文、参考文献、附录等按一定顺序排列装订,字体和字号也有相应的规定,同学要严格遵守。

(三)毕业论文的分类

高职高专毕业论文,从性质和功用上划分,主要有以下几种类型,如图 9-1 所示。

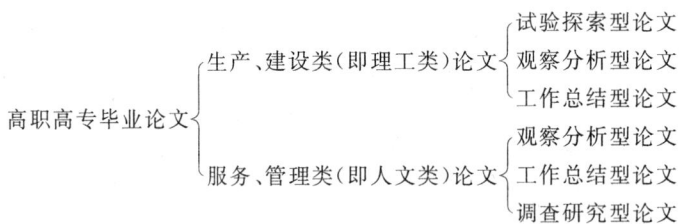

图 9-1 高职高专毕业论文的分类

1.试验探索型论文。这类论文是指为了对比和确定某项技术或某种原材料或某种方法的使用效果而采取有计划、有目的的试验,并对人为特定条件下所获取的事实或现象进行观察、分析、综合、判断,得出试验结果,然后如实地将试验过程和创新性成果加以归纳总结而形成的论文。这类论文一般为生产、建设类专业所采用。如《0.028％ WC 农丰灵防治草莓白粉病药效试验》就属此类型。

2.观察分析型论文。这类论文是指为了正确认识某些现象与效果或解决某一问题,针对性地选定某些观测点或观测范围,通过直接观测、记录取得相关信息,进行分析、判断得出结论,然后归纳总结而形成的论文。观察分析与试验探索的区别主要在于所观测的对象上,前者的观察对象是自然生成的,观测者没有施加任何人为因素,而后者的观察对象则是观测者人为设计的。这类论文一般为生产类、医护类、环保类、种植养殖类、管理类等专业所采用。如《杭州市临平副城城区交通噪声污染状况剖析》就属此类型。

3.工作总结型论文。这类论文是指针对实际工作展开研究,分析问题,探究原因,提出解决问题的对策而写成的论文。这种类型的论文适合高职高专的任何专业。如《杭州物美超市管理中存在的问题与改进对策》就属此类型。

4.调查研究型论文。这类论文是指为了做出某项涉及范围较广的决策或解决某一个牵涉面较广的实际问题,针对性地选择一些信息源,运用问卷调查或座谈会等方式获取信息,并对所获取的信息进行科学的分析处理而写成的论文。这种类型论文一般比较适合服务与管理类专业使用。如《现代民营企业秘书工作技能运用情况的调查》就属此类型。

二、写作要求

(一)论题富有新意

所选论题应是职业岗位上的热点问题,只有不断地发现新情况、解决新问题,才能不断地前进。

(二)材料真实充分

材料一是要真实,不论是理论材料还是事实材料,都要真实可靠,不得弄虚作假;二是要充分,不仅要有正面材料,有时还要有反面材料,这样才能论证透彻。

(三)格式完整正确

格式上该写的地方,都要完整无缺地撰写,而且要撰写正确。

三、格式写法

毕业论文的一般格式是:标题＋署名＋摘要＋关键词＋正文＋致谢＋参考文献。

(一)标题

标题是论文的眉目,又称"题名""文题""题目"。古人语"题括文义",也就是指标题要概括文章的内容,体现文章的主旨或尽可能体现作者的写作意图。论文的标题一般包括总标题和小标题。

1.总标题。总标题是文章总体内容的观点,位于首页居中位置,主要有以下四种写法。

(1)观点式标题,主要揭示文章的内容,表明作者对问题的看法,如《带薪休假取代不了黄金周》。

(2)内容式标题,主要揭示文章的内容,表明作者论述的重点所在,如《现代鸡尾酒的推销艺术》。

(3)议论式标题,一般在标题语句的前面或后面标有"谈""论""试论""试析""探索""探析""探讨""初探""研究""思考""刍议"等词语,以表明文章的体裁,如《经济型酒店品牌问题探讨》。

(4)主副式标题。正标题揭示文章的主题或表明观点,副标题交代文章研究的内容,如《会议目的地的选择与评估——以上海市为例》。

2.小标题。论文是讲究层次性的,设置小标题主要是为了清晰地显示论文层次,最常用的方式是:数码＋对本层次内容高度概括的文字。值得指出的是,这个数码的标法,社会科学类论文一般采用"一、二、三,(一)、(二)、(三)……"的形式;自然科学类一般采用"1、2、3,1.1、1.2、1.3……"的形式。

总之,设置标题努力做到四点:一要明确,所设标题能够揭示内容或论点,使人一看便知道文章的大意;二要简练,总标题一般不超过 20 个字;三要新颖,做到不落俗套,使人赏心悦目;四要有美感,文字长短大致相同,形式均匀对称。

（二）署名

在论文总标题的下面署上作者的姓名。发表的论文在作者下方的括号内依序注明作者的单位、地址和邮编,单位名称与地址之间以逗号分隔,地址和邮编之间以空格分隔。毕业论文有统一封面的,作者的姓名按照规定写在封面的指定位置上。

（三）摘要

摘要是对论文的内容不加注释和评论的简短陈述,论文一般应有摘要。为了国际交流,有的论文还应有与中文对应的外文(多用英文)摘要。

中文摘要前加"摘要:"或"[摘要]"作为标识,英文摘要前面加"ABSTRACT:"作为标识。

摘要分为报道性摘要和提要性摘要。报道性摘要主要介绍研究的目的、对象、内容、方法、结果、主要数据和结论,主要适用于科研论文;提要性摘要只是简要地叙述研究的成果(数据、看法、意见、结论等),对研究手段、方法、过程等均不涉及,主要适用于毕业论文、学术论文等。

中文摘要一般不宜超过 300 字,外文摘要不宜超过 250 个单词。摘要一般使用第三人称,不用"我们""笔者"等词作主语,一般置于总标题和署名之后、正文之前,字体字号要区别于正文。

（四）关键词

关键词是反映论文主要内容的单词或术语,每篇 3～8 个词,按词语的外延层次从大到小排列,尽可能从《汉语主题词表》中选用规范词。每个关键词之间应以分号分隔,以便于计算机自动切分。为了国际交流,有的论文应标注与中文对应的外文(多用英文)关键词。

中文关键词前应冠以"关键词:"或[关键词],英文关键词前冠以"KEY-WORDS:"作为标识。

（五）正文

正文一般由绪论＋本论＋结论三部分构成。

1. 绪论。绪论又称引言、前言,是论文的开头部分,它简要说明论文的主要观点及成果、撰写本论文的目的及意义、研究范围、研究方法等方面的内容。如《基于心理契约星级酒店员工流失的对策》在这一部分提出了论文的观点:心理契约是联系员工和企业的纽带,也是影响员工行为和态度的重要因素。

2. 本论。本论即论文的主体,是论文的核心内容,它是对研究课题作全面分析、论证,详细说明作者观点的部分。根据需要,这部分的结构有不同的形式,常见的有以下几种。

(1)并列式,即将总论点分为若干分论点,分论点之间为并列关系,内容紧密相连,但又分说不同的小问题。这种结构的优点是纲目清楚。

(2)递进式,即将总论点分为若干分论点,分论点之间的关系为层层深入,逐步上升。这种结构的优点是比较深刻。

(3)过程式,即将研究过程作为整体结构,按照发现问题、研究分析问题、最后推出结论的模式进行论文的写作。这种结构的优点是符合人们认识事物的规律。

(4)综合式。即兼用并列式、递进式的结构方式,根据文章的内容表述需要灵活运用。

需要注意的是,本论部分没有什么固定的结构方式,应根据具体情况采用适当方法科学地安排层次。

3.结论。结论又称结语、结束语,是本论部分阐述的必然结果,是本论要点的归纳,是课题研究的答案。结论既要照应绪论,又要写得简明概括。绪论作为文章的结尾,一般不写序号。如《基于心理契约星级酒店员工流失的对策》在这部分得出结论:心理契约的共建需要酒店和员工的共同努力,酒店要处处为员工着想,员工也要体谅酒店在市场竞争中的难处,调整自己的心理契约为酒店的发展、个人价值实现高效率地工作。

(六)致谢

非必写要素,视情况而定。致谢是对指导教师和指导师傅等人公开表示谢意的文字,以示对别人劳动的尊重。

(七)参考文献

在论文的写作过程中,撰写者大都要翻阅查看大量的书籍、报刊,甚至要引用或借鉴其中某些观点、数据。为了反映论文的科学依据,尊重他人的研究成果,向读者提供有关信息,作者在论文正文结束后,一般应列出参阅的主要书刊和网页上文章的出处作为参考文献,置于文尾。

参考文献排序一般有如下几种方法:按照在论文撰写中参考价值的大小;按照论文参考引用的先后顺序;按照文献时代的先后顺序;按照作者姓氏笔画或外文字母的顺序。

参考文献按次序列于文后,以"参考文献:"(左顶格)或[参考文献](居中)作为标识,以[1]、[2]……按序排列,如果遇多个主要责任者,以","分隔,一般不在主要责任者后面加"著、编、主编、合编"等词语。

参考文献的主要类型标识为:书籍—M,期刊—J,报纸—N,论文集—C,学位论文—D,报告—R,数据库—DB,电子公告—EB。

电子文献的载体类型标识为:磁带—MT,磁盘—DK,光盘—CD,联机网络—OL。

参考文献的具体写作格式,可参照 GB/T7714-2005《文后参考文献著录规则》和《中国学术期刊(光盘版)检索与评价数据规范》要求撰写。常见的参考文献书写格式如下。

1.书籍:[序号]主要责任者.文献题名[M].出版地:出版者,出版年.

例如:[1]申葆嘉.财经学原理[M].上海:学林出版社,1999.

2.期刊文献:[序号]主要责任者.文献题名[J].刊名,年,卷(期):起止页码.

例如:[2]熊凯.乡村意象与乡村财经开发刍议[J].地域研究与开发,1999,(3):70—73.

3.报纸文章:[序号]主要责任者.文献题名[N].报纸名,出版日期(版次).

例如:[3]李明.论人道与人道主义[N].人民日报,1992-03-15(8).

4.引用特种文献,如论文集、学位论文、报告、内部资料等,其格式与书籍相似。

5.电子文献:[序号]主要责任人.文献题名[文献类型标志/文献载体标志].出版地:出版者,出版年(更新或修改日期)[引用日期].获取和访问路径.

例如:[4]萧钰.出版业信息化迈入快车道[EB///OL].(2001-12-19)[2002-4-15].http://www.creader.com/news/200112190019.htm.

[5]江向东.互联网环境下的信息处理与图书管理系统解决方案[J/OL].情报学报,1999,18(2):4[2000-01-18].http://www.chinainfo.gov.cn/periodical/qbxb/qbxb99/qbxb990203.

[6]傅刚,赵承,李佳路.大风沙过后的思考[N/OL].北京青年报,2000-04-12(14)[2005-07-12].http://www.bjyouth.com.cn/Bqb/20000412/GB/4216％5ED0412B1401.htm.

[7]TURCOTTE D L. Fractals and chaos in geology and geophysics[M/OL]. New York:Cambridge University Press, 1992[1998-09-23]. http://www.seg.org/reviews/mccorm30.html.

四、实例文选

1.试验探索型论文

0.028％WC农丰灵防治草莓白粉病药效试验

园艺专业　洪　峰

指导教师　徐森富

摘要:草莓白粉病是生产中常发性病害,危害颇大。用浓度在400倍液的0.028％农丰灵防治草莓白粉病较安全,且效果较好。

关键词:农丰灵;草莓;白粉病

0.028％ WC农丰灵系浙江省植保总站提供的一种新型防病剂,为明确该药剂防治草莓白粉病的效果、亩用剂量及对草莓的安全性等,受浙江省农业厅植保站委托,2002年我们在浙江建德的草莓田间进行了药效试验,结果整理如下:

1　材料及方法

1.1　供试药剂

0.028％农丰灵,由浙江省植保总站提供。

1.2　对照药剂

5%高渗腈菌唑乳油,由台州大鹏药业有限公司提供。

1.3　试验作物及防治对象

试验作物草莓,丰香;防治对象为试验用白粉病 Spharothecacucurbitae(Jacz.)Z. Y. Zhao.

1.4　试验方法

1.4.1　田间设计

试验在建德下涯镇下涯村草莓田内进行,试验设 5 个处理,重复 4 次,20 个小区,小区面积为 20m²,随机区组排列,小区间有操作行间隔,以防药液喷雾时飘洒。

单位:浓度/倍

药　剂	处理1	处理2	处理3
0.028%农丰灵	300	400	500
5%高渗腈菌唑乳油	1500		
清水对照			

1.4.2　试验地概况

前作为水稻田,土壤属红沙壤土,pH 值为 6.0,有机质为 2.0%,供试品种为草莓,丰香。

1.4.3　施药时间及方法

本试验在大棚内进行,于 3 月 13 日施药,施药方法采用背负式喷雾机进行喷洒草莓植株叶片正反面,亩用药液量为 50 千克。

1.4.4　施药前 3 天及施药后 7 天的天气情况

月/日	施药前3天			施药当天	施药后7天						
	3/10	3/11	3/12	3/13	3/14	3/15	3/16	3/17	3/18	3/19	3/20
日平均气温℃	16.9	15.5	17.9	15.4	18.8	15.1	15.0	16.5	14.6	14.8	17.2
最高气温℃	26.3	23.1	24.7	19.5	25.9	19.9	22.0	22.2	22.8	24.0	28.0
最低气温℃	10.9	11.6	13.9	12.8	14.4	12.9	10.2	13.4	9.3	8.0	8.4
雨量(mm)	—	10.3	9.3	1.3	2.0	4.0	4.1	3.5			0.0
日照时数(h)	9.2	4.2	9.0	0.0	4.1	0.0	7.5	3.0	9.7	5.7	7.4

1.4.5　试验调查内容与方法

施药后第 3、4、14、21 天进行 4 次目测观察施药后对草莓生长、叶色等的影响情况,考查药剂对草莓的安全性。

并于施药前进行病情指数基数调查,施药后第 7、14、21 天分别调查病情指数,计算防效。

2 试验结果

2.1 防病效果

从施药后 7 天的防效看,0.028％农丰灵水剂各浓度的平均病情指数分别为 1.85、1.30、1.48;5％高渗腈菌唑的病情指数为 1.30;0.02％农丰灵水剂 300、400、500 倍的防效分别为 87.59、79.08、76.18％,比 5％高渗腈菌唑的防效达 75.55％稍高与相近。施药后第 14 天调查 0.028％农丰灵水剂各药剂浓度的病情指数均有所上升,分别为 3.89、2.96、5.19;5％高渗腈菌唑的病情指数为 3.15;防效 0.028％农丰灵水剂 300 倍和 400 倍的稍有下降,分别为 81.83％和 77.92％;0.028％农丰灵水剂 500 倍的防效下降较快,为 64.12％;5％高渗腈菌唑的防效达 73.66％。施药后第 21 天调查 0.028％农丰灵水剂各浓度的平均病情指数分别为 9.19、7.48、7.96;5％高渗腈菌唑的病情指数为 5.67;0.028％农丰灵水剂 300 倍的防效仍然达 74.02％,400 倍和 500 倍的防效下降为 61.47％和 59.0％;5％高渗腈菌唑的防效达 67.26％。详见下表:

0.028％农丰灵防治草莓白粉病药后效果考查

处　理	重复	调查果数	药前指数	药后 7 天						病情指数	防效（％）
				0	1	3	5	7	9		
0.028％农丰灵 WC300X	1	75	0.74	75						0	100
	2	75	2.96	70						0.74	75.0
	3	75	7.41	65	10					1.48	88.02
	4	75	6.67	50	20	5				5.19	92.23
	均	75	4.44	65	87.5	1.25				1.85	87.59
0.028％农丰灵 WC400X	1	75	4.44	70	5					0.74	93.13
	2	75	2.22	65	10					1.48	33.33
	3	75	2.96	70	5					0.74	85.00
	4	75	3.70	60	15					2.22	94.01
	均	75	2.78	66.25	8.75					1.30	79.08
0.028％农丰灵 WC500X	1	75	3.7	60	15					2.22	75.27
	2	75	2.22	70	5					65.74	66.67
	3	75	2.96	65	5	5				2.96	40.00
	4	75	2.22	75						0	100
	均	75	2.78	67.5	6.25	1.25				1.48	76.18
5％高渗腈菌唑 EC1500X	1	75	2.22	65	65	10				4.48	72.52
	2	75	0.3	75	75					0	100
	3	75	6.67	55	55	20				2.96	73.37
	4	75	0.74	70	70	5				0.74	90.01
	均	75	2.48	66.25	66.25	8.75				1.30	76.55
对照清水	1	75	5.18	40	40	20	5	10		12.59	—
	2	75	4.44	55	55	15	5			4.44	—
	3	75	2.22	60	60	10	5			3.70	—
	4	75	0.74	55	55	10	5	5		7.41	—
	均	75	3.15	52.5	5.25	13.7	5	3.75		7.04	—

续表

处理	重复	调查果数	药前指数	药后14天						病情指数	防效(%)
				0	1	3	5	7	9		
0.028%农丰灵WC300X	1	75	0.74	60	15					2.22	24.93
	2	75	2.96	65	5	5				29.6	68.44
	3	75	7.41	65	10					1.48	94.02
	4	75	6.67	45	20	5	5			8.89	94.67
	均	75	4.44	45	12.5	2.5	1.25			3.89	81.83
0.028%农丰灵WC400X	1	75	4.44	65	65	5	5			2.96	83.32
	2	75	2.22	55	55	20				2.96	57.92
	3	75	2.96	60	60	10	5			3.70	62.55
	4	75	3.70	60	60	15				2.22	97.60
	均	75	2.78	60	60	12.5	2.5			2.96	77.92

处理	重复	调查果数	药前指数	药后14天						病情指数	防效(%)
				0	1	3	5	7	9		
0.028%农丰灵WC500X	1	75	3.7	-60	60	5	5	5		6.67	54.89
	2	75	2.22	55	55	10	5	5		7.41	−5.33
	3	75	2.96	65	65		10			4.44	55.06
	4	75	2.22	70	70	5				0.74	98.67
	均	75	2.78	62.5	62.5	5	5	2.5		4.81	64.12
5%高渗腈菌唑EC1500X	1	75	2.22	70				5		5.19	41.5
	2	75	0.3	70	5					0.74	22.16
	3	75	6.67	60	10		5			5.19	76.69
	4	75	0.74	65	10					1.48	92.01
	均	75	2.48	66.25	6.25			1.25	1.25	3.15	73.66
对照清水	1	75	5.18	35	20	5	5	5	5	20.74	—
	2	75	4.44	30	30	5	10			14.07	—
	3	75	2.22	55	5	15				7.41	—
	4	75	0.74	30	25	5	10	5		18.52	—
	均	75	3.15	37.5	20	7.5	6.25	2.5	1.25	15.19	—

处理	重复	调查果数	药前指数	药后21天						病情指数	防效(%)
				0	1	3	5	7	9		
0.028%农丰灵WC300X	1	75	0.74	58	15	2				3.11	−2.26
	2	75	2.96	50	15	5	2	3		9.04	40.94
	3	75	7.41	55	10	2	5	3		9.19	85.70
	4	75	6.67	39	20	5	5	5	1	15.41	93.00
	均	75	4.44	50.5	15	3.5	3.0	2.75	0.25	9.19	70.36
0.028%农丰灵WC400X	1	75	4.44	65	2	5	3			4.74	74.02
	2	75	2.22	50	5	10	5	5		14.07	−22.56
	3	75	2.96	55	10	5	5			7.41	71.14
	4	75	3.70	60	10	5				3.70	96.97
	均	75	2.78	57.5	6.75	6.25	3.25	1.25		7.48	61.47

续表

处 理	重复	调查果数	药前指数	药 后 21 天						病情指数	防效（%）
				0	1	3	5	7	9		
0.028%农丰灵WC500X	1	75	3.7	5	5	5				6.67	56.14
	2	75	2.22	10	5	5	5			12.59	−9.67
	3	75	2.96	5		10				8.15	68.26
	4	75	2.22	5		5				4.44	93.94
	均	75	2.78	6.25	2.5	6.25	1.25			7.96	59.00
5%高渗腈菌唑EC1500X	1	75	2.22	60	5	5	5			6.67	26.89
	2	75	0.3	65	5	5				2.96	−90.80
	3	75	6.67	55	5	6	4	5		11.56	80.02
	4	75	0.74	65	10					1.48	93.94
	均	75	2.48	61.25	4	2.25	1.25			5.67	67.26
对照清水	1	75	5.18	35	20	4		6	5	21.33	
	2	75	4.44	30	5	30	5	5		22.96	
	3	75	2.22	45	5	5	15	5		19.26	
	4	75	0.74	30	5	25	10	5		24.22	
	均	75	3.15	35	8.75	16	8.75	5.25	1.25	22.00	

2.2 草莓的安全性

从每喷药 3 天观察,本药剂浓度直观上基本看不出有药害现状,7 天以后按各浓度使用后对植株生长的阻碍与腈菌唑相近。对产量无影响,说明本药剂在草莓生产上可以使用,但必须掌握好使用浓度。

3 讨论

(1)试验结果表明,在本试验条件和用量范围内,由浙江省植保总站提供的 0.028%农丰灵水剂,对草莓生产较安全,在草莓生产上严格按照要求推广使用。

(2)草莓生产上使用该药剂防治草莓白粉病,建议该药剂的使用浓度在 400 倍液均匀喷雾。田间应注意施药喷药质量,特别是对草莓叶片正反面和幼果等部位喷药时必须仔细、周到,以保证防效。

致谢:

衷心感谢徐森富老师对我毕业论文的指导,感谢母校三年来对我的教育。

参考文献:

[1]张中义,冷怀琼,张志铭,等.植物病原真菌学[M].成都:四川科学技术出版社,1988.

[2]黄根元,罗浚清,方博云.大棚草莓病及其防治[J].植物保护,2001,27(3):46-47.

2.观察分析型论文

杭州市临平副城城区交通噪声污染状况剖析

环境监测技术专业　翁杰冰

指导教师　　　　　杨　怡　陈　斌

摘要:交通噪声的污染强度大、影响范围广,目前已成为城市的主要公害之一,它已严重影响沿线居住人群的正常工作和生活环境。本文就杭州市余杭区区政府所在临平副城的主要区域交通噪声污染现状作了详细的调查和分析,并针对现状在当地政府管理和污染产生的原因方面作了评析,提出了完善城市布局、加快道路建设、合理布置绿化带等防治建议。

关键词:杭州市临平副城;城区;交通噪声;噪声污染;剖析

近年来公路交通事业的发展,带动了所经地区的经济快速发展,交通运输与经济的发展起到了相互支持、相互推动的作用。随着公路的通车里程、车流量和行驶车速的与日俱增,公路交通噪声污染对沿线居民正常生活、工作、学习、休息环境的干扰程度和范围也随之加剧和扩大。道路交通噪声污染已经是杭州市临平副城环境中比较突出的问题。

1　临平副城交通噪声污染现状及产生的危害

1.1　临平副城城区交通道路分布

临平副城城区面积133.8平方公里,城市人口80万人。人口密度为0.598万人/平方公里。城区现由六纵八横十四条道路组成。南北以曙光路为主轴,东西以东湖路为主轴,其他各路和这两条路基本平行。再加上城南的一条铁路构成了临平副城的主要交通道路,同样也构成了临平副城的网格式线源噪声污染。

1.2　临平副城近四年噪声污染现状的监测结果及评价

根据临平监测站2005—2008年的监测报告,道路交通噪声测点位置选择按GB/T3222—94《环境噪声测量方法》中规定的城市道路交通噪声测量方法进行,共选38个监测点。并且在每年的11月份对城区的道路进行一次监测,监测结果见表1所示。

表1　临平副城2005—2008年度交通噪声监测结果

年度	L_{10}/dB	L_{50}/dB	L_{90}/dB	L_{eq}/dB	车流量/辆
2005	69.5	62.2	56.2	67.5	992
2006	67.3	61.5	56.5	65.0	1270
2007	67.7	63.1	57.1	66.7	1178
2008	68.4	62.3	57.0	65.9	959

注:以上皆为平均值。

为了了解道路交通本身的污染状况，方便提出相应控制对策，采用道路交通干线两侧适用区域的国家标准来评价。目前我国国家规定道路交通干线两侧适用区域的国家标准昼间值为70dB(A)。噪声质量的污染分指数 P_N 由下式来计算：

$$P_N = \frac{\overline{L_{eq}}}{L_b}$$

式中：$\overline{L_{eq}}$为测得的昼间平均等效 A 声级；

L_b 为道路交通干线两侧适用区域的国家标准昼间值70dB(A)。

参照南京市城市环境质量的等级表来制定噪声质量等级划分表，如表2所示。

表2 噪声质量等级表

级别	主观反应	P_N	昼间平均等效声级
1	很好	<0.6	<42
2	好	0.6～0.67	42～47
3	一般	0.67～0.75	47～52.5
4	坏	0.75～1.00	52.5～70
5	恶化	>1.00	>70

对比表2和表1，可知临平副城近四年来道路交通噪声分贝指数范围在0.93～0.96，是属于"坏"这个等级范围内的，交通噪声污染相当严重。再看2008年临平副城几条主要交通干线噪声污染状况结果，如表3所示。

由表3各路段噪声污染分指数可看出，虽然大部分路段的噪声未超标，但与国家标准十分接近，属于"坏"以上等级。这些主要道路两侧基本上都是民居，所以交通噪声扰民现象十分严重。从近四年的监测结果比较来看，虽然车流量和噪声都有所控制且处于下降水平，但是仍未能达到为居民创建安静舒适环境目标。

表3 2008年临平副城主要交通干线噪声污染结果

地点	L_{eq}平均值	P_N	主观反映
东湖路	65.1	0.93	坏
邱山大街	67.8	0.97	坏
藕花洲大街	61.6	0.88	坏
人民大道	66.4	0.95	坏
北大街	74.4	1.06	恶化
世纪大道	63.5	0.91	坏
曙光路	68.5	0.98	坏
木桥浜路	62.3	0.89	坏

1.3 交通噪声产生的危害

城市道路交通噪声的危害主要表现在以下三个方面:

(1)使人体血压增高,心跳加快

众所周知,心血管病是目前死亡率最高的一种疾病,而噪声又是引发心血管病的原因之一,对体弱年老的人更是如此。

(2)影响人们的正常生活和休息

交通噪声严重影响交通干道两侧居民区内人们的正常生活和休息。长期生活在振动和噪声环境中,人会感到烦躁、恶心、头痛和失眠。调查资料表明:70dB的噪声可使50%的人的睡眠受到影响,突发性的60dB噪声可使70%的人从睡梦中惊醒。

(3)引发交通事故

大家都以为交通事故一般是因为粗心大意和疲劳造成的。其实,研究资料表明,高振动和高噪声易使司机疲劳,思维发生紊乱和注意力分散,从而引发各种交通事故。

2 临平副城交通噪声污染原因浅析

2.1 经济发展加快机动车辆增长速度

据统计,2005—2008年余杭区的全区生产总值(GDP)增长了1.76倍,达到了501.92亿元,全年城镇居民人均可支配收入增长了1.4倍,达到了23678元。全区每百户居民家庭拥有汽车20辆,机动车辆持续增长,2008年末全区社会机动车拥有量达8.51万辆,其中私人汽车6.28万辆,比上年末分别增长15.3%和18.0%。而作为余杭区政府所在地的临平副城的经济和机动车辆增长率更是较全区平均数为高。由统计资料可以看出,经济的飞速发展,提高了人民生活水平,机动车辆飞速增长,但同时也带来了交通噪声日益严重的问题。

2.2 车辆增长速度远大于道路建设速度

2005年以来,余杭区城市道路面积年平均增长率仅为6.3%,相较机动车和私家车增长率15.3%和18.0%来说不难看出,城市道路面积年增长率小于车辆增长速率,这样就导致每辆机动车拥有的道路面积在逐年下降,道路平均车流量明显上升。而车流量的迅速增长使道路拥堵状况不断加剧,且城中车速缓慢,加之行人和自行车有违反交通规则行为,造成机动车鸣喇叭次数频繁,最终导致道路交通噪声dB数上升。通常车流量增加一倍,噪声要增加3dB左右。

2.3 道路建设仍然存在问题

作为杭州副城的临平不仅道路建设缓慢,而且还存在一些规划设计问题,如路口平面交叉多,立体交叉少;道路隔离带设置不足,多为混行路;窄路、瓶颈路多;多数道路缺少隔音绿化带或屏障等一系列的问题。这也为交通噪声污染的治理增加了难度。

2.4 车辆鸣喇叭现象屡禁不止

在城市道路交通噪声中,喇叭形成的噪声占据较大比例。据测量,有喇叭声的道路,其交通噪声起伏较大,喇叭声主要影响高声级分布,统计声级峰值(L_{10})可增加9dB左右,中值(L_{50})可增加3dB,等效声级(L_{eq})增加3～5dB。由上可知,汽车鸣笛是交通噪声的主要来源之一。现在各个城市市区虽然都明文规定禁鸣喇叭，但是在交通高峰期还是能听到车辆的鸣喇叭声。这在一定程度上是城市难以解决的噪声难题。

2.5 法制不健全和政府管理手段仍待改进

交通噪声作为城市环境的主要噪声，对其控制理应在政府监管和法律责任方面做出明文的规定和要求，但遗憾的是在1997年3月1日正式颁布实施的《中华人民共和国环境噪声污染防治法》第二章关于环境噪声污染防治的监督管理的内容中，竟没有一条是针对交通噪声的，而且在第七章"法律责任"中，除仅有一条（第57条）对机动车辆的声响装置有要求外，对其他交通噪声的控制就再无其他任何法律责任了，这显然对我们今天的城市道路交通噪声的管理和法律监督是极为不利的，有待今后补充和完善。

而临平副城在道路噪声管理中仍没有科学的监测网络，虽然在高考和中考以及各个节假日等重要时间段进行了有效的管理，但在其他日常时间段的管理还是过于松散。而且，2008年之前设立的交通管理体系也过于落后，如非机动车、行人交通组织不合理，影响了机动车正常通行；城市管理缺乏力度，城市占道经营比较严重，造成交通拥挤或堵塞现象，产生不必要的交通噪声等。虽然这些现象在2008年的道路改建后有所改善，但仍处在改建调整期并没有从根本上解决。同时政府虽然也设立了噪声投诉热线，但是效果乏善可陈，交通噪声问题还是在持续加剧。

3 对临平副城交通噪声污染的防治措施

对城市交通噪声的治理和控制是一个复杂的问题，因为它涉及城市土地利用、路网建设、交通需求控制、道路设计等多层次、多方面的问题，因此采取综合防治的对策较适合。

3.1 完善城市规划布局

调查表明，临平副城在近几年的城市建设规划时，既充分考虑道路交通噪声对周围生活环境的影响，统筹规划，合理安排功能区和建设布局，防止或减轻道路交通噪声污染，又能将安静的建筑物如医院、学校等单位建在远离交通干线的区域，并适当扩大居民住宅与交通干线的距离，减弱噪声干扰。同时又对原有道路进行适当拓宽，保持交通线路畅通，无法拓宽的改为单行道。应该说，已经做出了一定成绩，但是根本问题仍未解决。所以未来的主要任务应该是更加完善城市规划布局。

3.2 加快道路建设和改造

道路建造速度远小于车辆增长是我们要解决的首要问题，同时加强对道路的合理规划和设计也能减少交通噪声，例如在道路定线和道路、立交桥设计时。要特别注意纵坡和坡道高程与两侧建筑物之间的关系。因为，汽车在上坡时的噪声明显增大，下坡时交通噪声可降低$10\sim15dB$左右。而路面设计要选择先进和适用的结构、材料和施工方法，以便在满足车辆抗滑的前提下，降低轮胎和路面摩擦、挤压造成的噪声。

3.3 注意城市交通绿化带的布置和保养

众所周知，对道路两侧地面进行绿化，不仅可以有效改善城市生态环境，而且有利于减低交通噪声。而为充分发挥绿地减噪效果,绿地种植结构应采用乔灌草复层种植结构,使种植立面的每个层次都有茂密的树冠层。在车流量大的机动车与非机动车隔离带上,种植枝叶茂密、抗病性强、生长健壮的绿篱,则可以更有效降低交通噪声对周围环境的影响。但是最近的调查发现,城市绿地除了进行合理的布置还需解决保养问题。在临平,城市绿地很早就已经开始布置了,但经过几年的时间,绿地中的草本植物大都枯死。其主要的原因是城市大气污染严重和气候反常、缺少人工保养等,致使大片的城市绿地失去它的效用,所以,未来政府对城市绿地的保养必须重视起来。

3.4 加强日常交通管理

有关资料表明,交通量减少 1 倍,噪声下降 3dB;行车速度每降低 10km/h,噪声下降 2~3dB。因此,临平副城政府除了特殊时间段的管理外,还应该加强日常交通管理。而管理的办法可向杭州市的日常管理方法学习:为保证车辆匀速行驶,合理调整车流量;同时应充分考虑交通要求,增加交通线路和公交车辆数目,以减少群众对出租车的需求;禁鸣路段严禁机动车鸣喇叭;把喇叭音量检测作为机动车年检的重要内容之一;在主要道路和风景区设置噪声显示屏,以利群众监管噪声;过境车严禁穿越市区。外来办事和旅游的高噪声机动车辆不准驶入市区和风景区。

3.5 另辟蹊径治理交通噪声

所谓另辟蹊径治理交通噪声,就是采用一些新的方法治理交通噪声,现在国内的很多城市为治理城市交通噪声发明了新的方法。例如杭州市为了使道路两旁居住环境符合居住要求,从建筑物防噪措施入手,安装通风隔声消声门窗,使噪声下降 10~20dB。这样,尽管室外噪声较高,但室内噪声会降到较为满意的水平。还有北京市为改进和提高现有汽车的降噪性能,现在正研制带有隔声罩的发动机和阻抗复合式高效排气消声器。这些方法也可为临平副城政府治理交通噪声中所借鉴。

3.6 加大宣传,实现宣管合一

在宣传方面,应该将交通噪声知识列为驾驶员考证的课程之一,并且组织老驾驶员学习汽车降噪的国家有关法规。还应广泛开展环保基本国策的教育,充分利用广播、电视、网络等形式,通过社区开展噪声防治法的教育,使市民了解到噪声的危害性。积极开展有关环保法制、法规的宣传教育,以提高市民的参与意识和环保意识,努力营造一个人人参与、大家关心、自觉维护城市环保的新局面。

4 小结

综上所述,临平副城的交通噪声污染虽然较严重但还是可以治理的。对交通噪声的控制是一项长期的系统工程,也是政府在未来面临的艰巨任务之一。临平副城政府在未来的时间里,要在管理上让环保、城建、公安、交通等部门密切协调配合,共同制定或采取行之有效的整治措施,实施新颖的现代化管理手段,不断改善和控制临平副城城区道路交通噪声的污染状况,从而进一步提高整个城区的声环境质量,使临平副城成为一个高环境质量的人居城市。

致　谢:

杨怡老师在我完成毕业设计过程中给予了悉心指导,深表谢意! 同时感谢实习老师陈斌老师在实习期间对我的论文构思给予的指导。

参考文献:

[1]曾德芳,皇甫月红,何礼林,黄福兴.我国城市道路交通噪声污染及其对策[J].武汉交通科技大学学报,1997(6):700—704.

[2]林志周,周国玲,张军杰.城市道路交通噪声污染的灰色预测和灰色关联分析[J].河南科学,2000(3):66—69.

[3]常玉林,王炜.城市道路交通噪声分析和预测方法研究[J].公路交通科技,2003(2):171—173.

[4]刘文珊,王兆力,刘志明,等.武汉市区交通噪声的现状与控制对策的初探[J].城市环境,1998,9(3):33—35.

[5]GB/T3222—94[S].环境噪声测量方法.

[6]王郁平,魏荣锋,范相阁,等.灰色新陈代谢GM(1,1)模型在城市道路交通噪声预测中的应用[J].中国环境监测,1999,15(1):54—56.

[7]元培珍.常用噪声评价量的比较[J].环境保护,1985(5):25—27.

[8]鞠复华.交通噪声的时间特征和监测时间的选择[J].环境保护科学,1984(4):29—32.

3.工作总结型论文

杭州物美超市管理中存在的问题与改进对策

连锁经营管理专业　　应　俊

指导教师　　　　　　金光涛

摘要:我国连锁超市发展起步较晚,又加上种种客观原因,目前还无法和世界上几大"零售巨鳄"相抗衡。但与传统零售业相比,因其显著的空间扩大化、时间节约化、成本低廉化优势在全国各大中城市及中小城镇异军突起,规模日趋扩大,销售额和门店数都大幅增加,因此对超市的管理就提出了很高的要求。如何做好门店内的各项管理工作成了国内连锁超市所要探讨的重要问题。

关键词:连锁超市管理;经营观念;提高

一、引　言

20世纪90年代以后,超市作为一种新的商品零售模式在我国快速发展,且日臻完善,已经越来越深入人们的日常生活,超市经营的食品和日用品已成为现代城市居民购买消费的主要来源。在许多商业发达的国家和地区,大型连锁超市已占据了零售市场的主导地位。随着我国市场的开放程度逐渐提高,我国流通领域发生了巨大的变化,超市竞争日益激烈。

二、物美超市的经营现状

杭州物美大卖场所属北京物美商业集团股份有限公司是国内最早以连锁方式经营超市的专业集团公司之一。自创建北京第一家综合超市以来,秉承"发展民族零售产业,提升大众生活品质"的经营理念,以振兴民族零售产业为己任,在连锁超市领域辛勤耕耘,目前物美已经成为能满足消费者一次性购买需求的超大卖场。物美商业集团连锁事业的发展主要采取租赁、托管、合作、合资和加盟的形式,逐步建立全国性的连锁经营网络。

目前,杭州市区的大型连锁店已经超过16家,各个区街道都有分布,其中主要的大型连锁超市有世纪联华、乐购、好又多、家乐福、易初莲花、欧尚、家友、沃尔玛、华润以及本文所要探讨的物美超市。就我实习的物美超市而言,杭州共有三家门店,分别是物美文一店、物美西城店以及物美下沙店。

物美大卖场文一店位于杭州市文一路298号,共六层,卖场总经营面积1.74万平方米。一层为购物中心;二层、三层为卖场,经营的商品2万余种;五层、六层将建成杭州市最大的影视娱乐中心和健身休闲中心。文一店外型简洁流畅、色彩和谐,卖场内部宽敞明亮,购物环境优雅。各商品区商品摆放错落有致,色彩搭配赏心悦目。同时,为方便购物,卖场内的各式指示牌醒目独特,出入口的设置也充分考虑了消费者的便利。但是想要在与别的连锁超市竞争中占据有利位置,仅凭以上条件是远远不够的,还应该进一步加强内部管理。

三、物美超市在管理中所存在的问题

(一)员工营销观念落后,素质相对较低

虽然我国的零售业多年来一直高喊"为人民服务",后来又转变为"顾客是上帝",但真正贯彻此种观念的屈指可数。企业考虑问题的出发点还是本企业的效益,而且大多仅仅是眼前的效益,因此就出现了许多令人费解的矛盾:明明说"为人民服务",货架上却摆着少数假冒伪劣产品;明明说"顾客是上帝",却屡屡发生侵犯顾客权益的事情。所以,要想使物美超市更有竞争力,树立科学的营销观念是首要的事情。

其次,超市的收银工作人员普遍服务素质较低,工作缺乏热情,对顾客十分的冷漠,多收少找钱现象屡屡出现。甚至还出现过员工的内部偷盗现象,这些都是超市方对于一线员工管理上的疏忽和不当所导致的。

(二)对店面出租柜台的管理不够到位

店面柜台究竟是自营好还是出租好,一直是中国零售业争论的一个热点话题,我们暂且不讨论哪种方式更好,但不可否认的是我国很多连锁超市有大量的柜台出租给客户经营,甚至有的企业将店铺全部出租,自己成了名副其实的房东。经营者对企业的整体管理越来越松散,租赁者就像诸侯国一样各自为政,这就不是一个正常现象了。

消费者之所以信赖、选择商场而不去农贸市场购物，正是基于对商场统一管理的认可。而超市方面没有对专柜做好有效的管理，任其发展，也经常有顾客因专柜产品质量低劣等问题进行投诉，商场因此因小失大，使得顾客对商场的印象大打折扣。

（三）物流管理水平较差，物流成本过高

连锁超市要想健康发展，就一定离不开先进的物流管理，而物美连锁超市总体上连锁水平偏低，物流发展速度缓慢，导致了物流成本太高，商品物流成本占销售额的比例在百分之十几甚至更高，补货时间往往需要一星期。而国外大型连锁超市历来重视物流的管理，尤其是沃尔玛，它的低价策略并不仅仅因为其规模大，更重要的是因为其流畅的物流管理。美国经济学家斯通博士在研究后发现：沃尔玛的商品物流成本仅占其销售额的1.3%，而且补货时间仅仅只有5分钟。如此巨大的差距，导致沃尔玛产品的售价比许多中国超市的进价还要低。那么，物美超市想要提高其竞争力，其物流管理控制也是个重要环节。

四、解决物美超市管理中存在问题的对策

（一）提升员工的服务意识和营销理念

首先，连锁超市收银员工的工作不仅仅关系到各个门店营业收入的准确性，同时也是整个连锁企业门店的一项综合管理工作。顾客消费时接触的最多的就是收银员，所以其服务态度和服务质量直接体现了企业形象和管理水平，关系重大。除了收银员外还应该对卖场里的其他一线员工进行有效的岗前培训活动，如促销员、配货员、前台客服等。除了定期对员工进行培训，还应进行效绩考核。培训是为了不断提高员工的自身素质和工作能力，效绩考核是为了使员工能以更积极热情的态度去面对工作，可以学肯德基的管理模式——针对其工作表现评星级员工，采取加工资等奖励激励措施。

其次，对于超市管理人员也应该有更高的要求，不仅自身具备良好的服务意识，而且随着岗位和管理层次的转化，员工应该不断提高自身素质，改善素质结构。为此，企业需加强对管理人员职业生涯计划的跟踪指导，定期或不定期地对其工作进行反馈和评点。同时，还要通过奖励以及合理的晋升体系提高管理者对企业的忠诚度，这样才能使员工尽可能地为企业着想，主动提升服务意识。

最后，要想真正在竞争中立于不败之地，从根本上想方设法留住消费者的心，这是因为企业的一切经营活动最后都要经过消费者的认可来"掏钱兑现"。要尊重消费者合法的权益，要考虑消费者的长远利益，要把商店品牌放到比商品品牌更重要的位置上，以商店品牌带动商品销售，使超市逐步由制造商的销售部转变为消费者的集中采购部。应该坚决依法办事，杜绝对消费者侵权的做法，真正意义上做到"顾客就是上帝"。一切为顾客着想，做好对商品的采购、收货、退换货和调拨等作业的管理，让消费者对购物的商品质量有信心。

（二）加强对店面出租柜台的管理，制定管理制度

确保每个进驻店面的商铺都已取得工商营业执照，对其所销售的商品质量应严格

把关。在商铺摆放位置上应该注意科学、合理地安排空间,在通道上不给顾客进入商场购物时带来阻碍。除了对店铺的合理安排布局外,还应对其制定商场柜台管理制度,内容包括:(1)专柜人员的服务规范,树立热爱本职工作的思想,正确认识工作职责与价值、树立"顾客是父母"的思想和依法经营、维护消费者合法权益的思想。(2)专柜商品质量严格把关,专柜所出售的商品必须出具正规的商品质量安全认证。(3)做好专柜的消防安全等工作,每个专柜必须配备消防安全器材。(4)专柜搞促销活动前必须提前通知卖场方,等到批准后方可实施促销活动。

(三)强化物流管理,推进 JIT 存货管理

虽然 JIT 存货管理在我国企业的推行中遭到了种种困难,但在减少企业存货成本、提高经济效益方面,其成效明显。因此,对于那些规模大、效益好的连锁超市企业,可以尝试建立 JIT 存货管理模型。它不但能够最好地满足用户需要,而且可以极大地消除库存、最大限度地消除浪费,从而极大地降低企业的采购成本和经营成本,提高企业的竞争力。

饮料一直是顾客在超市的主力消费品种,但由于季节原因造成的需求弹性的变化,很难合理地控制库存,超市经常会断货或者库存积压过大,这就需要大卖场推进JIT 存货管理的方法。比如可在与杭州中萃饮料公司建立长期合作关系的基础上,建立战略伙伴关系,由它单源供货。在饮料需求难以掌握的情况下,物美文一店可以随时与中萃下订单,中萃在合适的时间内以小批量、高频率的送货方式供应到合适的地点,以最大限度地满足用户需要,大大降低了仓库饮料库存量,从而改善了超市物流水平,降低了物流成本。

五、结　语

事实证明,物美大卖场完全可以在国际市场上与国外大企业竞争;只有真正做好大卖场的内外管理体系,提升员工的素质,加强营销观念,加强门店内专柜的管理以及改善物流方式,即使现在处于劣势,也有理由相信不久的将来物美超市会成功的。

致　谢:

首先诚挚地感谢企业指导老师夏飞航。夏老师的悉心教导和及时指点,使我在实习期间以及工作当中获益匪浅。老师严谨的治学态度更是我学习的典范。感谢夏老师不厌其烦地指出我研究中的缺失,且总能在我迷惘时为我解惑,也感谢同学的帮助。

本论文的完成亦得感谢论文指导金老师的帮助,本论文才能够更完整而严谨。

参考文献:

[1]张晔清.连锁经营管理原理[M].上海:立信会计出版社,2007.
[2]廖秋敏.零售连锁企业的选址问题分析[J].江西理工大学学报,2007(12):59—61.
[3]侯丽敏、郭毅.商圈理论与零售经营管理[J].中国流通经济,2008(3):25—28.
[4]卢振业.连锁超市的规划与选址研究[J].南京航空航天大学学报.2007(5):14—17.

[5]孙玉梅.关于运输成本的几个问题分析[J].时代经贸 2007(7).

[6]董洪霞.浅析物流成本控制对策与措施[J].商场现代化,2007(9).

[7]李静,张毕西.我国整车物流高成本的原因及对策研究[J].物流技术,2007(8).

[8]陈向理,任君辉.企业降低物流成本的途径[J].管理天地,2007(8).

4.调查研究型论文

现代民营企业秘书工作情况的调查

文秘专业　傅玉琴

指导教师　沈　潜

摘要：随着社会的不断进步,社会分工的不断细化,对秘书工作的要求也不断地提高。其中包括对秘书工作技能的硬件要求和软件要求,具体要求包括会电脑操作,会使用现代化办公设备,能够处理好人际关系,做好待人接物工作等。本文通过对部分民营企业秘书工作情况的调查,从而对学校秘书专业的课程改革、技能培养、实践教学等方面提出建议。

关键词：民营企业;秘书;技能;课程;意见

一、引　言

随着社会的发展,经济的繁荣,对外贸易的往来,各种社会关系的多样化、复杂化,对秘书工作人员的文化素养、社会交际、智谋、口才、写作水平等多方面的综合素质要求也越来越高,对其工作技能也提出了更高的要求。了解和把握这些变化和要求对秘书专业人员的培养是很重要的。

12月8日至12月14日的一星期时间里,我们通过网络向滨海大酒店的工程部秘书、罗纳河酒业秘书、托马斯国际广告有限公司助理等50位秘书工作人员分发了调查问卷共50份,回收有效问卷47份。

在此期间,我们还对温州市武荣阀门有限公司秘书 Mary、托马斯国际广告有限公司助理 Seven,还有罗纳河酒业秘书邵婉仙进行了访问,向他们具体了解现代企业秘书工作技能运用情况,意在对学校秘书专业的课程改革、技能培养、实践教学等方面提出参考意见。与此同时,我们查阅资料文献,包括《秘书学》、《秘书理论与实务》和《秘书技能》等,就秘书工作的发展历史作了详细的了解。

二、当前企业秘书的基本情况

(一)企业秘书的专业和学历结构

21世纪是信息时代、知识经济的时代,社会需要具有综合素质的复合型人才。选专业,学习专业,目的都是为了自己以后能够做自己适合的职业。那么从事秘书工作的人,是否都是毕业于文秘专业呢?为此,我们对包括滨海大酒店的工程部秘书、罗纳河酒业秘书、托马斯国际广告有限公司助理在内的 47 位企业的秘书工作人员进行了问卷调查,结论如图 1 所示。

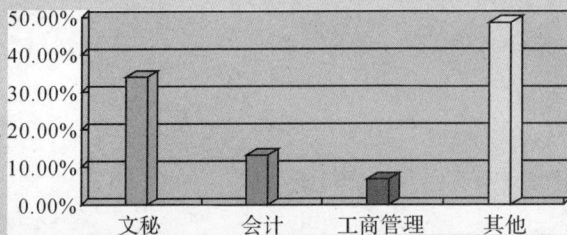

图 1　秘书工作人员的专业分布

从图 1 中我们可以看到,从事文秘工作的人并非都是文秘专业的毕业生,更多的反而是非文秘专业的学生。由此得出,我们文秘专业的毕业生在从事文秘工作并没有明显的优势,原因值得我们思考研究。

另外一方面是学历问题。现如今很多企业招聘人员,首先就是看他的学历,如果学历不能达到公司的要求,那么很抱歉,你没有机会进入我公司。那对于文秘工作来说,各企业会有一个怎么样的学历要求呢?

在我们调查的 47 人中,从事文秘工作的有 53.19％是大专学历,38.30％是高中及以下学历,另外本科和研究生学历各占 4.26％。由此看出,企业对秘书工作者的学历普遍要求是大专学历,这对我们高职院校文秘专业的学生来说是一个很好的消息,说明目前来说,文秘专业的毕业生找对口专业的工作机会还是很大的。不过从另一方面来讲,学校也肩负了更大的压力,需要培育出适合企业需求的人才。

(二)专业技能使用情况

秘书工作对技能要求相对于其他工作而言是比较高的,也许有人会说,秘书相当于打杂的,哪需要什么技能呀? 这种理解是错误的。正因为秘书工作多而杂,所以他需要全面的知识和技能。从企业角度出发,它需要秘书既能撰写文稿,又能处理文书、档案,既会使用电脑,又懂得外语,既能管好内部事务,又善于公关、业务洽谈,开展经营活动。也就是说,秘书人员要有"十八般武艺"。这样,企业就能提高效率、节省开支。在这样一个金融危机的大环境下,企业是非常喜欢全方面复合型人才的。

我们走访了温州市武荣阀门有限公司、托马斯国际广告有限公司、罗纳河酒业等企业,对秘书专业毕业的秘书工作人员进行了访问。从他们那里得知,电脑操作和办公设备使用,是最常用的技能。在应用文写作方面,他们表示,民营企业没有多少文件、文稿要写,也没有多少文书需要处理,会议服务也很少。不过要经常拟写业务往来方面的函电、传真,起草经济合同和协议,还要接待客商,参与业务洽谈,以及广告宣传等。

由此看出,民营企业秘书的工作实务性很强。但是偏偏学校里老师抓的是公文写作,报告、请示、函、批复等,很少接触合同拟定,招标文件拟写等,所以学校在写作这个大方向上的课程要好好地考虑一下。

三、在校专业学习对实际工作的作用

(一)文化基础课和专业必修课对工作的影响

文化基础课是专业必修课的基础,随着当今社会对人才"宽口径、厚基础、复合型"的要求,在学生的培养计划中,基础课程学时数占总学时数的比例大为提高。

1.文化基础课

文化基础课是最为基本的课程,从小学一直到我们学习结束,贯穿整个学习生涯,包括语文、数学、英语、政治、体育、计算机基础等等。在促进专业发展的前提下,应以"实用、够用"为原则制订教学计划,帮助学生更好地学习。和已经是文秘的学姐闲聊中得知,学习文化基础课是非常重要的,比如说语文,语文是基础中的基础,把语文学好了,自然提升了自身的内涵、修养,提高了理解能力。其次是数学,理科好的人,思维一般都是很灵活的,能够灵活处理发生一些突发事件。比如领导在和客户进行电话洽谈,秘书工作者及时记录电话号码、公司地址及注意事项等,免去很多不必要的麻烦。

2.专业必修课

对秘书工作从事者关于学校专业课程设置的意见的调查结果,如图2所示。

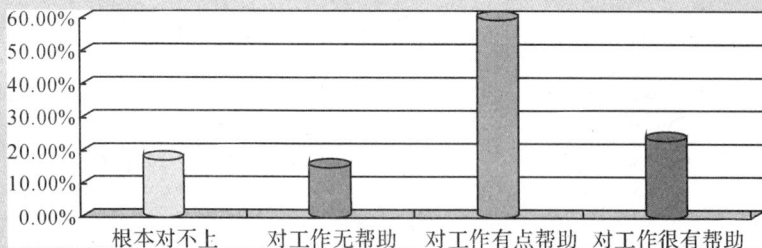

图2　秘书工作从事者对学校专业课程设置的意见

专业必修课对工作的帮助程度的大小,要根据实际的工作内容而定。从调查的数据中我们可以看到,学校在专业课程设置方面应该下苦功。有17.02%的人觉得学校的专业课与自己的专业根本就对不上号,这样的问题学院领导应引起重视。

14.89%的人认为专业课程对工作没有帮助,看到这组数据,学院领导也应该好好研究下,为什么学校课程设置会对学生工作一点帮助也没有,这个值得反思!

59.57%的人认为所学专业课对工作是有点帮助的,不过仅仅是有点帮助而已,为什么是这个局面呢?

只有23.04%的人认为,所学专业课程对工作是有帮助的。

作为一名秘书工作人员必须循序渐进、不断学习,增强和深化知识,建立和完善应具备的知识结构,提高综合素质,以适应秘书工作日益发展这一要求和需要。

(二)实训环节对实际工作的作用

实训是学校给学生提供的一个把理论应用于实践的平台,让学生了解自己的能力,有利于提高学生的实践能力和创新精神,并通过解决在应用过程中遇到的困难和问题来培养学生的应变能力,为今后走上岗打下基础。

调查对象普遍认为实训是很重要的,学校可以延长实训时间,再多一点实践操作及岗位实习。有40.42％的调查对象认为实训周对实际工作是有一些帮助的,27.65％的人认为实训周对日后工作有较大帮助,认为没有帮助的则占总人数的14.89％,说不清是否有帮助的也有17.02％。

(三)职业资格证书对工作的帮助

职业资格证书是表明劳动者具有从事某一职业所必备的学识证明。它是劳动者求职、任职等的资格凭证,也是境外就业、对外劳务合作人员办理技能水平公证的有效证件。

通过对47位秘书工作人员的问卷调查得知,拥有浙江省中级秘书证的占总人数的23.40％,拥有浙江省高级秘书证的占总人数的19.15％,拥有国家职业资格五级证书的占总人数的4.26％,国家职业资格四级的占总人数的2.13％,国家职业资格三级的占总人数的6.38％,国家职业资格二级的占总人数14.89％,没有秘书证的占总人数的53.19％。

从调查结果中我们可以明显看到,没有秘书证书却在从事秘书工作的人员占调查总人数的53.19％。虽然职业资格证书能够证明你有从事某一职业的学识,不过现代企业更需要实际操作能力强的人才,所以学校得重点培训学生实践操作能力。

四、现代企业对秘书的工作技能要求

(一)对秘书工作的普遍要求

随着现代化办公设备代替以前的手工操作,企业对秘书的工作技能要求也发生了变化,最普遍的要求就是秘书工作者会电脑操作,会复印、传真,会接发电子邮件,会查阅网上信息。现代企业秘书必须主动去适应、掌握现代办公技术,提高实际应用水平,做一名技术过硬的新时代企业秘书工作者。

(二)对秘书工作的特殊要求

秘书技能的特殊要求也可以称之为对秘书工作人员提高自身知识内涵、素质修养的要求。

秘书人员首先是加强有关国家法律、法规的学习,特别是与企业生产经营有关的法律法规知识,更要熟悉掌握,例如《公司法》、《产品质量法》、《合同法》等。

秘书人员办理任何事情,都要思维敏捷,认真负责,按照工作程序办文、办会、办事,特别要注重时效。要抢时间、赶速度,争取最快的速度和最好的质量办好每一件事。

此外,秘书还应重视第一印象,学会倾听他人的谈话,学会向他人表达发自内心的赞美,学会保持自然、轻松和愉悦的表情,学会用朴实、亲切和准确的言语表达思想,学会"罔谈彼短,靡恃己长"。

五、对文秘专业课程设置的意见和建议

现代社会是一个迅速发展、竞争激烈、机遇与挑战并存的时代,为了让学生更好地掌握专业技能,毕业后能够找到工作,很快地适应岗位,学校也是殚精竭虑地思考课程的具体设置方案。但是，由于现实工作环境经常发生变化，所以课程设置总会存在一定的不足。对于这点我们要认识到。

经过对秘书人员的调查和访问，我们对学校文秘专业的课程设置提出以下几点建议。

（一）应重视企业应用文的写作训练

在应用文写作方面，现代民营企业要求秘书工作者拟写招标书、合同、协议，不再是传统的公文写作。所以，学院应该结合实际，让学生经常拟写应用文，如合同、招标书等实用性应用文，可以对工作有较大的帮助。

（二）加强办公设备的使用和维护方面的操作练习

在办公软件使用方面，在学习"计算机应用基础"课程的基础上，应进一步学习各种常用办公软件的基本功能和使用方法，掌握常用数据库软件、文稿演示软件、网页制作软件的基本功能和使用方法，让学生熟练操作这些办公软件。

在办公设备使用与维护方面，学习常见办公设备的基本原理，掌握常见设备的操作方法，了解常见设备的安装、保养及排除常见故障的方法，使学生在走上工作岗位后，能够熟练操作。

（三）进一步加强法律和会计方面的课程

学习法律、会计这两门课是相当有必要的，特别是会计，在很多民营企业中，秘书不是全职岗位，而是属于兼职岗位，很多秘书兼任会计。所以，文秘专业的学生应该学习会计这门课，并且考取会计资格证。

（四）开设形体、礼仪课程

秘书在外代表了公司的形象，所以学院应该开设形体课程。通过上形体课、礼仪课，提高学生的身体素质，塑造优美的身体形态和良好的坐、立、走姿态，让学生看起来更有气质。

（五）加强实训

实训课应该走出学院。所以，学院应该加大人力、物力和财力投入，建立文秘专业实训基地。虽然这么做可能会有困难，但在学校里实训，才能更好地反映出学生掌握技能的不足。

我院文秘专业的宗旨是要培养适合本地区经济与社会发展需要，具有较强的公务文书写作能力、熟练使用计算机和其他现代办公设备能力、较强的公关协调和辅助管理能力，能够在基层机关、企事业单位从事文书、秘书工作及其他管理工作的复合型秘书人才。

课程的设置离不开老师的努力，也离不开学生的支持。学院在进行课程设置的时候应该让学生也参与进来，让学生谈谈自己的切身体会，如对课程设置的具体看法，设置中有哪些实质性的建议等等。学生应该与老师共同努力，研究出一套既能适应环境变化，又能符合学院实际情况的课程设置方案，让以后的课程设置更加完善，更加符合时代的发展。

六、结　语

在当今市场经济条件下,要想做一个合格的具备各方面素质的好秘书是很难的,要想使自己在这个职业中长久地生存下去,最终实现个人价值,首先还是要从职业技能开始完善自己!俗话说得好,"只要功夫深,铁杵磨成针",所以我们必须坚定信念,克服困难。记得鲁迅先生曾说过一句话,"世上本来并没有路,走的人多了,也便成了路。"在这里,我想套用一句作为结束:"塑造完美的个人职业形象是困难的,但只要下苦功(外练功夫,内练筋骨),没有什么是做不成的。"

致　谢:

本论文是在我的指导老师沈潜副教授的亲切关怀和悉心指导下完成的。他严肃的科学态度、严谨的治学精神、精益求精的工作作风,深深地感染和激励着我。从课题的选择到项目的最终完成,沈老师都始终给予我细心的指导和不懈的支持。在此谨向沈老师致以诚挚的谢意和崇高的敬意。

参考文献:

[1]吴欢章.秘书技能[M].上海:上海文化出版社,2007.
[2]方国雄,方晓蓉.秘书学[M].北京:高等教育出版社,2003.
[3]黄若茜,陈琼瑶.秘书理论与实务[M].I北京:清华大学出版社,2007.
[4]中国就业培训技术指导中心.秘书国家职业资格四级[M].北京:中央广播电视大学出版社,2006.
[5]饶士奇.公文写作与处理[M].北京:北京线装书局,2002.
[6]方国雄.中外秘书比较[M].长春:吉林大学出版社,2000.
[7]赵中利.现代秘书心理学[M].青岛:青岛出版社,1996.
[8]关于企业秘书工作的探讨.http://www.studa.net.2008-09-30.

第三节　毕业设计

一、基本知识

(一)毕业设计的定义

根据《现代汉语词典》解释,"设计"是指在正式开始某项工作之前,根据一定的目的和要求,预先制定方法、图样等。高职高专的毕业设计是指毕业生在教师的指导下,综合运用所学专业的知识和技能,针对职业岗位中现实的课题(或问题)进行分析研究,制订解决方案,在此基础上写成的具有应用价值的文本。高职高专的毕业设计属于技术应用设计,是以解决问题为目的,十分强调实用性。

(二)毕业设计的特点

毕业设计除了上文所述的应用性、指导性、创新性三个特点外,还具有以下特点。

1.目的性。科技工作者接受设计任务时,首先要考虑此项任务对于经济建设、人们生活将起什么样的作用,将要达到什么目标,这就是设计目的。高职高专的毕业生,在做毕业设计时,也一定要考虑该设计对解决实际工作有什么作用,一切为应用而设计。

2.制约性。具体设计过程会受到各种现实条件的制约。首先,自然科学理论对于违背自然科学规律的设计起着制约的作用。其次,经济规律的制约。对于那些经济效益小于自身成本投入的产品设计、工程设计,经济规律都要将它无情地淘汰。再次,生产制造能力的制约。某项设计构想虽然很好,但是设备材料、技术能力均不具备,这种设计也不能成为现实。因而,不考虑客观现实条件的盲目设计或强行设计,到头来也只是一张废纸。

3.最优性。对于某种产品或某项工程,一般可有多种方法、多种方案,这就要求设计人员多方设想,在众多的方案中选择最优方案。这些最优方案应在技术上较先进,在经济上较节约,是好中选优的结果。

(三)毕业设计的分类

高职高专毕业设计,从性质和功用上划分,主要有以下几个类型,如图 9-2 所示。

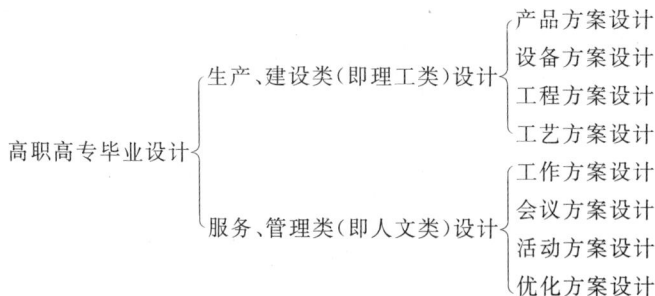

高职高专毕业设计
{
生产、建设类(即理工类)设计
{
产品方案设计
设备方案设计
工程方案设计
工艺方案设计
}
服务、管理类(即人文类)设计
{
工作方案设计
会议方案设计
活动方案设计
优化方案设计
}
}

图 9-2 高职高专毕业设计的分类

1.产品方案设计。产品方案设计可分为产品总体设计、产品单体设计、产品结构设计和产品控制系统设计等。其主要是对某一具体产品的功能、形态、结构等进行开发性设计。这种毕业设计形式一般为生产、建设类专业所采用。如《500W 电动车新型差速减速器械设计》就属于此类型。

2.设备方案设计。设备方案设计可分为设备总体设计、设备单体设计和设备零部件设计等。其主要是对某一具体设备或零部件的规格、形式、传动结构等进行开发性设计。这种毕业设计形式一般为生产、建设类专业所采用。如《手动弹簧按压旋转打蛋器设计》就属于此类型。

3.工程方案设计。工程方案设计可分为土木工程设计、海洋工程设计、农业工程设计、林业工程设计、生物工程设计和网络工程设计等。如土木工程设计又可分为建设工程设计、交通土建工程设计、市政土建工程设计和岩土工程设计等。工程设计一般具有整体性,涉及工程的整体布局,既有开发性,又有实施性。这种毕业设计形式一般为生产、建设类专业所采用。如《浙江工贸职业技术学院办公自动化管理系统设计与制作》就属于此类型。

4.工艺方案设计。工艺方案设计可分为机电产品工艺方案设计、数控加工工艺方案设计、化工产品工艺方案设计和建筑装潢工艺方案设计等。其主要是对产品结构工艺性实施的设计。这种毕业设计形式一般为生产、建设类专业所采用。如《CK香水宣传册制作方案设计》就属于此类型。

5.工作方案设计。工作方案设计是对服务、管理类专业工作情况的具体设计,如营销方案设计、教学方案设计、护理方案设计、旅游线路方案设计、服务方案设计等。其主要是对某一工作的目标、内容、方法、日程安排、费用预算等进行设计。如《驱尘仕产品营销策划书(方案)》就属于此类型。

6.会议方案设计。会议方案设计是对服务、管理类专业工作情况的具体设计,如发展论坛方案设计、年度总结表彰会议方案设计等。其主要是对某一会议的主题、时间地点、会议内容、会议议程、参加人员、组织工作、经费预算等进行设计。如《××市经济技术开发区建设与发展研讨会方案》就属此类型。

7.活动方案设计。活动方案设计是对服务、管理类专业活动情况的具体设计。如迎新活动方案设计、赞助活动方案设计、元旦活动方案设计、文秘大赛活动方案设计等。其主要是对活动背景、活动名称、活动目的、活动主题、时间地点、参加人员、活动内容、活动流程、场地安排、宣传方式、组织分工、筹备计划、经费预算、应急预案、注意事项、有关附件等进行设计。如《滨海市宏运家电有限公司成立二十周年庆典活动方案设计》就属于此类型。

8.优化方案设计。优化方案设计是对服务、管理类专业活动情况的具体设计。如企业会计处理优化方案设计、货币资金管理优化方案设计等。其主要是对方案分析、方案优化等进行设计。如《企业会计处理优化方案设计》就属于此类型。

二、写作要求

(一)选题适度可行

由于受时间、条件的限制,不宜选择过难、过复杂的项目,而且技术上还要较先进,具有可行性。

(二)内容重点突出

要把重点放在自己设计中的独到之处,或者是有所改进,或者是有所创造。

(三)说明详尽准确

要对设计原理、方案选择、参数特征等尽可能地进行详尽准确的说明,以真实地反映自己的实际学业水平。

（四）文面整洁规范

要按规定的格式写作。图纸应当认真绘制，做到整洁，与设计的有关叙述相一致，并符合工程制图的规定要求。

三、格式写法

毕业设计的一般格式是：标题＋署名＋摘要＋关键词＋正文＋致谢＋参考文献＋附录。

（一）标题

标题应简短、明确，有概括性。通过标题能使读者了解毕业设计的内容。如《办公自动化管理系统设计》《滨海市宏运家电有限公司成立二十周年庆典活动方案设计》，读者一看便明白设计的内容。

（二）署名

署名是在设计标题的下面署上作者的姓名。毕业设计有统一封面的，作者的姓名按照规定写在封面的指定位置上。

（三）摘要

摘要是对设计内容的概述，一般不超过 300 字。摘要的具体撰写格式参照毕业论文的撰写要求。

（四）关键词

关键词是反映设计主要内容的单词或术语，一般为 3～8 个词，每个词之后用分号分隔。关键词的具体撰写格式参照毕业论文的撰写要求。

（五）正文

生产、建设类（即理工类）设计的正文一般由引言＋设计任务分析＋方案的初步选定＋方案的详细设计＋总结评价五部分构成。

1.引言。引言即前言，是设计的开头部分，主要写设计的来源与目的意义。高职高专毕业生的设计课题一般要求来自实习岗位需要解决的现实问题，课题的设计应该有利于提高毕业生的职业能力，所以一定要写好这部分内容。如《办公自动化管理系统设计》一文在这一部分主要介绍了办公自动化管理系统对单位的作用和课题的来源。

2.设计任务分析。这里写设计要解决的主要问题，并认定关键问题或难点问题。如《办公自动化管理系统设计》一文在这一部分主要分析的 OA 办公自动化系统的优势和特点。

3.方案的初步选定。这里一般有三种写法，或提出方案设计的大体思路与基本框架,或进行调查分析,或进行多种方案比较并选定相对的最佳方案。如《办公自动化管理系统设计》一文在这一部分采用第一种方法来写,主要介绍了办公自动系统的基本框架,使读者阅读后有个大致了解。

4.方案的详细设计。这部分内容是设计的重点,应按设计内容与过程顺序规范地撰写。如《办公自动化管理系统设计》在这一部分主要介绍了系统结构图、系统分布图、运行环境、系统性能及特点、系统数据库介绍五方面情况,使读者了解了设计的详细内容。

5.总结评价。根据设计的任务要求,结合本设计成果的科学性、创新性、可靠性、实用性、经济性等相关要求,对本方案的优缺点进行如实的总结评价。

另外,服务、管理类(即人文类)设计的正文一般按工作方案设计、会议方案设计、活动方案设计、优化方案设计的正文要求具体安排结构。

(六)致谢

非必写要素,视情况而定。致谢是对指导教师和指导师傅等人公开表示谢意的文字,以示对别人劳动的尊重。

(七)参考文献

有关的参考文献应列八篇及以上。参考文献的具体撰写格式参照毕业论文的写作要求。

(八)附录

这部分是非必需要素,视情况而定。这部分是指生产、建设类毕业设计以收录篇幅较长、格式特殊而又具有相对独立性、确实不方便在设计说明书正文中表述的构成内容,如图纸、试验或观测的详细数据汇总等。生产、建设类毕业设计可以把制作成的实物拍成照片放在这里,以增强可信度。

四、实例文选

1.产品(设备)方案设计

500W 电动车新型差速减速器设计

机械设计与自动化专业　　张　杰

指导教师　　　　　　　　余献坤

摘要:本文是对 500W 电动车新型差速减速器的设计,重点是解决噪声问题,从精度控制、材料选择、零件安装等方面去做好工作。

关键词:电动车;差速减速器;设计

1. 引言

当今社会能源是个严峻的问题。据有关专家计算,到 21 世纪中叶,石油资源将枯竭,假如在此之前还没有新的能源产生的话,那人类就将陷入能源缺乏阶段。为了防止石油资源消耗过快,人类开始研制使用新能源产品。在这样一个特殊时期,电动车产生了。我国从"九五"期间就开始重视并投入大量资金进行电动车研发工作,"十五"期间,又投入 10 亿元来支持电动车前瞻性的技术开发。这使得电动车企业如雨后春笋般冒出来。金华汇隆电子设备有限公司就是一家生产各类电子设备以及电动车的专业生产厂家。它创建于 2002 年,厂区坐落在金华市经济开发区工业园区,占地面积 $24581m^2$,公司现有人员 68 人,各类大专以上人员 32 人,研发人员 16 人。目前公司主要生产各类电动代步车、高尔夫球车、特种电动车等,以及电动车专用的差速减速器、控制器等。2003 年 10 月,HLM42 自动检测分选机被评为省级新产品。2004 年 6 月,HLM-C01 差速减速器又被评为省级新产品。汇隆电子设备有限公司最近将开发 500W 的新型电动车,由此对有转向系统差速减速器的性能提出了更高的要求。

2. 设计任务分析

本设计任务是"500W 电动车差速减速器的设计"。由于电动代步车一般供老年人或残疾人使用,或者是在旅游景点使用,因此它必须具有以下特点:①体积小巧;②重量轻;③使用安全方便;④无污染;⑤噪声低。其中噪声问题尤为突出。目前可参照的产品是从英联邦国家进口的同类产品,试用证明该产品的噪声较低。

3. 方案的初步选定

参照同类进口产品的结构,我们初步选定 500W 电动车差速减速器的齿轮系统为行星齿轮系。该齿轮系由一个斜齿轮与齿轮轴啮合,来传递电机的动力,导致斜齿轮旋转。由于斜齿轮上装有两个锥齿轮(固定在斜齿上),利用这两个齿轮与固定在轴上的齿轮进行啮合,达到传递动力的效果。这种设计可以产生一个差速的效果,也可以把两个转动合成一个转动,或者是把一个转动分成两个转动。由于选用锥齿轮传动,所以传动平稳。

设计中最重要的是控制尺寸和位置的精度,给定适当的公差。如果设计给定的公差不合理,将导致噪声增大、机器松动或者是给安装维修带来一定的困难。另外,为了保证壳体在装配时和齿轮的配合,我们将控制壳体上两孔的平行度公差值。

对于一些配合公差,我们将在允许范围内尽量采用较高的精度,这样可以提高产品的质量,从而降低噪音产生的概率。

影响噪音的不只是精度一个方面,还有很多因素,其中材料的选择和产品的装配工艺也是很重要的环节。在材料方面除了一些大件用传统的材料外,一些小零件我们尽量采用一些有减振效果的产品(橡胶件、毛毡垫、弹性元件等)。

在本次产品设计中我们将经过多次的对比实验来发现影响噪音的因素,并进行适当的设计改进,从而生产出符合低噪音要求的产品。

4.方案的详细设计

4.1 设计参数的确定

本课题"500W 电动车新型差速减速器的设计"是在类似差速器基础上进行的设计改进,但是由于没有原始设计稿,只有类似的基础样机,所以只能通过对同类产品进行参数及性能测定来初步确定设计参数。结合产品的设计任务要求和国家标准,选定下面的一组数据作为设计的基础资料。

表 1　差速减速器设计参数

电机额定功率	798W
电机最大功率	1941W
速比	约 20∶1
电机噪音	≤65dB
输出扭矩	30～90Nm
差速器外形尺寸	605mm×156mm×191.5mm
互换性	大多零件应与 HLM-C01 实现互换
总体要求	低噪音、高功效、低损耗,速比范围大,适配性好,安装位置多种多样,应用灵活,易于维护,体积小

根据基础资料和通常的设计方法,我们初定差速器的结构图(图略)。

利用齿轮轴带动斜齿轮运转,继而带动装在斜齿轮上的两个锥齿轮转动,接着通过四个锥齿轮的相互啮合带动轴的转动,由于前面两个锥齿轮既可以随斜齿轮转动,又可以自转,所以就能使两边的轴具有不同的速度,这样就产生了差速的效果。之所以选择锥齿轮做差动结构,是因为锥齿轮的传动平稳性好。

4.2 齿轮参数的确定(略)

4.3 用 Solid Edge 和 Auto CAD 进行零件的三维造型和二维工程设计

根据以上设计的参数,运用 Solid Edge 软件进行零件的三维造型设计图(图略)。运用 Solid Edge 软件工程图设计环境绘制各零件的二维图,并转化为 Auto CAD 二维图进行修改,得到二维工程图(图略)。

4.4 影响噪音因素的控制

4.4.1 精度控制

精度与噪声有着密切的关系,尤其是关键零件的精度直接影响到设备的性能以及噪声。

(1)螺伞齿轮轴

螺伞齿轮轴是作为整个传动的动力输出结构,带动斜齿轮转动,其精度将直接影响到动力输入的均匀性、传动平稳性等,因此我们要严格控制其精度。

根据以往的设计经验,为了配合紧凑,与轴承配合部位的尺寸精度控制在 0.01～0.02mm,并严格控制圆度误差,因为圆度误差将会使传动偏心,从而造成传动不平稳,产生噪音,在与斜齿轮啮合的时候甚至会出现咬齿,这将降低齿轮使用寿命。在长度方面,严格控制重要部位的尺寸精度,如挡圈到轴承端盖的尺寸,为了保证其间隙,我们把精度控制在±0.05mm,再查机械手册确定卡槽的公差。

(2)斜齿轮

斜齿轮负责传递动力,也是差速减速器中体积最大的零件,要严格控制它的某些尺寸公差、位置和表面粗糙度。如中心孔与轴配合的∅20mm孔,还有安装锥齿轮部位的配合尺寸都应该严格控制其公差。另外,齿轮两端面的平行度公差,中心孔、减振孔等孔的轴线之间平行度公差,以及这些孔的轴线与齿轮端面的垂直度公差等形位公差要严格控制。配合部位的表面粗糙度也是一个不可忽视的项目,要加以控制,因为配合部位的表面粗糙度不适合会造成配合的不稳定性。对间隙配合来说,表面越粗糙就越容易磨损,使工作过程中实际间隙逐渐增大;对过盈配合来说,由于装配时将微观凸峰挤平产生塑性变形,减小了实际有效过盈量,将降低联结强度。

(3)锥齿轮

锥齿轮与销连接的配合部位以及锥齿轮与连接块的配合部位,要严格控制它们的配合精度。锥齿轮的厚度偏差也必须严格控制,以保证锥齿轮的正常转动。对于形位公差,主要是控制中心孔轴线相对于端面的垂直度公差,以及齿圈的径向圆跳动公差和齿轮两端面的平行度公差。

(4)壳体

壳体在整个结构中的作用是保证各零部件的相对位置和良好的外观,由于壳体采用铝合金压铸成型,其外观可以由铸型型腔的粗糙度来保证。而内部结构就要通过严格控制加工精度来保证,阶梯孔∅35和∅42是装配轴承的,而轴承是标准件,根据轴承的精度来确定孔的公差在0.02mm之内,以提高结构的紧凑度。

壳体上所有阶梯孔都要有很好的同轴性,各平行孔的轴线应控制平行度误差,同时,要严格控制壳体端面的平面度和各孔轴线的垂直度误差,防止因偏心而造成齿轮传动噪音或传动不顺畅。

(5)轴类零件

对于轴类零件主要考虑到和轴承配合部位的公差,控制在0.02mm之内。另外,对轴的径向圆跳动公差以及键槽位置的精度也要加以控制。

4.4.2 材料的选择

齿轮材料:考虑到粉末冶金的零件本身具有自润滑作用,可以降低传动的噪音,提高传动平稳性,因此斜齿轮和锥齿轮均采用粉末冶金件,通过加工处理来提高表面精度。

壳体材料:铝合金切削加工性好,重量轻。壳体用铝合金直接压铸成型,然后进行精加工,但对压铸件的砂孔要严格控制。

轴的材料:目前大多采用40Cr作为轴类零件的材料。通过适当的热处理,使轴的性能达到设计要求。而对螺旋齿轮轴,因为要求有很高的强度,一般采用30CrMnSi。

对于密封圈、橡胶垫等标准件要选用具有吸振、减震的材料,以降低噪音。

4.4.3　零件的安装

安装对于设备的正常运行有很大的影响,合理的安装工艺和合适的安装设备(工装夹具)能保证安装顺利,产品性能优良。根据产品的结构和设计过程,把整个设备分为几个部分安装:短外壳安装、长外壳安装、齿轮轴安装,最后总装。这样,可以使安装更明确、方便。

4.5　调试与改进

考虑到设计加工的零件与基础样机上的零件有些差别,需要经过啮合试用运行,才能确定设计的零件参数是否能满足产品的性能要求。为此,对加工出来的零件将进行对比试验,从中发现问题,然后对其进行改进。

通过基础样机上的斜齿轮与设计加工的齿轮轴啮合试验,发现这批齿轮轴和原装的斜齿轮啮合不是很顺畅,并伴有周期性的摩擦声。经过测试发现齿轮轴销孔的轴线与齿轮轴的轴线垂直度未达到要求,导致齿轮安装上去后产生偏心,从而导致周期性的噪音产生。经过改进加工,消除缺陷,使齿轮轴满足技术要求。

然后,以试验结果符合技术要求的齿轮轴作为新标件,把设计生产的斜齿轮与齿轮轴配合进行测试,主要是测试斜齿轮与齿轮轴的啮合效果,针对试验中出现的问题进行设计或加工。

零部件测试完毕后,再依次对壳体上孔的平行度、轴的圆度及各轴段的同轴度进行检测,根据发现的问题,进行相应的改进,使各零部件都达到技术要求。

设计生产的零部件试验都符合要求后,还要选配与这些零件相配套的标准件和橡胶件。根据各标准件、橡胶件与设计加工的零部件配合后所表现出的性能特点,选择最优匹配的标准件和橡胶件,使减速器的性能达到最优。

表 2　差速减速器零件明细表

HLM—C01A　500W零件清单　　　　　　　　　　　　　　　No.

序号	零件号	物料清单号	名称	材料	数量	标准	备注
1	C01-001	HLM-C01-0001	500W 电机		1		
2	C01-002	HLM-C01-1001	电机止口	45	1		
3	C01-003	HLM-C01-04004	弹性圆柱销 5×24		2	CN-879-86	
4	C01-004	HLM-C01-1801	电机联轴器	优质塑料	1		
5	C01-005	HLM-C01-08003	轴承挡圈∅15		1	G202Z	
6	C01-006	HLM-C01-02001	壳体密封圈		1	GB/T894.115	
7	C01-007	HLM-C01-1201	螺伴齿轮轴	优质石棉	1		
8	C01-008	HLM-C01-0401	轴承608	40Cr	1		

续表

序号	零件号	物料清单号	名称	材料	数量	标准	备注
9	C01-009	HLM-C01-08005	波形弹簧垫片14.7		1	608Z	
10	C01-010	HLM-C01-02003	短外壳		1	GB/T955—1987	
11	C01-011	HLM-C01-0101	普通平键5×35	铝合金	1		
12	C01-012	HLM-C01-05001	短轴		2	GB/T1096—1997	
13	C01-013	HLM-C01-0402	器件轴用挡圈∅19	40Cr	1		
14	C01-014	HLM-C01-02004	铁壳油封O型圈		2		
15	C01-015	HLM-C01-12002	橡胶套		2		
16	C01-016	HLM-C01-12003	滚针轴承2020		2		
17	C01-017	HLM-C01-1401	骨架油封FB-20-35-7	优质橡胶	2		
18	C01-018	HLM-C01-08006	轴承6004		2	HK2020〔RNF〕	
19	C01-019	HLM-C01-12004	6004用垫片		2	GB13871—92	
20	C01-020	HLM-C01-08007			2	6004Z	
21	C01-021	HLM-C01-1402		45	2		
22	C01-022	HLM-C01-1002	连接销6.6×29	45	2		
23	C01-023	HLM-C01-0301	锥齿轮N172				
24	C01-024	HLM-C01-0302	斜齿轮				
25	C01-025	HLM-C01-1003	连接块				
26	C01-026	HLM-C01-04005	定位销5×16				
27	C01-027	HLM-C01-01004	螺钉M6×20				
28	C01-028	HLM-C01-0102	长外壳				
29	C01-029	HLM-C01-0403	长轴				
30	C01-030	HLM-C01-01005	内六角头螺钉M6×60				

表3　差速减速器零件图清单(受篇幅限制零件图略)

零件图清单			
序号	名称	图号	备注
1	电机联轴器	HLM-CO1A-002	
2	壳体密封圈	HLM-CO1A-003	
3	短外壳	HLM-CO1A-006	
4	短轴	HLM-CO1A-007	
5	铁壳油封	HLM-CO1A-009	
6	铁壳油封 O 型圈	HLM-CO1A-010	
7	橡胶套	HLM-CO1A-011	
8	连接销 6.6×29	HLM-CO1A-013	
9	锥齿轮	HLM-CO1A-014	
10	斜齿轮	HLM-CO1A-015	
11	连接块	HLM-CO1A-016	
12	带垫螺钉 M6×20	HLM-CO1A-017	
13	装配图		

5.总结评价

按照本设计要求设计的 500W 电动车新型差速减速器具有体积小、重量轻、无污染、噪音低的优点,在国内同类产品中走在前列。

致　谢:

余献坤老师在我完成毕业设计过程中给予的悉心指导,深表谢意。

参考文献:

[1]孟少农.机械加工工艺手册[M].北京:机械工业出版社,1988.

[2]王志海.热加工工艺基础[M].武汉:武汉工业大学出版社,1996.

[3]王国凡.材料成型与失效[M].北京:化学工业出版社,2002.

2. 工程(工艺)方案设计

浙江工贸职业技术学院
办公自动化管理系统设计和制作

计算机技术与应用专业　　方嵩松

指导教师　　　　　　　　张俊平

摘要：本文介绍了在 Internet/Intranet 环境下利用 Windows NT/2000 Server 下的 ASP 技术、COM＋、SQL2000 数据库技术，设计一套网络办公系统(OA)的实现方案和技术分析，具体介绍了实现整个系统的模块和数据库、系统组成、网页设计以及代码编写。

关键词：网络办公；ASP 技术；数据库

1. 引言

21 世纪是信息高速发展的时代，也是讲求团队合作的时代，信息的及时交流非常重要，这使得现代办公在技术及概念上都发生了革命性的变化，电脑化、数码化技术及多元化功能在现代办公领域得到越来越多的运用。随着入世后国内各行业的迅猛发展，办公自动化、网络化肯定将得到更广泛的普及和应用。面对知识经济时代的更新要求及理念，改善工作流程，减少工作群组间的隔膜，建立一个网络化的办公室，对于一些单位及企业来讲显得日益紧迫。同时浙江工贸职业技术学院校园网的组建和实施，使得学院 OA 办公自动化管理系统的实施也具备了条件。

2. 设计任务分析

随着政府机关与广大企事业单位内部网站的广泛建立，基于浏览器方式的办公自动化系统，已成为众多用户的共同需求。浙江工贸职业技术学院 OA 办公自动化系统是完全基于 Internet 或 Intranet 环境开发而成，以网络为核心，采用全球流行的 B/S 构架。服务器成功安装 OA 办公自动化系统后，在同一网络内，可以使任何一位具有系统权限的用户方便简单地通过浏览器实现文件信息的综合管理，实现多用户环境下的无纸化办公。同时，系统还具有网络环境下信息互动、资源共享、零距离、客户要求低等众多优势。并且技术上的一致性、接口的开放性，使 OA 办公自动管理系统能够很好地与其他系统相结合，快速有效地升级和维护，保护已有投资并为政府部门及企业的信息化、网络化建设提供广阔的发展空间。

3. 方案的初步选定

本系统客户端采用 IE 浏览器方式进行工作，只要用户机器装有 Windows 98 以上系列 Windows 操作系统就可用其捆绑的 IE 进行工作。

系统的设计考虑到实际办公的需要，结构如下：

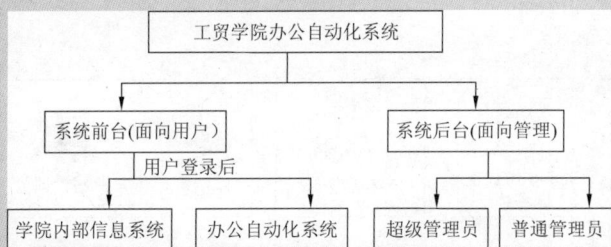

本系统主要分为两大功能模块：即系统前台（面向用户）和系统后台（面向系统管理员），作为本系统的一名用户，只要掌握前台操作即可，而后台主要任务是对本系统的日常维护、管理,如建立用户、分配用户权限、增加系统信息栏目、删除系统冗余信息、系统安全维护等。

系统后台(面向系统管理员)

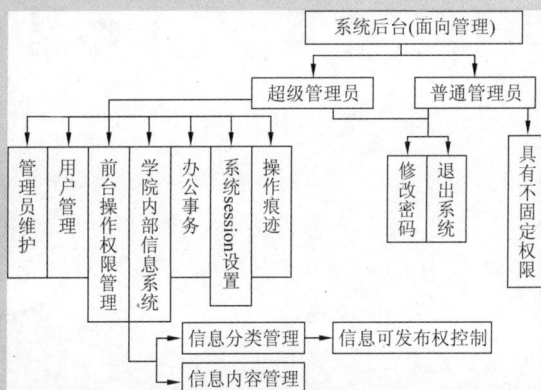

4. 方案的详细设计

4.1　系统结构图

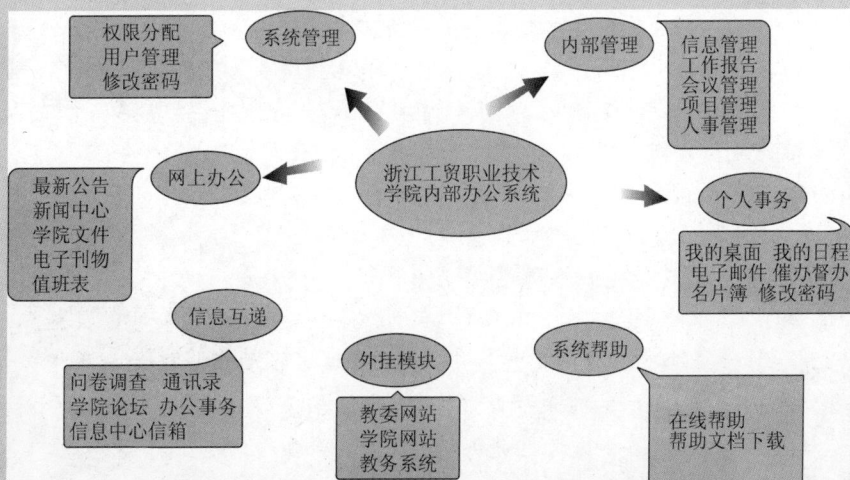

4.2 系统分布图

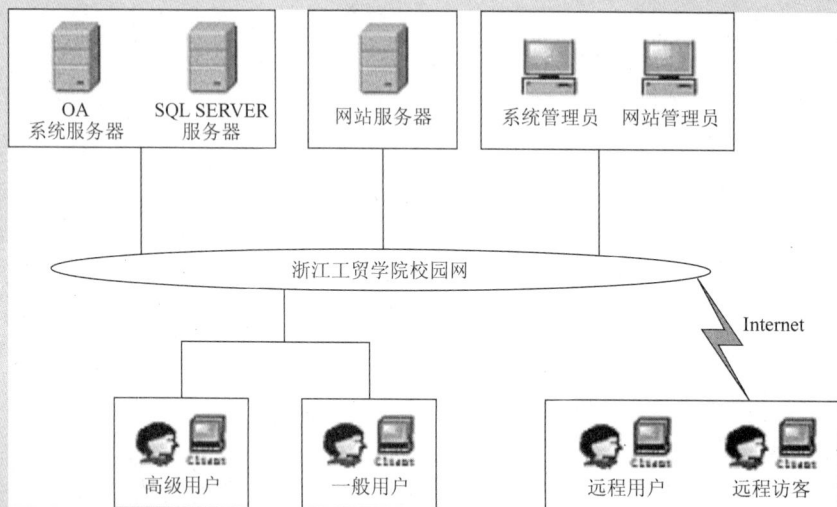

4.3 运行环境

一个完整的网络办公系统的运行环境应该包括硬件环境和软件环境两个部分。硬件环境需要一台专用服务器,用于安装系统,装有网卡或者 MODEM 的 PC,需要有一个 IP 地址。软件环境为 Windows NT Server 4.0(IIS4/SP6)/ Windows 2000(IIS5/sp3),SQL Server 7.0/2000.采用 ASP(Active Server Page)技术和 SQL7.0/2000 数据库。

4.4 系统性能及特点

4.4.1 三重管理

在系统建设的全过程中,以满足浙江工贸职业技术学院校园网的各项实际教育工作需要为最终目的,以计算机高新技术的系统集成为手段,以安全保密为原则,以规范化、标准化的有关条例为依据,以文件的运行规律为导向,以文件、档案信息一体化管理为主线,构成了一个与学院传统文件、人事档案管理工作并存,外延基本吻合,内涵有所扩展,相互融合又相对独立、完整的电子文件、校园网信息管理系统,实现了对文件、人事档案纸质载体、特殊载体及其内容信息的三重管理和利用。

4.4.2 人性化管理

本系统采用了虚拟实际工作岗位的设计思想,系统设置了学院各级领导、信息中心、各个系办公室和学院普通用户等角色,角色和用户的对应关系可以灵活调整。以信息中心角色作为整个公文流转的控制中心,采用设置自动审批路径和手控审批路径两种工作流程的方式,即时监控最新信息的处理流程,并可以根据需要任意调整两种工作方式的互相转换,完全避免信息中断、流程修改等事件的发生。

4.4.3 完善的保密系统

合理、安全、功能强大的用户管理,通过严密的权限控制,杜绝非法访问;所有操作详细记录,具体安全设置涉及用户的每一步操作;用验证、存取控制、字段级加密和电子签名等多级安全措施,保证学院内部信息在传送、审批和存档时的安全性、保密性、数据的完整性及完全性;对一些必要的文件进行了加密。

4.4.4 稳定的运行状态

通用的数据接口、标准的开发技术,重要功能进行组件封装,普通客户端无须任何安装,大型后台数据及成熟的服务器端软件库保证了系统的安全、高效、稳定的运行。

4.4.5 强大的系统功能

该办公自动化管理系统分为 7 大类,共 30 多个子模块。从网上办公、个人事务、内部管理到网络资源的信息互递等等,利用网络技术的强大优势融合了政府部门或企业日常办公的几乎所有事务。

实现了关系型数据、文本文件、静态图像(黑白、彩色)和录音、录像等多媒体文件、档案信息的一体化管理;提供各类信息的交互查询、模糊查询及全文检索,使各级领导、教职员工等均可以在任何地方、任何时间对浙江工贸职业技术学院的最新动态进行即时掌握、快速获取。

4.4.6 先进的开发技术

系统采用 B/S 架构,实现对 Internet/Intranet 及多用户的全面支持;模块化的开发方式、强大的组件功能、标准的开发模式、流行的开发语言为系统的性能提供了可靠的保证。通用性强,可以适用于不同的部门。

4.4.7 高效的工作方式

充分利用网络的优势,最大限度开发网络资源,实现浙江工贸职业技术学院内部信息的快速传递和资源共享。先进的督办系统,时刻监督工作的处理状态,极大地推动浙江工贸职业技术学院工作效率和工作质量的提高。实现了对文件的全部信息在制作期、现行期和暂存期中的运行情况进行一体化统筹监控和管理,全面提高管理水平。

4.4.8 无限的扩展空间、数据库性能优秀

采用 ASP、COM＋、JavaScript、SQL SERVER 等标准开发技术,提供全面详尽的开发接口,能方便、快捷地实现系统扩充。系统采用 SQL2000 数据库是一种高性能的关系型数据库管理系统,采用安全账号认证控制用户对服务器的连接,使用数据库用户和角色等限制用户对数据库的访问。同时 SQL 在处理多用户同时连接方面具有更佳表现,可以应付较大的用户数。

4.4.9 无师自通、使用简单

简洁美观的操作界面,傻瓜式的操作方式,一看就懂、一用就会,详尽的使用手册、完善的在线帮助,使您能在短时间内掌握系统的操作。

4.4.10 维护方便、升级迅速、易于管理

能够方便地实现远程升级及维护,定期提供软件升级包,升级方法简便快捷,只需对服务器进行升级一次,所有用户即可使用最新版本。系统易于管理,除了严密的权限

鉴别外,还有多种有效的管理措施:超级管理员可以直接通过 WEB 方式对系统进行管理,添加删除拥护信息和工作信息等。

4.5 系统数据库介绍

本系统数据库采用 SQL2000 关系型数据库。系统的后台数据库支持当今主流的大型关系数据库,并提供数据的备份与恢复功能,数据安全性好,不会出现网络堵塞现象。

4.5.1 完全支持 XML,从浏览器下输入一个 URL 地址,即可直接访问数据库,而返回结果可以是一个 XML 文档。通过指定样式模板参数,可在浏览器中输出丰富的页面。另外,还支持基于 XML 的插入、删除、修改等数据库更新操作。

4.5.2 使用联合服务器来取代通常的集群服务器,各 SQL2000 数据库能被分散在一组独立的数据库服务器上,以支持大规模的 Web 站点的访问需求和企业级的数据处理系统。集群任务交给了 Windows2000,由 Windows2000 来平衡各服务器之间的负载。

4.5.3 引进了定点恢复功能,在事务处理日志中使用了名字作为标记,从而可以精确地恢复数据。

4.5.4 使用 Windows2000 的 Kerberos 来支持客户机和服务器之间完整的相互认证,这就像在计算机之间传递安全证书一样。

5.总结评价

该系统是我的毕业设计作品,在做这个系统的过程遇到了非常多的问题,因为整个系统一个人开发,工作量很大,几乎什么都要知道,网页设计没有大的问题,虽然大部分采用了 ASP 技术,其中图片和附件的上传采用了 PHP 的无组件上传技术,对一些必要的代码进行了编码,涉及安全的用 ASP2DLL 进行了代码封装,还有 SQL2000 到 SQL7 的数据库转换工作。前段时间为了求真园网站的新版花费了不少时间,所以整个系统完善阶段开展得比较缓慢,现在正投入测试使用阶段,不久就可以完成。设计完成后,并在此基础上为母校真正实现办公自动化。

致 谢:

衷心感谢张俊平老师对我毕业设计的精心指导,也衷心感谢母校三年来对我的教育。

参考文献:

[1]肖金秀.ASP 网络编程技术[M].北京:清华大学出版社,2001.

[2]余晨,李文炬.SQL 2000[M].北京:清华大学出版社,2001.

[3]王承君.Web 数据库技术应用[M].北京:中国水利水电出版社,2005.

[4]刘淳.数据库系统原理与应用[M].北京:中国水利水电出版社,2005.

[5]吕伟臣,周涛.Delphi 7.0 项目开发实践[M].北京:科学出版社,2005.

[6]何扬名.勤工助学系统开发与实现[J].科技广场,2006(6).

[7]刘伟.信息管理系统开发导航[M].北京:人民邮电出版社,2006.

[8]赛奎春.数据库开发实例解析[M].北京:科学出版社,2007.

3.工作方案设计

见本书第262页《驱尘仕产品营销策划书》。

4.会议方案设计

见本书133页《××市经济技术开发区建设与发展研讨会方案》。

5.活动方案设计

滨海市宏运家电有限公司成立二十周年庆典活动方案设计

文秘专业 刘奕帅

指导教师 包锦阳

摘要:本文是对滨海市宏运家电有限公司成立二十周年庆典活动进行方案设计,重点是对活动内容、活动流程、组织分工、筹备计划等进行合理安排。

关键词:宏运家电;庆典活动;方案设计

一、活动背景

滨海市宏运家电有限公司自1996年成立以来,已走过二十个年头。二十年风雨历程,二十年艰苦奋斗,成就了宏运今天的辉煌。在公司成立二十周年之际,为了宣传和提升公司的形象,展现公司的企业文化内涵,打响公司品牌,经研究决定举行公司成立二十周年庆典活动。为了确保活动的顺利进行,特制定本方案。

二、活动名称

滨海市宏运家电有限公司成立二十周年庆典活动。

三、活动目的

1.热烈庆祝公司成立二十周年;

2.感谢一直关心和支持公司发展的社会各界人士,感谢为公司默默奉献的全体员工;

3.通过活动的开展,起到宣传的作用,从而提升公司的知名度、影响力和竞争力;

4.将全面展示公司的企业文化,表彰先进,增加员工的归属感和成就感;

5.回顾公司二十年的发展历程,并展望未来,促进公司更好更快发展。

四、活动主题

凝心聚力二十载携手共创新辉煌。

五、时间地点

1.时间:2014年12月28日14:00—18:30;

2. 地点:滨海市××大酒店一号会议厅(滨海市××路××号);

六、参加人员

1. 滨海市有关市领导、有关单位领导;

2. 公司各中层领导、优秀员工代表;

3. 本行业有关同仁;

4. 知名企业家代表;

5. 媒体记者。

总计约 300 人。

七、活动内容

1. 回顾 20 年创业历程,展望未来发展方向;

2. 表彰先进集体和先进个人;

3. 宴请答谢社会各界。

八、活动流程

时间		内容	地点	联系人	联系方式	备注
12月28日	13:00—13:40	1. 工作人员检查会场 2. 准备接待领导嘉宾	滨海市××酒店一号会议厅	×××	××××××××	
	13:40—14:00	签到	滨海市××酒店一号会议厅	×××	××××××××	
	14:00—14:20	播放公司宣传片	滨海市××酒店一号会议厅	×××	××××××××	
	14:20—14:30	主持人开场,宣布活动正式开始	滨海市××酒店一号会议厅	×××	××××××××	
	14:30—15:00	总经理讲话	滨海市××酒店一号会议厅	×××	××××××××	
	15:00—15:20	优秀员工代表讲话	滨海市××酒店一号会议厅	×××	××××××××	
	15:20—15:40	市领导讲话	滨海市××酒店一号会议厅	×××	××××××××	
	15:40—16:00	企业家代表讲话	滨海市××酒店一号会议厅	×××	××××××××	
	16:00—16:30	表彰先进集体和先进个人	滨海市××酒店一号会议厅	×××	××××××××	
	16:30—17:00	董事长讲话	滨海市××酒店一号会议厅	×××	××××××××	
	17:00—18:30	晚宴	滨海市××酒店宴会厅	×××	××××××××	

九、场地安排

(一)文字说明

1.外围区

(1)酒店外摆放指示牌,指明停车场方向会议厅场地;

(2)酒店门口设置充气拱门,电子屏幕上显示欢迎标语:"热烈欢迎各位领导、嘉宾莅临指导";

(3)通往会议厅的主干道设置指示牌,指引领导、嘉宾入场;

(4)酒店楼梯和电梯出口通往主会场的通道铺设红地毯。

2.签到区

(1)酒店大厅靠近门口处设置签到台;

(2)在签到台上摆放"嘉宾签到处"的指示牌,签到台后面摆放公司宣传屏风;

(3)安排4名礼仪小姐为来宾佩戴礼花,发放宣传资料、礼品等。

3.主席台

(1)主席台上、通往主席台的主干道、主席台两侧台阶上分别铺设红地毯;

(2)主席台上背景屏幕显示:"滨海市宏远家电有限公司成立二十周年庆典";

(3)主席台前方摆设盆栽、花束;

(4)主席台右前方设置发言席,并摆上花束和麦克风。

4.嘉宾席

(1)主席台前方区域划分嘉宾座位图,并放上指示牌;

(2)嘉宾席中间位置为照相机位。

(二)场地布置图

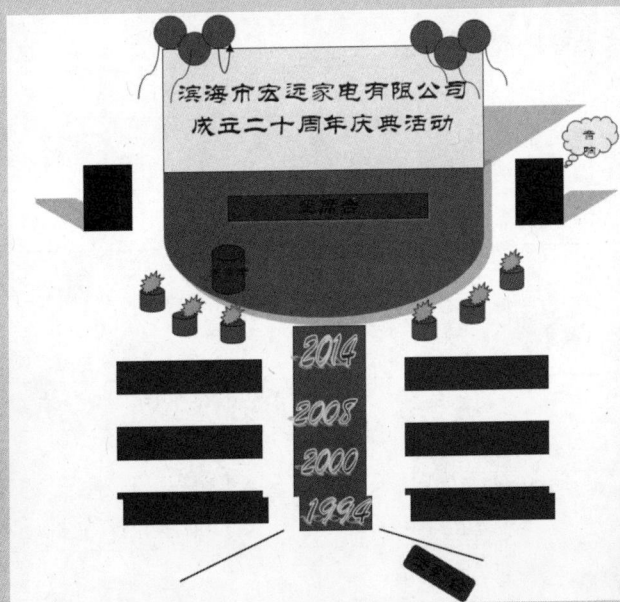

十、宣传方式

(一)媒体宣传

1.在滨海电视台播放公司广告并宣传报道此活动;

2.在滨海日报、滨海商报等报纸杂志上进行版面宣传;

3.通过滨海广播等形式加大宣传力度。

(二)网络宣传

1.通过滨海市新闻网、本行业专业网站、公司官网等进行宣传;

2.通过微博、微信、QQ等方式宣传报道本活动。

(三)资料宣传

1.制作公司发展、产品推介等资料进行展板和传单进行宣传;

2.制作横幅,悬挂于主会场,从而营造气氛,加强宣传;

3.可以制作大型喷绘、户外广告进行宣传。

十一、组织分工

成立滨海市宏运家电有限公司成立二十周年庆典活动领导小组。×××为领导小组组长,×××、×××为领导小组副组长,×××、×××、×××、×××为领导小组成员。领导小组下设各工作小组,具体分工如下。

(一)秘书组

组长:×××　组员:×××、×××

具体项目	具体任务	负责人	联系方式	备注
文稿撰写	负责活动的讲话稿、主持稿,起草会议通知	×××	××××××××	
请柬制作	负责制作请柬80份并呈送	×××	××××××××	
证件制作	负责制作工作证、嘉宾证	×××	××××××××	
名签制作	负责制作领导、嘉宾的名签并及时摆放到位	×××	××××××××	
资料收集	负责活动的前、中、后的资料收集	×××	××××××××	

(二)会务组

组长:×××　组员:×××、×××、×××

具体项目	具体任务	负责人	联系方式	备注
活动现场布置	负责设计会场,并布置会场	×××	××××××××	
舞台布置	负责舞台上铺设红地毯、主席台横幅的悬挂等	×××	××××××××	
协调	负责协调工作人员,使庆典活动有序进行	×××	××××××××	

续表

具体项目	具体任务	负责人	联系方式	备注
主持人	负责庆典活动的主持工作	×××	×××××××××	
外联	负责联系外部的人员	×××	×××××××××	
指示牌	制作好 10 个指示牌分别摆放在酒店门口、主干道、楼梯口等地	×××	×××××××××	
座位安排	合理安排领导、嘉宾的座位	×××	×××××××××	
设备问题	负责庆典活动现场的话筒、音响设备	×××	×××××××××	
鲜花摆放	负责会场的鲜花摆放	×××	×××××××××	
短信通知	在庆典活动开始两天之前短信通知活动的注意事项	×××	×××××××××	

(三)宣传组
组长:×××　组员:×××、×××、×××

具体项目	具体任务	负责人	联系方式	备注
文稿撰写	负责庆典活动的新闻稿撰写	×××	×××××××××	
资料宣传	制作企业宣传册、企业 LOGO、幻灯片、宣传片等	×××	×××××××××	
广告宣传	及时联系新闻媒体、报社对公司庆典活动进行报道	×××	×××××××××	
音乐准备	负责庆典活动的音乐准备和各个环节的播放	×××	×××××××××	
摄影摄像	邀请摄影师	×××	×××××××××	
横幅	制作横幅 20 条	×××	×××××××××	
拱门	制作拱门 2 个	×××	×××××××××	

(四)接待组
组长:×××　组员:×××、×××、×××

具体项目	具体任务	负责人	联系方式	备注
领导接待	负责派专人接送领导、嘉宾	×××	×××××××××	
纪念品	负责纪念品的挑选和分发	×××	×××××××××	
礼仪人员安排	安排 10 名礼仪人员:酒店门口 2 名负责迎宾;楼梯口 2 名负责引导;签到区 2 名负责签到;庆典活动现场 4 名负责会场服务工作	×××	×××××××××	
签到	准备 5 支签到笔和 4 张签到表	×××	×××××××××	

（五）后勤组

组长：×××　组员：×××、×××

具体项目	具体任务	负责人	联系方式	备注
礼炮	负责购买礼炮	×××	××××××××	
物品的购买	负责购买矿泉水、鲜花等	×××	××××××××	
物品的租赁	负责租赁场地等	×××	××××××××	
车辆安排	负责安排接待领导、嘉宾的专用车	×××	××××××××	
停车场安排	负责合理划分停车场停车区域	×××	××××××××	

（六）保卫组

组长：×××　组员：×××、×××、×××

具体项目	具体任务	负责人	联系方式	备注
安全检查	负责在庆典活动开始之前检查现场的消防措施等	×××	××××××××	
庆典活动保卫	负责保障庆典活动主干道的通畅和活动现场的保卫工作	×××	××××××××	
外围区保卫	负责停车场的车辆合理摆放和车辆安全等	×××	××××××××	
疏散引导	出现紧急情况及时进行引导疏散	×××	××××××××	

（七）经费组

组长：×××　组员：×××、×××

具体项目	具体任务	负责人	联系方式	备注
经费预算	负责庆典活动的经费预算	×××	××××××××	
经费管理	负责庆典活动的经费管理	×××	××××××××	

十二、筹备计划

序号	具体内容	负责组	负责人	完成时间	备注
1	完成庆典活动的策划书	秘书组	×××	12月1号	
2	起草庆典活动的通知并发出	秘书组	×××	12月5号	
3	完成80份的邀请函制作并发出	秘书组	×××	12月7号	
4	起草庆典活动的主持稿、讲话稿	秘书组	×××	12月8号	

续表

序号	具体内容	负责组	负责人	完成时间	备注
5	及时联系酒店、安排住宿、就餐等事项	接待组	×××	12月8号	
6	完成宣传资料的资料企业的 LOGO、宣传册、宣传片、幻灯片等	宣传组	×××	12月9号	
7	制作工作证、嘉宾证	秘书组	×××	12月9号	
8	负责安排车辆接送领导、嘉宾	后勤组	×××	12月10号	
9	礼仪人员的培训和安排	接待组	×××	12月12号	
10	确定会场布置方案	会务组	×××	12月13号	
11	完成横幅、拱门的制作并摆放到位	宣传组	×××	12月15号	
12	落实主持人	会务组	×××	12月17号	
13	邀请摄影师	宣传组	×××	12月18号	
14	完成名签的制作并摆放到位	秘书组	×××	12月20号	
15	准备5支签名笔和4张签到表	接待组	×××	12月22号	
16	完成奖品、礼品的购买	后勤组	×××	12月23号	
17	完成礼炮、鲜花、矿泉水等庆典活动物品的购买	后勤组	×××	12月24号	
18	检查酒店主干道、庆典活动现场的安全	保卫组	×××	12月25号	
19	在庆典活动开始之前短信通知活动注意事项	会务组	×××	12月26号	
20	节目的彩排	宣传组	×××	12月27号	
21	检查各项庆典活动现场准备情况	领导小组	×××	12月27号	

十三、经费预算

物品名称	数量	单价/元	合计/元	备注
资料费	300	5	1500	
请束	80	5	400	
证件	50	5	250	
横幅、拱门	20	50	1000	
展板	10	300	3000	
宣传册	300	3	900	
会场租用费			3000	
会场布置费			3000	
摄影费	1	1000	1000	
车辆	10	500	5000	

续表

物品名称	数量	单价/元	合计/元	备注
晚餐	30	1000	30000	
礼仪	10	500	5000	
矿泉水	400	2	800	
鲜花	50	10	500	
纪念品	300	50	1500	
奖品	20	500	10000	
不可预计费用			2000	
合计			68650	

十四、应急预案

为了保证此次庆典活动顺利展开,及时应对突发状况,现制定应急方案如下。

(一)应急处置要求

1.遵循"以人为本,安全第一"原则;

2.一旦发生紧急情况,立即启动应急预案,并及时通知相关主管部门;

3.确保紧急疏散通道畅通,避免无关人员围堵。

(二)应急处置程序

1.向领导汇报;

2.启动应急预案;

3.执行应急预案;

4.向公共相关应急机构请求支援;

5.做好善后工作。

(三)具体处理措施

出现问题	具体情况	应对方案
场地、设备问题	活动现场音响、麦克风出现故障,影响活动正常进行	1.提前检查活动现场所有设备,确保万无一失 2.维修人员在现场
人员问题	主持人、发言人缺席,导致活动无法按时进行	1.提前联系好各与会人员,确保到场 2.准备替代人员,一旦发生缺席或迟到情况,立即替补
医疗问题	活动现场与会人员突发疾病	1.现场备有医务人员 2.准备好急救箱,备有常用疾病药物 3.及时拨打120求助电话
资料问题	公司宣传册、文件资料等不足	提前打印多份备用资料,以防活动现场资料不足
安全问题	活动现场突发火灾等情况	1.提前检查活动现场,排除安全隐患 2.实时查看监控系统,注意活动现场

十五、注意事项

1.全体工作人员于 2014 年 12 月 28 日下午 1 点前到达活动现场,严格按照分工落实检查;

2.做好短信提醒服务,通知与会人员路况、天气情况等;

3.全体工作人员注意仪容仪表,做到亲切礼貌、稳重、敏捷、及时、周到;

4.活动进行中,工作人员要维持好现场秩序;

5.带好通讯录,保证手机畅通,保持密切联系;

6.各组之间相互协调配合,保持联系,确保活动顺利进行;

7.一旦发生紧急情况,听从筹备领导小组指挥,严格按照应急预案执行;

8.活动结束后,全体工作人员整理活动现场。

十六、有关附件

1.滨海市宏远家电有限公司关于举办成立二十周年庆典活动的通知(略)

2.滨海市宏远家电有限公司成立二十周年庆典活动邀请函(略)

3.工作证、嘉宾证(略)

4.滨海市宏远家电有限公司成立二十周年庆典活动签到表(略)

5.公司董事长×××在滨海市宏远家电有限公司成立二十周年庆典活动上的致辞(略)

6.公司总经理×××在滨海市宏远家电有限公司成立二十周年庆典活动上的讲话(略)

7.滨海市宏远家电有限公司成立二十周年庆典活动上的主持词(略)

致　谢:

包锦阳老师在我完成毕业设计过程中给予的悉心指导,深表谢意。

参考文献:

[1] 蔡超,杨锋.现代秘书实务[M].广州:暨南大学出版社,2006.

[2] 包锦阳.现代应用写作[M].杭州:浙江大学出版社,2013.

6.优化方案设计

企业会计处理优化方案设计

财务信息管理专业　陈茜茜

指导教师　赵建新　冯嫦姿

摘要:本方案是根据公司会计人员处理会计事项所存在的问题,分析了公司在会计处理过程中所出现的问题,结合公司设计了一套有关会计准则、制度及有关规范的会计处理方法优化方案,以更好地加强公司会计工作的管理和内部控制,有效控制会计舞弊行为,增强公司信誉。

关键词:会计工作;会计处理;优化;设计

引　言

我于2009年2月18日进入温州华中塑业有限公司实习,实习了两个月的时间,我从事的岗位是会计,主要工作是在公司财务部帮助会计人员做账、认证、抄税、报税、买发票、填制防伪税控系统增值税发票、填写统计报表等所有关于会计的工作。随着工作的深入,我发现公司在会计处理上存在些问题。本文阐述了公司目前的会计处理方式并对其进行分析,提出了更加优化的会计处理办法。

一、企业会计处理优化方案设计分析

(一)公司基本情况

温州华中塑业有限公司创立于1990年,坐落于"中国塑料编织城""中国塑料包装第一镇""中国诚信第一镇"——萧江。该公司拥有8条国内先进的全自动纺织袋生产流水线,是我国较大的编制包装袋生产厂家之一。该公司通过了ISO9001:2000国际质量体系认证,于2000年、2002年多次通过省、市经济发展委员会批准的编制技改项目,随着高新技术的发展,该公司引进了ASY800型凹版彩印机,ST-SFM90-900H型全自动复合机、塑料薄膜干式复合机、三边封制袋机、生产精美的塑料包装袋,广泛用于化肥、面粉、大米、饲料、种子、食品、水泥等产品包装,远销全国各地及东南亚地区,深受广大顾客的青睐。

(二)财务部门情况

财务部门共二个人,主要岗位有:会计人员和出纳。财务日常工作的主要职责有:

1.贯彻执行国家的财务、会计制度,负责公司财务管理和会计核算工作;

2.建立健全的内部会计控制制度;

3.负责公司的各项收支、审核、结算工作;

4.负责各项税收的申报、缴纳、年检及办理其他税务事项;

5.做好财务档案材料的收集、整理及归档工作;

6.根据公司生产经营的内部需要,做好公司内部各核算部门的成本核算工作,将成本核算结果的不合理性及时报告。

（三）我的实习工作

实习期间，我主要是在公司会计岗位顶岗实习，主要工作包括以下内容：

1.增值税发票的购买与填开；

2.对已开增值税发票进行登记管理；

3.月末对增值税专用发票购入发票的认证及月初对填开增值税发票进行抄税；

4.做账；

5.对账；

6.申报纳税；

7.填写统计报表。

（四）分析企业会计处理中存在的问题

在实习过程中，我发现公司在会计处理方面存在以下问题。

1.会计工作没有明确分工

温州华中塑业有限公司是一个较大规模的企业，所涉及的买卖业务比较多，而它只设一个会计人员全权负责所有与会计工作有关的工作，像财务会计、成本会计、管理会计等所有的工作只有一个人来做，增加了会计人员的工作量，因此也造成了所做的账不能全面、准确、清晰地反映公司实际情况。另外，公司在职人员的保险也是由会计来负责，有人说萧江的会计是样样都精通的人，所有的事情都是交由会计来负责。

2.没有及时做账

对该月份所发生的业务没有及时的入账，而是待一个月结束后，下个月才去做，使公司人员不能及时了解公司实际运营状况，甚至到第二年还在做上一年的账。而且记账凭证上所反映的业务发生时间没有实际反映，通过看记账凭证不能看出是哪天发生的，需要查看原始凭证才知道，这类现象主要反映在除购入原料和销售商品环节中。

3.会账凭证没有经过审核环节

会计人员对原始凭证没有经过审核就登记入账，待登完账后在与出纳进行对账的时候发现数据有错误，就一笔一笔地查，然后进行增、删、改，加大了工作量。

4.没有明确分清成本和其他费用

对制造费用、管理费用和销售费用没有分清。对因为销售所发生的运费支出都计入制造费用，对一些与销售有关的支出计入管理费用。这样就不能准确表示公司的盈利情况和商品成本。

5.对每个月份所做的账没有及时结账

对每个月所做的账没有立马结账，而是等到第二年把上年的所有的账做完之后才结账。指导老师说是因为每年的政策都在改变不能立马就结账，要视情况可能进行部分修改，我想这样就会存在舞弊行为，造成虚制报表的行为。

6.统计报表没有及时记录

根据规定，统计报表是要及时进行记录，一旦公司有发生什么变化，如增加人员等就应该及时记录。对购入原料，销售商品的数量金额要定期进行记录，一个月要分几次记录,而不能月末一次性记录,更不能因为统计局的人没来查就一直放着不管。

(五)问题的解决与思考

所有的问题都能反映一个点,对于会计处理办法能否将其具体优化,并且对存在的问题都能得到解决。对会计人员、对企业都能得到很好的监督。

公司应该根据自身实际情况看是否增设会计人员,以便更好地分工,使各项工作能落实到位。同时对采购环节、成本核算环节、预算环节等进行控制与合理计算。对于所发生的经济业务要及时记账,不要存在会计舞弊行为,通过加强内部管理合理控制各项成本费用,合理避税。

二、温州华中塑业有限公司会计处理优化方案

经过分析现行公司会计处理方法以及执行中存在的问题,按照国家会计准则和会计制度的要求结合企业的实际,对会计处理进行优化,其流程如图1所示。

对各流程过程的具体说明:

(一)审核原始凭证

对发生业务的原始凭证不管是外来原始凭证还是单位自制原始凭证进行审核。审核的内容有以下几项。

1.审核原始凭证的内容和填制手续是否合规

主要核实凭证所记录的经济业务是否与实际情况相符;凭证必须具备的基本内容是否填写齐全;文字和数字是否填写正确、清楚;有关人员是否签字盖章。审核中若发现不符合实际情况,手续不完备或数字计算不正确的原始凭证,应退回有关经办部门或人员,要求他们予以补办手续。

2.审核原始凭证反映的经济业务内容是否合理、合法

主要查明发生的经济业务是否符合国家的政策、法令和制度,有无违反财经纪律等违法乱纪的行为。

3.技术性审核

根据原始凭证的填写要求,审核原始凭证的摘要和数字及其他项目是否填写正确,数量、单价、金额、合计是否填写正确,大、小写金额是否相符。若有差错,应退回经办人员予以更正。

(二)填制记账凭证

记账凭证是根据审核无误的原始凭证加以归类整理后编制的,是作为登记会计账簿依据的会计凭证。在填制记账凭证时,根据原始凭证确定其对应的会计科目,并且输入业务发生的时间、原始凭证的张数和记账符号。当月开出的发票当月入账。每月分析往来的账龄和金额,包括:应收、应付、其他应收。

(三)审核记账凭证

1.记账凭证的基本要素是否完整,有无缺少或空白,主要是看填制日期、编号、业务内容摘要、附原始凭证张数、会计科目及其借贷方向、填制、出纳、复核及会计主管人员的签章等,是否清晰、准确。

2.审查科目的运用是否针对经济业务的性质和内容,是否符合有关会计准则和会计制度的规定,借贷方向是否正确。

3.审查各级负责人和有关经办人的签章是否齐备,其会计责任是否明确,有无手续不清、责任不明的现象。

4.复核记账凭证的单价、数量和明细金额、合计金额是否正确,有无多计、少计和误计。

5.核对记账凭证与对应的账簿记录是否一致,有无出入或账证不符的情况。

6.与所附的原始凭证核对,视其数量、金额、摘要等是否一致,有无证证不符的现象。

7.审查科目对应关系及借、贷金额是否正确,两类科目的金额是否平衡。

(四)结转成本

根据已经审核无误的记账凭证,结转成本。根据车间管理人员拿来的存货单中的期初数、本期发生数、和期末数填制本期直接材料生产成本和直接人工、制造费用等计算成本。

(五)结转损益

对已经填制并经过审核的记账凭证通过系统自动生成记账凭证,并进行审核。

(六)填制会计账簿、科目汇总表

月末或定期根据记账凭证编制科目汇总表登记总账(之所以月末登记就是因为要通过科目汇总表试算平衡,保证记录、计算不出错),每发生一笔业务就根据记账凭证登记明细账。

月末编制完科目汇总表之后,编制两个分录。第一个分录:将损益类科目的总发生额转入本年利润,借主营业务收入(投资收益,其他业务收入等)贷本年利润。第二个分录:借本年利润贷主营业务成本(主营业务税金及附加,其他业务成本等)。转入后如果差额在借方则为亏损不需要交所得税,如果在贷方则说明盈利需交所得税,计算方法,所得税=贷方差额×所得税税率,然后做记账凭证,借所得税贷应交税金——应交所得税,借本年利润贷所得税(所得税虽然和利润有关,但并不是亏损一定不缴纳所得税,主要是看调整后的应纳税所得额是否是正数,如果是正数就要计算所得税,同时还要注意所得税核算方法,采用应付税款法时,所得税科目和应交税金科目金额是相等的,采用纳税影响法时,存在时间性差异时所得税科目和应交税金科目金额是不相等的)。

(七)编制报表

最后根据总账的资产(货币资金,固定资产,应收账款,应收票据,短期投资等)负债(应付票据,应附账款等)所有者权益(实收资料,资本公积,未分配利润,盈余公积)科目的余额(是指总账科目上的最后一天上面所登记的数额)编制资产负债表,根据总账或科目汇总表的损益类科目(如管理费用,主营业务成本,投资收益,主营业务附加等)的发生额(发生额是指本月的发生额)编制利润表。

（八）纳税申报，报送资料

要注意的是月末认证（进项税）；月初抄税（销项税）。

在所有账务审核无误后填制税务纳税申报表，并在地税、国税网上申报纳税。月初报税时注意时间，不要逾期报税。

三、总结评价

对公司的会计处理流程进行了说明，在原有存在的问题上更加详细地要求了各流程的工作要求。使做账出错率大大降低，而且也能够较真实地反映会计信息的准确性，增加企业的诚信度。2009年4月份之前，公司所提供的财务报表有关部门都没有仔细审查，即使数据不统一也没有去查清原因，这是一个很不好的现象，这样只会造成偷税漏税现象越来越严重。因此，国家应该强制规定公司每个月所提供的报表能够真实反映实际情况，并加大审查力度，规范公司的会计处理程序。

致　谢：

衷心感谢赵建新、冯嫦姿老师在毕业综合实践过程中对我的精心指导，同时也感谢三年来母校对我的教育。

参考文献：

[1] 全国注册税务师执业资格考试教材编写组.税务代理实务[M].北京：中国税务出版社，2008.

[2] 谢萍，程隆云.企业会计处理流程图示[M].上海：复旦大学出版社，2008.

[3] 企业会计准则（2006）[M]，北京：经济科学出版社，2006.

[4] 赵雪媛.新准则下工业企业会计实务[M].北京：电子工业出版社，2009.

例评要求：1.以上例文是怎样安排结构的？
　　　　　2.以上例文的语言有什么特点？

技能训练

一、名词解释

毕业论文、毕业设计、论文（设计）答辩

二、填空题

1.毕业论文（设计）有_____、_____、_____特点。

2.毕业论文在格式上由_____、_____、_____、_____、_____、_____构成。

3.毕业设计在格式上由_____、_____、_____、_____、_____构成。

三、简答题

1. 毕业论文(设计)有哪些基本要求?

2. 毕业论文有哪些写作要求?

3. 毕业设计有哪些写作要求?

四、语言分析题

下列句子有错,请加以改正。

1. 要搞好城市公共绿地的植树绿化。

2. 捐赠物品价值在 100 元以上至 1000 元以上的也不少。

3. 作者向杂志投稿,自稿件发出之日至 30 日内收到刊用通知的,可以将同一稿件向其他杂志投稿。

五、习作题

1. 选择你所在地区某一热点问题作一番调研,搜集相关资料,进行分析和思考,撰写一篇论文。或对某一课题进行研究,撰写一篇设计。

2. 模拟毕业论文(设计)答辩会场情景,举行一次论文(设计)答辩,然后总结经验教训,为今后的毕业论文(设计)答辩打下基础。

主要参考文献

[1] 尹侬. 新编财经写作[M]. 上海：上海财经大学出版社，2000

[2] 王正. 现代写作理论宏观审视[M]. 北京：中国文联出版社，2001

[3] 洪文明，杨成杰. 财经应用文写作教程[M]. 北京：经济科学出版社，2001

[4] 郑孝敏. 文秘应用写作[M]. 北京：中国财经经济出版社，2001

[5] 盛明华. 常用经济应用文写作教程[M]. 上海：立新会计出版社，2002

[6] 祝鸿杰. 公务文书写作[M]. 杭州：浙江人民出版社，2003

[7] 郭冬. 秘书写作[M]. 北京：高等教育出版社，2003

[8] 张德实. 应用写作[M]. 北京：高等教育出版社，2003

[9] 竹潜民. 应用写作案例实训写作教程[M]. 杭州：浙江大学出版社，2004

[10] 陈丽能，等. 毕业综合实践导引[M]. 杭州：浙江摄影出版社，2004

[11] 李孝华. 报告类文书写作[M]. 杭州：浙江大学出版社，2004

[12] 乔刚，谢海泉. 现代应用文写作[M]. 上海：立信会计出版社，2005

[13] 倪卫平. 现代经济写作[M]. 北京：人民交通出版社，2005

[14] 霍唤民. 财经写作教程[M]. 北京：高等教育出版社，2005

[15] 李永新，等. 申论[M]. 北京：人民日报出版社，2006

[16] 包锦阳. 大专应用写作[M]. 杭州：浙江大学出版社，2007

[17] 张建. 应用写作[M]. 北京：高等教育出版社，2008

[18] 姬瑞环. 党政机关公文写作能力指导与训练[M]. 北京：中国人事出版社，2008

[19] 施新. 毕业设计（论文）写作指导[M]. 重庆：重庆大学出版社，2010

[20] 李书生. 高职应用文写作[M]. 北京：经济日报出版社，2010

[21] 谢新茂，邓梦兰. 行政公文写作与范例大全[M]. 北京：中国言实出版社，2017

后 记

"应用写作"是普通高等教育的一门必修课。无论是在校学习,还是毕业后从事工作,每个人都要撰写应用文,应用文与人们的学习、工作和生活密不可分。本书从应用写作的实际需要入手,结构体例符合时代变化,教材内容富有时代特色,教学安排适应时代要求,具有很强的针对性和实用性。

本书内容由四大模块组成:一是绪论,主要介绍写作概况,应用文写作概况和应用文写作构成要素;二是通用应用文写作,主要介绍党政公文写作和事务文书写作;三是行业应用文写作,主要介绍财经文书写作、司法文书写作和传播文书写作等;四是毕业论文(设计)写作。本书在编写中,每章按"学习目标""学习内容""实例文选""技能训练"四部分安排结构,使学生在学习中达到循序渐进的目的。

本书与社会上同类教材相比具有如下特点。一是注重概念准确。文中的每一概念力求做到表述准确简明,不偏差不繁杂。二是注重例文新鲜。文中所选例文,大部分是近年的文章,颇具有时代感。三是注重格式规范。不仅重视文中每个要素的规范,而且重视全文整体的规范。如党政公文部分,例文中该写的要素均写上,强调整体的规范性,便于学生效仿。四是注重文种辨析,文中把相近的文种大多作了比较,强调不同之处,便于区别。五是注重课后实训。每章后均设有针对性的技能训练题,习题形式多样,程序由易到难,通过训练使学生掌握写作要领。

本书由包锦阳任主编,赵仕法、谢芳、赵雪莲、斯静亚任副主编。包锦阳编写了第一、二、三、四、九章;赵雪莲编写了第五章;赵仕法编写了第六章;谢芳编写了第七章;斯静亚编写了第八章。

本书在编写过程中,参阅了相关著作,引用了一些例文,特在此向这些作者深表谢意。向给予编著者提供各方面支持的有关领导、同事和浙江大学出版社表示衷心感谢。

由于时间紧迫、水平有限,书中错误和不足之处敬请读者批评指正。

编 者

2017 年 10 月